中国音乐学院科研成果出版资助

中国音乐学院
博士研究生学位论文汇编
2005~2023

张紫薇 马英珺 ——— · 主编

中央民族大学出版社
China Minzu University Press

图书在版编目（CIP）数据

中国音乐学院博士研究生学位论文汇编：2005-2023/张紫薇，马英珺主编.北京：中央民族大学出版社，2024.9. -- ISBN 978-7-5660-2409-1

Ⅰ.G643.8

中国国家版本馆CIP数据核字第2024U97A87号

中国音乐学院博士研究生学位论文汇编（2005—2023）

主　　编	张紫薇　马英珺
责任编辑	周雅丽
封面设计	舒刚卫
出版发行	中央民族大学出版社
	北京市海淀区中关村南大街27号　邮编：100081
	电话：（010）68472815（发行部）　传真：（010）68933757（发行部）
	（010）68932218（总编室）　　　　（010）68932447（办公室）
经 销 者	全国各地新华书店
印 刷 厂	北京鑫宇图源印刷科技有限公司
开　　本	787×1092　1/16　印张：23.5
字　　数	358千字
版　　次	2024年9月第1版　2024年9月第1次印刷
书　　号	ISBN 978-7-5660-2409-1
定　　价	138.00元

版权所有　翻印必究

中国音乐学院60周年校庆出版物
编 委 会

主任：李心草

委员（按姓氏笔划）：

王士魁　王中山　王　萃　付晓东　毕明辉　刘　嵘　刘　蔓

许知俊　吴志武　吴碧霞　陈　楠　金　野　高　缨　郭　彪

黄　滨　康瑞军　韩　冰　樊禾心

中国音乐学院
六十周年校庆系列出版物
总　序

  一甲子风华，六十载弦歌。1964年，中国音乐学院在周恩来总理的亲切关怀和指导下成立。六十年来，学校始终坚持党的领导，坚持社会主义办学方向，坚守弘扬与发展中华优秀传统音乐文化的办学初心，被誉为"中国音乐家的摇篮""中国音乐的殿堂"。走进新时代，学校坚持以习近平新时代中国特色社会主义思想为指导，贯彻落实习近平文化思想，以"仁爱、诚信、博学、精艺"为校训，秉承"承国学、扬国韵、育国器、强国音"的办学理念，致力于建设中国特色世界一流高等音乐学府。如今，已发展成为国家"双一流"建设院校、北京市"高水平研究型大学"建设院校、"全球音乐教育联盟"秘书处学校。

  六十年春秋，中国音乐学院始终坚持办学初心，坚持以人为本、开放办学，汇聚了大批德才兼备的名家名师，组成了一流的师资队伍，为学校的人才培养、科研工作和学科建设提供了坚实有力的资源支撑。学校教育教学覆盖研究生、本科、附中（预科）三个层次，形成了集音乐学、作曲与作曲技术理论、音乐表演、音乐教育、艺术管理等多维一体的教学体系。在六十年的办学历程中，中国音乐学院秉承中国音乐传统，遵循艺术教育规律，培养了大批国际化人才，向海内外输送了大批优秀毕业生，他们活跃在国内外音乐舞台和音乐教育、学术科研等各个领域，讴歌社会主义主旋律，传承民族优良传统，传播中国音乐文化，赢得了良好的社会声誉。学校与数十所世界一流大学及国际知名院团建立了战略合作关系，为促进中外音乐文化交流和资源共享提供了重要渠道，为中国音乐的继承、发展、弘扬和传播做出了重要贡献。

  中国音乐学院始终牢固树立"以人民为中心"的艺术创作导向，开展有组织的科研和高水平的艺术创演，把六十年办学实践积淀的文化资源转化为服务国家文化战略和新时代首都发展的独特优势。学校拥有艺术学一级学科博士点、音乐专业类别博士点，建立了博士后科研流动站，被列入"中国政府奖学金来华留学生接收院校"，在教育教学、学科建设、国际交流等方面均取得了显著成绩。

值此六十周年校庆之际，中国音乐学院特推出系列出版物，包括展现学校历史、现状与未来的学术成果汇编、资深教授文集、创作作品、表演成果、音像制品等。这些出版物不仅记录了学校的发展历程，体现了学校在音乐创作、表演、研究和教育领域的深厚底蕴与卓越成就，更彰显了学校在音乐教育和文化传播上的日益增强的影响力。

系列出版物的出版，旨在厚植传统，继往开来，是对学校历代师生智慧与汗水的致敬，也是对未来音乐发展与研究的期许。在此，向所有为中国音乐学院发展做出贡献的师生、校友以及社会各界人士表示最诚挚的感谢。让我们携手并进，以六十年的辉煌为新起点，开启中国音乐学院和中国音乐更加灿烂的明天，为进一步提升国家文化软实力和中华文化影响力，为世界音乐文化的交流与发展贡献中国智慧和中国方案。

中国音乐学院院长
2024 年 9 月

目 录

中国古代音乐史研究 ································ 001
《乐学轨范》唐部乐器之研究 ···················· 001
两周乐悬制度与礼典用乐考 ······················ 003
"华化"与分型：汉唐琵琶的类型特征、演奏方式及其人文存在研究 004
两周编钟编磬的"编列/音列"结构研究 ············ 006
先秦至两汉礼乐文化兴衰背景中琴乐文化品格的变化与重塑 ········ 007
《龙笛要录》研究 ································ 009
两周乐事活动编年考 ······························ 010
隋唐宫廷佛曲研究 ································ 013
唐宋二十八调与西安鼓乐宫调传承关系研究 ········ 015
历代黄钟律高考 ·································· 017
音乐考古与中国音乐史前史重建研究 ·············· 020
中国古代音乐美学范畴研究 ······················ 022
祝凤喈《与古斋琴谱》整理及其乐律学问题研究 ···· 023

中国近现代音乐史研究 ···························· 026
中国近代和声技法的调域类型及历史走向 ·········· 026
20世纪上半叶中国音乐社团概论 ·················· 028
中国近现代音乐史学学科的现当代学术话语研究 ···· 029
历史、观念、轨迹：上海国立音乐院——国立音专"同人刊物"研究 032
20世纪中国舞剧音乐创作的文化选择与价值构建 ···· 034

西方音乐史研究 ... 037

瓦格纳歌剧《帕西法尔》研究 ... 037
20世纪五六十年代的中苏音乐交流 ... 039
19世纪歌剧"女性救赎"主题研究 ... 041
穆齐奥·克莱门蒂钢琴奏鸣曲作品第1号的装饰音研究 ... 043
海顿与莫扎特的弦乐四重奏创作
——以1781—1787年间的主要作品为例 ... 045
杰米尼亚尼的《小提琴的演奏艺术》及"本真性"探寻 ... 046
菲利普·格拉斯歌剧《阿肯那顿》研究
——基于"歌唱中考古学"的视角 ... 048
爱情、权力与道德：蒙特威尔第晚期歌剧《波佩阿的加冕》研究 ... 051

中国音乐思想史 ... 053

乾嘉朴学家礼乐思想研究
——以汪烜、戴震、凌廷堪为中心 ... 053
自然人性论与明代中后期曲论思想研究 ... 055
琴史与琴道
——饶宗颐琴学研究探赜 ... 057

音乐美学 ... 060

从"作品"到"事件"
——中国音乐本体的转向 ... 060

民族音乐学 ... 063

抖落历史的尘埃：乐亭影戏音乐文化嬗变研究 ... 063
福建仙游三一教仪式音乐研究 ... 065
为谁而歌
——以海城民间丧葬仪式中的鼓乐为例 ... 067

"橘生淮北"
——论越南传统音乐中的越南外传弹拨乐器的研究 ………… 069
和田维吾尔木卡姆研究 ………… 071
鄂尔多斯礼仪音乐研究 ………… 073
易俗社与秦腔音乐的百年变迁 ………… 075
城市藏族人声音景观的多元空间表达
——基于成都的田野调查 ………… 077
泰国末拉姆、老挝末拉姆与广西末伦的比较研究
——同源异流辨析 ………… 079
扬琴中国化研究 ………… 081
缅甸克钦族基督教音乐的本土化研究 ………… 083
守护与传承
——陈巴尔虎蒙古民歌研究 ………… 085
中越壮-岱/侬族群"乜末"仪式音乐研究 ………… 086
流动-共生-互惠
——东口路族际视域下的汉蒙音乐研究 ………… 089
学不会的鹰笛：库斯拉甫山区麦西来甫的文化记忆与乐舞变迁研究 … 091
蒙古族传统器乐合奏研究 ………… 093
从《牡帕密帕》到《快乐拉祜》
——中缅拉祜族音乐文化的结构过程 ………… 096
演释的传统
——当代视野下蒙古族马尾胡琴及其音乐研究 ………… 099
中国北方少数民族音乐的传承机制研究
——以蒙古族歌唱类音乐体裁为核心 ………… 101
制度视域下长江流域汉族聚居区仪式音声研究
——以地方志中婚、丧、祭仪式及用乐文献为例 ………… 103
亚洲北方草原丝路音乐研究
——蒙古族卫拉特部歌唱和演奏中的历史与表达 ………… 104

黔中屯堡花灯的在地化建构与地方认同研究 ……………………… 106
武陵走廊花灯歌舞音乐的跨族群、地域文化传播与变迁研究 ……… 109

中国传统音乐理论研究 ……………………………………………… 111

南部侗族方言区民歌旋律与声调关系之研究 …………………… 111
长三角地区滩簧声腔考辨 ………………………………………… 113
20世纪中国筝乐文化叙事模式转型研究 ………………………… 115
满汉文化融合背景下的岫岩太平鼓"烧香"仪式音乐研究 ……… 117
中国传统音乐"一曲多变"的观念及其实践 …………………… 119
边境地区民族赫哲－那乃族"伊玛堪"与"宁玛"研究 ……… 121
边境地区民族中的呗耄文化与呗耄腔调家族研究
　　——以中国滇南彝族尼苏人和越南北部保保人为例 ……… 123
科尔沁短调民歌研究 ……………………………………………… 125
中国传统音乐在当代学校教育中的应用研究
　　——以江苏为例 ……………………………………………… 128
多元文化视域下的桑植民歌研究 ………………………………… 129
汉江上游地区"打丧鼓"仪式音乐研究 ………………………… 131
观念与表述
　　——黔东南苗族音乐的文化认知研究 ……………………… 133
影像民族音乐志在多声部民歌研究中的应用探索
　　——以哈尼族《栽秧歌》拍摄实践为例 …………………… 135
潮起潮落
　　——潮剧传承研究 …………………………………………… 137
蒙古族当代传统器乐合奏的分布格局与风格流派研究 ………… 139
锡尼河布里亚特蒙古族传统音乐研究 …………………………… 142
河西走廊音乐地理研究 …………………………………………… 144
中国乐派学理研究 ………………………………………………… 147

长江中下游汉族民歌区域性特征研究 ………………………… 149
晋剧唱法及其风格研究 ………………………………………… 151
京杭大运河文化带民歌流布研究 ……………………………… 153
森林文化的记忆及延续
　——鄂温克族传统音乐文化的考察与研究 ………………… 156
清传本《太古传宗》曲谱研究 ………………………………… 158
滇西鼓吹乐曲牌研究 …………………………………………… 160
裕固族民歌云数据库的理论研究与应用实践 ………………… 162
中国声乐作品形态特征研究 …………………………………… 164
北方汉语言说唱音乐传播流布研究 …………………………… 165

作曲 ……………………………………………………………… 167

音乐视野中的观念艺术研究 …………………………………… 167
3 首管弦乐作品中的旋律"音程向位"与和声"音程位"探究 …… 168
陈怡 3 首协奏曲的创作技法研究 ……………………………… 170
原始与现代的邂逅
　——3 首交响乐之西南少数民族元素与现代作曲技法融合的研究 …… 171
许舒亚两部交响乐作品研究 …………………………………… 173
音乐中的跨文化现象
　——兼论新西兰作曲家杰克·波蒂的创作并以其新作《欲望的歌与舞》为例
　……………………………………………………………………… 175
中国、蒙古国蒙古族交响乐队作品创作研究 ………………… 177
新浪漫主义音乐在中国
　——金湘交响乐作品研究 …………………………………… 179
张千一器乐作品研究 …………………………………………… 181
用音乐铸造的"悲剧精神"
　——论王西麟的交响乐创作 ………………………………… 183

唐建平的歌剧《这里的黎明静悄悄》音乐创作研究 ………………………… 184
多元 – 复合 – 整体：彼得·米歇尔·哈默尔《第二交响曲》创作研究 … 186
基因视角下的中国当代民族室内乐创作研究 ……………………………… 188
蒙古族长调元素在中国现代音乐创作中的体现 …………………………… 190
古斯塔夫·艾伦·佩特森《第七交响曲》创作研究 ……………………… 192
探究美籍华裔作曲家创作中"中国元素"的"隐性"与"显性"表现
　　——周文中、梁雷"笔墨"音乐创作研究 …………………………… 194
新疆民间音乐对中国当代作曲家创作的影响
　　——以新疆风格的器乐曲为研究对象 ………………………………… 196
王世光歌剧音乐创作研究 …………………………………………………… 198
歌剧《兰花花》分析研究 …………………………………………………… 200
马尔科姆·阿诺德的管弦乐创作研究 ……………………………………… 201
苏格兰作曲家麦克米兰创作研究 …………………………………………… 203
施万春音乐作品研究 ………………………………………………………… 205

音乐作品分析 …………………………………………………………………… 206

中国传统音乐的音高元素在现代音乐创作中的继承与创新 ……………… 206
20 世纪上半叶的奏鸣曲式研究 …………………………………………… 208
吉雅·坎切利交响曲研究 …………………………………………………… 210
西洋艺术歌曲曲式结构研究 ………………………………………………… 212
广西壮族南北路八音套曲音乐形态特征研究 ……………………………… 214
当代民族管弦乐创作研究
　　——以中国音乐学院作曲系教师的创作实践为例 …………………… 216
中国当代音乐创作中融合侗族音乐元素的研究 …………………………… 219
《神奇秘谱乐诠》代表性作品的音乐分析 ………………………………… 221
华人作曲家音乐创作中的文人审美取向
　　——以四部作品为例 …………………………………………………… 223

和声

武满彻和声技法研究
——和声 225

里曼与新里曼 227

中国"和声民族化"问题研究 229

陈怡作品和声研究
——以合唱作品为例 231

复调专业

对位变奏思维及模式研究 233

音乐声学

音乐信息可视化研究 235
声音艺术的技术类型研究 237
中国民族管弦乐队音响特性研究 239
北京中轴线声景漫步：缘起、现状和前景 241
自然与文化生态对东西方弹拨乐器形制与音色的影响
——以阿拉伯乌德为参照 243
中国风格交响乐作品音响特征研究 245

音乐教育学

全球化背景下贵州苗族音乐传播研究 247
蒙古族音乐数据库的设计与制作 249
关于伦纳德·伯恩斯坦音乐教育实践的研究 251
中国少数民族音乐课程的文化理解范式建构 253
中小学音乐创造力教学的理论研究与实践探索 255
基督教仪式音乐的教化功能研究
——以崇文门堂教会仪式为例 257

吟诵的音乐性研究 259
评剧旦角"白派""新派""花派"的传承与创新 262
生态视野下开封传统音乐的传承与传播 265
人生的"另类"依托
——北京公园合唱研究 267
文化传承实践中的中国音乐人类学与音乐教育学的学科融合研究 269
改革开放四十年中小学音乐课程美育观念演变研究 271

音乐心理学 274

音乐短时记忆的组块研究
——从音乐短时记忆形成的本体因素到音乐偏好发生的认知心理基础 274
音乐意义形成的脑机制
——基于音乐、语言、语义学的事件相关电位研究 276
音乐感知能力与音乐工作记忆的相关研究 278
中西方音乐文化认知差异的实证研究 280
来华留学生的跨文化适应与对中国音乐的学习动机研究 282
蒙古族普通高中音乐课堂教学现状研究
——以内蒙古两市五校为例 284

音乐治疗学专业 286

蒙古族音乐治疗研究
——以科尔沁萨满治疗为例 286
正念音乐治疗的模式基于福流与正念的临床研究 288
探寻音乐心理剧中的萨满治疗基因
——以科尔沁蒙古族萨满治疗仪式为例 290

声乐表演艺术研究 292

多样性声乐教学的理论与实践
——美声中国化的视角 292

中国民族声乐演唱多样性实践与研究 293
声乐演唱中的"撅音点"及其拓展 295
中国声乐作品唱词的正音方法及其应用研究 297
当代中国声乐与湖南花鼓戏润腔表演的比较研究 299
中国声乐男中音声部演唱和研究 301
中国古诗词艺术歌曲的演唱研究 303
从草原到殿堂：内蒙古艺术学院长调民歌专业建设、教学传承与
人才培养研究 306
中国声乐演唱的区域风格研究
——以陕北民歌为例 309
中国声乐演唱技巧研究
——以晋西北民歌演唱技巧为例 311
中国声乐花腔女高音科学、系统训练体系探索 314
中国声乐风格化、个性化演唱的理论与实践探索
——以大型音乐舞蹈史诗《东方红》与《复兴之路》经典曲目为例 318
中国声乐之蒙古族民歌演唱艺术中的"共性"与"个性"研究 320
金铁霖声乐教学体系研究 323
"流象"论
——中国歌剧表演当代化探索 326
中国声乐视域下中西演唱形态研究 329
中国声乐女高音混合声练声及应用研究 332

器乐表演艺术研究 335

论刘德海琵琶艺术的哲学思想 335
流动中的文化遗产：潮阳笛套音乐研究 337
中国竹笛、日本龙笛、韩国大笒比较研究 338
蒋风之二胡艺术研究 340
从山西锣鼓乐试探中国传统打击乐在当代专业教学中的应用 342

中国古筝现代演奏技法创新与发展研究 …………………………………… 344
中国乐派语境下的中国扬琴体系特征研究 ………………………………… 346
"中国乐派"视域下二胡演奏艺术的传承与发展研究……………………… 347
南琶与北琶传承比较研究
　——以指法为研究对象 ……………………………………………………… 349
当代中国笛乐社团及"合音曲本"研究
　——以中国竹笛乐团为例 …………………………………………………… 351
琵琶、都塔尔、弹拨尔表演技法比较研究 ………………………………… 353
论刘德海琵琶教学的思想与方法 …………………………………………… 354
刘明源胡琴艺术研究 ………………………………………………………… 356
中国乐派视域下钢琴音乐的本土化研究 …………………………………… 358

合唱指挥 ………………………………………………………………………… 359
　蒙古族风格合唱作品研究与指挥策略 ……………………………………… 359

中国古代音乐史研究

《乐学轨范》唐部乐器之研究

Title A Study of "yue xue gui fan" Tangbu musical instruments

作　　者：徐海准
导　　师：吴文光
学位年度：2009年

摘要： 本文由绪论、正文、结论三个主要部分构成。

绪论部分主要陈述了本课题的研究目的与意义、研究方法、前人的研究情况。

正文部分，从四个方面对朝鲜前期（1392—）的唐乐器研究进行阐述。一、韩国古三国时期在朝鲜半岛存在的乐器。主要是考察有关高句丽、百济、新罗的文献和考古学史料中出现的乐器，指出韩国古三国的上述乐器有相当部分接受了中国的乐器，而新罗在统一朝鲜半岛以后接受高句丽、百济的乐器。二、高丽时期在朝鲜半岛存在的乐器。主要考察在高丽时期接受中国的先进音乐的情况和其作用。三、朝鲜前期在宫廷所使用的中国俗乐器的变化。主要考察朝鲜前期文献中记载的唐乐器的变化，而且在《乐学轨范》"唐部乐器图说"渊源的来源和考察在朝鲜前期使用的13种唐乐器中11种乐器的韩国化过程。四、古朝鲜半岛的音乐机构。主要考察朝鲜前期宫廷音乐机构与官职的渊源与构成，而在其一世纪左右的发展过程中唐乐在朝鲜的地位和乐器的韩国化过程的一面。

本文在结论部分提出，在朝鲜时期唐乐的发展和唐乐器的韩国化的大背景下，朝鲜世宗和成宗时期唐乐器的变化呈现出显著的区别。在世宗时期（1418—1450）开始整备乐器、新创作乐曲、整理雅乐等等的音乐文化事业中，需要了解朝鲜音乐的发展。成宗时期（1469—1494）以后很多中唐乐器本身已经有不少的变化，而且这些乐器在朝鲜本土音乐伴奏时也使用。自此，宫廷音乐中乐的成分得到了极大的加强。所以通过研究高句丽、百济、新罗和高丽时期从中国进来的乐器，可以发现：朝鲜前期除了雅乐的极大的发展以外，还具有唐乐的发展及其音乐的韩国化，而且在一定程度上也经历了唐乐器的韩国化过程。

关键词：唐乐；唐乐器；世宗；世宗实录五礼仪；国朝五礼仪；乐学轨范

两周乐悬制度与礼典用乐考

A Study on Yuexuan System and Liyue-manner of the Zhou Dynasty

作　　者：任　宏
导　　师：修海林
学位年度：2013年

摘要：周代礼乐制度的研究，自先秦时期延续至今，随不同时期的研究视角而产生不同特征的学术成果。然而，在相对丰厚的成果当中，"礼"的探讨相对完善，而与其同等重要的"乐"的研讨则相对薄弱。事实上，深入分析"乐"制、"乐"文化是礼乐文化研究不可忽视的重要内容。

本文的研究是在综合整理、分析与选题相关的传世文献、考古出土文献与文物资料的基础上，以"乐制"发展为主要切入点，力图追溯并爬梳两周时期礼乐制度发展的物化、行为两条线索，并将其置于社会政治、经济发展大背景当中去观照，在历史中展开共时性考证，由此对本论域当中的部分命题给予界定与阐释，进而对两周时期礼乐制度发展脉络作出整体勾勒。

关键词：两周时期；乐悬制度；礼典用乐

"华化"与分型：汉唐琵琶的类型特征、演奏方式及其人文存在研究

Hanization and Type Variation: The Study on Types Characteristics, Playing Methods and Humanistic Presence of Pipa from The Han Dynasty to The Tang Dynasty

作　　者：陈岸汀
导　　师：修海林
学位年度：2015年

摘要：本文首次在中国音乐史论域中，就中国古代琵琶的历史发展提出乐器类型学的研究思路和研究方法，从乐器类型和人文类型两方面进行了概念界定，并就类型特征、演奏方式、类型的分型以及人文存在方面，进行了系统性的建构。

在类型分类方面，琵琶之共鸣箱体、琴柄（琴颈）、共鸣箱体和琴柄（琴颈）的关系、琴项为辨识形制特征及其演变的重要依据。本文对类型特征的复杂性，提出宽、窄，长、短，曲、直，大、小4组变量并进行界定。按逻辑关系讲：圆形共鸣箱直柄琴体类琵琶和梨形琴体类琵琶是中国汉唐琵琶类型的一级分类。圆形共鸣箱-直柄琴体类琵琶的二级分类可见长柄类、短柄类琵琶。梨形琴体类琵琶的二级分类中，有短颈类、长颈类琵琶，两者之下均有直项、曲项之分。本文在时间和空间变化中梳理类型与分型。另外本文提出"西域琵琶"和"汉式琵琶"、"龟兹制琵琶"和"唐制琵琶"两组相对应的关键词。

中国古代琵琶之圆形共鸣箱–直柄琴体类琵琶和梨形琴体类琵琶，经汉魏、两晋、南北朝的发展，到唐代沉淀为阮咸和琵琶，两者都涉及"华化"问题。前者的"华化"过程可谓是"脱胎换骨"。后者来看，唐社会完成了对南北朝到隋唐时期胡乐文化的沉淀，在全面吸纳的过程中建立起了新的琵琶音乐中心文化，并以此在空间上向其他地域辐射，时间上纵深影响了后世中国琵琶的发展，"华化"过程有"洋为中用"的特点。

关键词：琵琶；阮咸；"华化"；人文存在

两周编钟编磬的"编列/音列"结构研究

A Study on "Group/TonicSeries" Structure of Bell Chimes and Stone Chimes in the Zhou Dynasty

作　　者：宋克宾
导　　师：修海林
学位年度：2015年

摘要：编钟、编磬是两周礼乐制度及其文化行为中的重器，也是两周礼乐文明的重要载体。编钟、编磬"编列/音列"结构是先秦"钟律"理论与实践在编悬乐器上的具体呈现。本文不仅对两周不同历史阶段和不同地域文化中的编钟、编磬"编列/音列"结构的构成特点、演变逻辑及其理论内涵做了系统而全面的论述，而且在一定程度上揭示了引起这种演变的内在和外在动因。为了研究需要，本文提出并界定了一系列相关概念，形成了一系列的研究成果。本文的研究对于进一步了解两周礼乐文化的实践及其物化呈现、解读先秦音律理论，乃至建构中国乐理，均有其必要性。本文分为上、中、下3篇，对两周编钟、编磬的"编列结构""音列结构"以及相互之间的互生共存关系进行全面解读。上篇讨论两周编钟的"编列/音列"结构；中篇探讨两周编磬的"编列/音列"结构；下篇对曾侯乙编钟、编磬的"编列/音列"结构进行专题研究。依据编磬标音铭文、磬匣刻文、出土磬架编列、钟磬音列关系等，本文对曾侯乙编磬磬匣13件组、磬架16件组两种"分组"编列进行还原。本文还分析了曾侯乙编磬乐律铭文的书写模式、"正声加新钟"的构成原则，校勘和还原曾侯乙全套41件编磬的铭文。

关键词：两周；编钟；编磬；"编列/音列"结构；基组；分组；音阶

先秦至两汉礼乐文化兴衰背景中琴乐文化品格的变化与重塑

Vicissitudes and Remolding of the Cultural Characters of Qin Music under the Background of Ritual-Music Rise and Fall from Pre-Qin Period to Han Dynasty

作　　者：胡　潇
导　　师：修海林
学位年度：2017年

摘要：在中国音乐文化史上，琴具有独特的人文内涵和文化品格。从历史上看，琴乐文化品格最终是在汉代被建构起来的。本文的研究时间选择从西周至两汉，不同历史阶段的礼乐文化背景中，以相关文献、文物史料的研究与解析为基础，集中关注并探究琴乐文化品格是如何在两周至两汉礼乐文化的兴衰、沉浮与重生中得以形成、延续和发展，并最终在汉代被建构起来的。本文通过"西周礼乐文化中的琴乐及其审美文化内涵、春秋战国时期礼乐文化中的琴乐及其审美文化内涵、两汉礼乐文化中的琴乐及其文化品格的建构、先秦至两汉琴乐文化品格的历史演进与形成"此4章结构的设置与阐述，完成本文的研究及论述。

笔者认为，西周时期，周公制礼作乐，琴乐的表演、功能、意义及其审美意识、文化内涵，均属礼乐文化范畴之内。且琴在礼乐文化中具有较为重要的地位，并凸显其独特的文化品格与功能。春秋战国时期，琴乐文化行为方式多样化，其中"士"这一文化主体对琴的沿袭、传承与传播，使琴乐传承主流没有脱离礼乐文化的影响而延绵不绝，甚至生发出新的生命力，特别是被注入了士阶层的"修己""达道"的文化品格，为琴乐文化品格在日后儒学复兴中的最终确立，奠定了重要的文化基础。两汉时期，琴乐在孔子的乐教实践中得到重视和传承，琴乐所承载的自西周以来的礼乐人文内涵与文化品格，主要在士阶层的琴乐活动中沿承至汉代，并在汉代的士阶层及其代表人物那里被倡导和获得提升，得到较为广泛的传播，最终通过文化的选择，使得汉代文人士大夫在官学无乐教的现实情况之下，将修身养性的道德追求寄托于琴乐之上，最终在琴乐中确立了"琴德最优""君子以其（琴）可修德"这样的具有浓厚人文意蕴的文化品格，使以文人士大夫为琴乐行为主体的琴人、琴家，成为汉代周孔乐教的践行者和传承者，承载了礼乐文化中的伦理意义及教育功能，使琴最终成为文人士大夫修身养性的"德"之器。对文人士大夫与琴的关系及其存在而言，在琴与人的合一中，琴乐的文化品格也被提升到远超过两周时期的一个历史高度，由此奠定了琴乐其后2000年发展的重要文化基石。

关键词：琴乐；礼乐文化；文化品格；由"和"致"德"；琴德

《龙笛要录》研究

作　　者：严　薇
导　　师：赵为民
学位年度：2017年

摘要：《龙笛要录》是日本镰仓时代晚期的一部龙笛曲谱，由著名音乐家大神景光编撰。这部乐谱粗略地记载了百余首龙笛曲，并根据宫调分门别类，从收录的乐曲名和宫调名可以看出，它与我国隋唐俗乐以及高丽乐有着密切的关系。但此谱在我国尚无人关注，即使在日本国内也鲜有人问津，存在很大的研究空间。本文是将其作为音乐文献而进行的第一次比较全方位的解读。

本文从著者、乐谱、笛曲、乐调等方面着手，第一章对编者大神景光及《龙笛要录》的名称、成书年代、流传版本等进行考证；第二章至第十章对《龙笛要录》收录的9个唐乐调及其乐曲逐一进行考查，以曲名为出发点，重点观照笛曲的历史源流，进而对乐曲结构、宫调等进行分析；第十一章是对《龙笛要录》所收录的唐乐调宫调体系的综论。

通过上述分析，本文认为《龙笛要录》收录的唐乐曲以我国隋唐时代乐曲为主，是一部涵盖了唐乐珍品、日本新作及其他外来音乐的唐乐古谱佳作。此外，日本的唐乐调子与我国隋唐的乐调有着明确的传承关系，其构建基础是中国宫调理论体系，框架主要来自唐代二十八调之雏形。唐代各调传入日本后，经过分类、整理，悉数纳入吕律之中，其中吕旋为本，且壹越调很可能是整个日本唐乐乐调理论的基础。

关键词：大神景光；吕旋；律旋；二十八调

两周乐事活动编年考

The chronological textual research of Rites and Yue Activitices of the Western and Eastern Zhou Dynasty

作　　者：胡雅静
导　　师：修海林
学位年度：2019年

摘要： 中国传统文化一直以来都受到人们的关注，作为中国传统文化精髓的礼乐文化也备受学者们的重视，其研究成果堪称硕果累累：记录两周礼乐的传世文献（如"三礼"中，虽然保留有不少宝贵的史料，为后人研究两周礼乐提供了重要的史料依据，并且通过文献文物的互补互证，也使得我们对两周礼乐的认识不断丰富和深化。但是，由于这些传世文献多编撰于战国乃至后世，其中的记录，多为概括性的记录，历时性的叙述明显不足，这样，若不能首先建构具有历时性特征的、有关两周礼乐发展的史料系统，就难以对两周时期礼乐文化的发展及其文化变迁进行动态的观照。因此，本文在以两周时期礼乐文化兴衰发展中的乐事活动为集中关注、阐释的对象，首次建立了具有历时性特征的两周乐事活动编年体叙事框架。其中，以现存的历史文献史料为研究的主要依据，以部分留存的音乐文物上的文字记录为辅助资料：通过对这些音乐史料的梳理、分析并作相关征引、考证，试图将相关的事件及乐事活动置于一定的社会、政治、文化、军事、外交经济活动背景下，作进一步的陈述、阐发，在相关文化因素的关联中，对这些乐事活动的性质、特点乃至文化意义进行多方面的考释。

在建构两周乐事活动编年体叙事框架的过程中，通过对史料的梳理，可以看到传世文献对两周乐事活动记录的某些特点，这些特点在一定程度上，也从一个侧面反映了两周礼乐在不同时期的发展状况。如：西周前期乐事活动的记录较多反映历史记录者对西周礼乐初建期的活动和现象关注度较高；处于西周中期的周穆王时期，其礼乐活动受到集中关注，与礼乐制度的趋向成熟和普及有关；周穆王之后乐事活动记录极少，可能表明礼乐文化进入了一个常态的平稳发展期；春秋时期的乐事活动记录较多，并且所载内容往往反映了在礼乐文化行为、观念上的冲突，这显然与礼乐文化面临新的挑战、面临新的文化转型与变异有关，更与传统的礼乐文化观念与新的行乐方式在乐事活动中产生的冲突有关；战国时期，与礼乐相关乐事活动的记录明显减少，乐论反而增多，这从一个侧面表明整个社会的文化转型已经基本完成，旧有的礼乐制度已经被冲垮，"礼崩乐坏"已经成为毋庸置疑的事实。

根据历史文献所记录的两周乐事活动，本文据其不同的文化行为方式及乐事活动的特征，划分、归纳并罗列出不同的类型以进行叙事研究：其中主要包括：祭祀活动中的乐事活动；军事、巡狩活动中的乐事活动；分封赏赐中的乐事活动；宴飨的乐事活动；丧礼中的乐事活动；外交中的乐事活动；宫廷中以礼乐享乐的用乐活动；诸官论乐、作乐等九个类型的乐事活动。本文集中关注有两周时期的一些重要的乐事活动，提取出一些对两周时期礼乐发展影响较大的节点性事件或活动类型，对这类乐事活动进行了相对集中且深入的考释。如：周公制礼作乐；周穆王西巡中的八次"奏广乐"；公元前674年"王子颓乐及偏舞"；公元前544年"季札观乐"；春秋时期宫廷外交活动中普遍存在的"歌诗必类"乐事活动；诸官论乐活动等，均给予了较为集中的关注。

本文认为，两周时期的礼乐文化，在其历史发展与文化变迁中，大致呈现了从西周前期的兴起到西周中后期的繁盛，从春秋前期的犹存到春秋中后期的衰落再至战国时期的崩坏这样一个显其兴衰沉浮的发展趋势。这样一个兴衰沉浮的历史发展趋势，在本文的研究中，正是通过上述八个类型的乐事活动在编年体叙事框架中，通过较为集中的叙述、考释与阐发，在微观研究与宏观叙事的结合中体现出来的。对于一些难以在本文建构的编年体叙事框架中给予阐述的乐事现象和问题（如"声淫及商"等），则有待在更大的研究范围中给予关注。

两周时期，是中华礼乐文化在前所未有的意义上获得发展，并经历兴衰沉浮的历史文化时期：从周公制礼作乐这一具有全新意义的文化创举，到礼乐文化得到广泛的传播，兴盛发达，乃至后来在现实生活中面临"礼崩乐坏"的严峻挑战，礼乐文化从未消亡，也从未退出中华文化发展的历史舞台。并且，事实上，这一文化传统从未中断，延续至今。追溯往古，考证翔实，这正是本文通过建构编年体叙事框架考察两周礼乐文化兴衰沉浮的真正意义和价值所在。

关键词：两周；乐事活动；礼乐；编年体

隋唐宫廷佛曲研究

A Study of Court Buddhist Music in Sui and Tang Dynasties

作　　者：郭星星
导　　师：赵为民
学位年度：2020年

摘要： 南北朝至隋唐时期是中国音乐文化史上大规模进行交流与融合的时代。在这样一个特殊的时期，佛曲的出现成为一道亮丽的人文景观。那么，隋唐时期佛曲的内涵与外延如何界定？它与古印度音乐有着怎样的关系？佛曲的传播途径与方式以及佛曲的结构有哪些重要特征？佛曲在隋唐宫廷音乐活动中如何应用？等等。长期以来在学界得到高度关注但在诸多问题上并未形成共识。本文以隋唐宫廷佛曲为研究对象，试图在隋唐社会历时（纵向）与共时（横向）的坐标系中，重新描述隋唐宫廷佛曲人文景观，从而为广义中原音乐与印度音乐之间的渊源关系提供一份佐证。

本文在向达先生于1929年提出"唐代佛曲"概念的基础上，从时间上向前延展至隋，从空间上定位于宫廷，提出"隋唐宫廷佛曲"概念，就选题而言具有一定的创新意义。论文上篇为综论，分四章对隋唐宫廷佛曲从宏观上进行研讨。第一章对前人关于佛曲概念的学术成果进行梳理，强调佛曲的宫廷性与娱乐性以及贵族化、艺术化气质；将佛曲的主要源头追溯至古印度都市音乐。第二章指出佛曲的传播从西北陆上丝路与西南及海上丝路两种路径传入宫廷，其传播方式主要通过非官方的商人、僧侣与乐人及三者互助和官方的战争与献乐两种方式，龟兹、于阗、凉州地区对佛曲的传入与形成发生了深刻影响。第三章对佛曲结构进行考释，首次对佛曲结构提出具有一定参考价值的学术观点。第四章选取淮南公主在宫廷盂兰盆节演奏《龟兹佛曲》与杨敬述向唐玄宗进献《婆罗门曲》两个典型案例，将其与宫廷燕乐中的龟兹乐和西凉乐相联系，指出二者在宫廷多部乐中具有特殊地位的根本因素是印度化佛曲的强大支撑。论文下篇为隋唐宫廷佛曲曲目考，选取《隋书·音乐志》《唐会要》《羯鼓录》《教坊记》、陈旸《乐书》等文献记载的40多首佛曲曲目，针对相关佛教语汇的梵文、曲名翻译规律、梵文音译与汉字结合的跨文化命名方法、乐曲的内容等方面进行考证，对于佛曲形成的历史脉络及文化内涵的解读具有一定的参考价值。

关键词：隋唐宫廷；佛曲；古印度都市音乐；龟兹乐；胡歌

唐宋二十八调与西安鼓乐宫调传承关系研究

Study on the Inheritance Relationship between the Twenty-eight Modes of Tang and Song Dynasties and the Gongdiao of Xi'an Drum Music

作　者：李琳倩
导　师：赵为民
学位年度：2021 年

摘要：唐宋二十八调是中国古代宫调理论中的重要组成部分，对唐宋以降的音乐文化产生了深刻影响。关于唐宋二十八调的后世传承问题，前人虽有讨论，但仍需进一步探究。本文即着意从西安鼓乐这一"唐宋遗音"的古老乐种切入进行考察。

西安鼓乐是西安地区历代音乐文化积累至今的产物。已有研究成果从不同角度考述其唐宋渊源，却对"曲（牌）名""燕乐调名""宫调溯源"等问题关注不足，本文对此补充论证：（1）统计西安鼓乐中历史可考的曲（牌）名240个，其中有88个出自唐宋时期；（2）以西安鼓乐中标有燕乐调名的"北词八套"为线索，建立起"唐宋音乐文化 — 元明北曲 — 西安鼓乐"历史脉络；（3）根据西安鼓乐现存曲谱、译（记）谱和相关文献记载，分析多个乐曲例证，发现其所用宫调与唐宋二十八调之内容存在不同程度的一致性；（4）从音阶构成、结构关系等方面考察西安鼓乐宫调与唐宋二十八调的历史关联。

本文认为，宋代文献所载"燕乐二十八调"延续了唐代"宫、商、羽、

'角'"四调分类,且明确强调在一组八声音列中包含"正声""下徵"两种调法,以及"宫"调正声音阶之基础地位。西安鼓乐宫调中同样蕴含了这些乐调观念,其"六、五、上、尺"四调与宋代二十八调"宫、商、羽、角"四调之联系在于:上调与"宫"调相对应,以正声音阶形式作为乐调体系建构的基础乐调;尺调与"商"调相对应,以基础乐调的商音立调;五调与"羽"调相对应,以基础乐调的羽音立调;六调与"角"调相对应,都表示基础乐调的"下徵调法",只是前者为显性呈现,后者为隐性表达。由此可见,宋代二十八调理论与西安鼓乐宫调之间的历史关联明显且密切。

关键词:唐宋二十八调;西安鼓乐宫调;曲(牌)名;北词八套;宫调研究

历代黄钟律高考

A study on the pitch of "Huang Zhong pipe" in the past dynasties

作　　者：史凯敏
导　　师：刘　勇
学位年度：2021 年

摘要：黄钟律高是中国古代的标准音高，历代律高，律尺定之，古人为何迷信累黍定律？他们真的相信用大小无定的黍粒就可以找回周汉"真度"，还原古代黄钟吗？历代王朝灵台候气，管中葭灰不飞者不在少数，为何仍常年不衰？数千年来，黄钟律管的长、径标准是否一成不变？确定律高的方法是否一以贯之？不同时代的律高变化有没有规律？其间是否存在某种联系？律，何以成为"万事根本"？本文据文献制管验声，累黍验度；推算计温管律声学公式，实证以音乐考古实物，参照传统乐器实践，解析黄钟定律之法，考证自秦汉到明清的历代黄钟律高。论文分为五章：

第一章，梳理了"同律度量衡"制度的发展过程、设计原则和技术手段。认为这一制度萌芽于夏商，经过周代的发展完善，成熟于秦汉。莽汉时期，刘歆将之总结为一套可循环相求的五则一体钟律制度，核心是将黄钟律作为数、律、度、量、衡的标准原器，以长、积作为各级单位、标准器制作规格的参照；以五部门协作管理来保障制度实施。《考工记》显示黄钟定律技术源自先秦，关键技术是：以度审容、以黍度量、以水准概。

第二章，结合两种祭祀制度，讨论黄钟定律时间对律高的影响。提出候气仪式是国家每年检测"律历度量衡"的综合实验，也是乐占之术的实施过程，

"候气定律"保障了帝王授时权力的合法性。比对月令文献发现,古人把冬至候气黄钟称为黄钟之律;把"季夏迎中"的黄钟称为黄钟之宫。灵台候气与五郊迎气的制度产生了冬夏两次定律的规律,造成黄钟有冬夏两种音高,相差近一律。

第三章,基于3D树脂打印、亚克力、黄铜、不锈钢四种材料制作;有豁口、无豁口两种造型;同形、同径、同长三种设计,制作4套近百支律管多次测音。得出材料的差异对音高并无影响,对律管音色的影响也有限。另外,针对历来有争议的律管吹奏方法,根据考古实物资料、文献梳理发现宋以后的律管普遍有豁口,结合主观体验,认为律管并非闭管竖吹或开管斜吹;30∶1的黄钟长径比和豁口造型决定了唯有开管竖吹才是最适合的吹律方式。此外,依据三种温度下的测音数据,反复推算验证得出"管内温度公式",算出"管内声速",以5d/3的开管管口校正数,代入"开管频率公式"可得出基本符合吹奏区间的理论音高。同时推导出最新"计温开管音高公式"可直接由环境温度算得音高,解决了气温对律管音高影响难以估算的问题。

第四章,是对汉代黄钟律高的研究。汉代同律度量衡制度是谁所定,形制是否改变,学界向有争议。结合汉代度量衡考古资料及铭文,判断张苍对汉初律历度量衡制度有肇始之功,认为在汉武帝时,落下闳、邓平采用"以律起历"制定"太初历",五则一体钟律制度的基本规则和数据起点,就已经被确立了下来,随历法一直延续到了东汉末年。黄钟长9寸,积810分,采用"以积定径",据汉代无射律管与量器的互证,可知汉代黄钟内径为3.378分。据此算出的汉代冬夏黄钟音高与西汉"四王墓"钟磬音高进行比对后认为,南越王墓编钟符合冬至"黄钟之律"的推算,其余三座王墓的编钟与季夏"黄钟之宫"的音高基本符合。

第五章,第一部分是对汉以后黄钟律管内径变化的研究。汉末到宋初解"围九"为周长,则径3分;南宋至清以"围九"为面幂,则径3.461分或3.385分,这是出于政治、文化意识下的主观选择,并非受限于算术。第二部分是对汉以后历代冬夏黄钟律高的考证,发现所有依汉制横黍定律的朝代,黄钟律高在"F+~G+"上下浮动,这是由于"黍尺"长度范围在22~25厘米。实验证明，运用累黍可达到或接近汉代尺长。因而，刘芳律尺并非超过30厘米的"东后魏尺"。乐人惯用的下徵调法产生了一个实践中的标准音高，宋人说的"古乐""唐声"就是唐末雅乐律的"林钟为宫"。大晟钟的律高也是乐人以林钟为宫的结果。北宋部分律家不再坚守黍尺定律，律高据实践而定，或参照日常尺度（如李照、范镇），或依据人声音区（刘几、杨杰、朱载堉）。尽管南宋出于政治目的，再次回到"皇佑中黍尺律"，但金元对大晟律的继承，冷谦律高与小工调的巧合，说明依实践定律渐深入人心。清代康熙采用古法、汉制再次"累黍定律"到了F+上下，由明至清初的黄钟"以上为宫"变成"以工为宫"，此律合于古琴、箫、笛、笙管乐的实践，可谓雅俗相通。

纵观历代定律活动，葭灰候气，感之于天，是以黄钟为历本；累黍出度，通之于民，是以黄钟为经济之本。定钟律的"方法与过程"是黄钟律高"合法性"的决定因素。

关键词：黄钟；标准音高；钟律；乐律学；管律

音乐考古与中国音乐史前史重建研究

Study on the MusicArchaeology and PrehistoricHistory of Chinese of Reconstruction

作　　者：李曼霞
导　　师：王子初
学位年度：2022年

摘要：本文以我国史前出土乐器、图像、遗迹为研究基础，在史前地理环境下的农业经济和文化演化视野下，对新石器时代的音乐文化起源、发展及空间格局进行深入的分析和探讨。同时结合百年来中国音乐史前史的治史情况，提出了重建中国音乐史前史的总体构想和具体建议。文章第一部分，立足于世界旧石器时代的考古学基础，结合人类进化史和旧石器文化谱系研究，中国和欧洲旧石器时代的音乐考古发现和音乐文化研究成果，对世界旧石器时代的音乐考古概况及研究进行钩沉，分析中国的旧石器音乐考古、音乐文化研究的状况，并指出了研究和发展的方向。第二部分，在系统对我国新石器时代的出土乐器的历史年代、种类、数量、来源等文物信息及其出土时间、器物图及尺寸、出土地点、出土编号、同出物、测音成果等考古信息进行系统分析和梳理的基础上，结合新石器时期社会发展特征、古生态学、地理学等多学科研究成果，探寻不同类型乐器文物的起源、发展和传播的规律，讨论对我国新石器音乐发展史上关键的文化时期：贾湖文化、陶寺文化和二里头文化的音乐文化进行了综合分析研究，提出新石器时代的音乐文化区系的框架。第三部分，梳理近百年来出版的音乐通史类著作，以纵向的出版时间为轴，结合引用传说文献资料（乐器、乐舞及音乐家）、史前史文献统计、史前史文献材料分析、考古材料分析的系列表格，厘清了百年史前史纵横交织的资料、观点、成果和趋势，并通过研究杨荫浏和李纯一两位史学家的治史成就，从理论和实践两个方面探究，全面翔实研究分析了中国音乐史前史的治史历程，成就和面临的问题，提出史前史的研究和发展方向。第四部分，从分析和明确"重建"和"音乐史前史"概念出发，综合史前音乐考古和音乐史前史的研究成果，探讨音乐考古学、文字学、人类学等多学科交叉的研究方法，提出了重建中国音乐史前史的路径、内容、任务等，以及史前史构建框架方面的构想。文章的最后部分对全文的研究成果进行了总结。本研究认为，中国与欧洲的旧石器音乐文化的研究在田野考古和理论研究方面均存在较大差异和差距；目前的考古工作和结果显示，与欧洲相比，中国旧石器社会经济发展与音乐文化发展存在不同步现象，音乐文化发展滞后于社会经济发展。在新石器时代我国音乐文化步入快速发展阶段，音乐从多点起源演化的状况走向同一发展。重建中国音乐史前史必须加强音乐考古理论和实践工作，持续不断开展围绕"中华文明起源与早期发展综合研究"的中华文明探源工程深化音乐考古研究，为我国史前音乐史治史提供科学的考古资料和基础，以远古历史著作记载的传说史料等文字资料与现代考古和研究成就结合，建设多学科支撑的史前史治史体系。

关键词： 史前史；音乐考古；旧石器时代；新石器时代；重建；贾湖骨笛；石峁口簧；陶寺；二里头；杨荫浏；李纯一

中国古代音乐美学范畴研究

A Study on the Aesthetic Categories of Ancient Chinese Music

作　　者：李国强
导　　师：修海林
学位年度：2023年

摘要：本文以系统性搜集、整理中国古代音乐美学的史料文献为基础，综合运用音乐史学、音乐美学的研究方法，对各历史时期的音乐美学范畴进行提炼、概括，并作准确深入的分析阐释。研究注重在音乐美学思想史的整体语境中阐明音乐美学范畴的思想内涵，注重把握音乐美学范畴与命题的关系、注意把握音乐美学范畴与具体的音乐活动的关系，关注到音乐美学范畴与哲学美学背景和艺术思潮的关系，以及音乐美学范畴在历史演进中的发生、发展和演变。在整体研究的基础上，以历史的延续性、阐发频次和影响力，与音乐实践的关系，与哲学背景和文艺思潮的关系四个维度为依据，进一步提炼出"和""情""意""淡""清"五个最具代表性、典型性、历史延续性并具有较强生命力的音乐美学范畴，并认为："和"是中国古代音乐美的理想形态，"情"是中国古代音乐的产生驱动力和表现内容，"意"是中国古代琴乐的表现内容和审美旨归，"淡"是中国古代音乐重要的审美形态和审美趣味，"清"是中国古代音乐重要的审美形态和审美品格。

关键词：中国古代；音乐美学范畴；和；情；意；淡

祝凤喈《与古斋琴谱》整理及其乐律学问题研究

Collation of Zhu Fengjie's Yu-Ku-chai-ch'in-pu and Research on His Theory of Music Temperament

作　　者：权霖泓
导　　师：刘　勇
学位年度：2023年

摘要：中国古琴艺术源远流长，历经三千年而不衰。但就琴律学而言，早期的研究虽深根固柢，但其成果却不成体系。自南宋朱熹首次提出琴律学一词，对琴上律调的系统性研究方逐渐进入学者、琴家的视野。发展至清代，经乾嘉考据学、道咸新学，涌现出一大批古琴乐律学研究论著，祝凤喈《与古斋琴谱》即是其中之一。

《与古斋琴谱》是闽派古琴艺术的代表性论著，由闽派古琴艺术创始人祝凤喈撰著。其论涉及古琴艺术之律、调、谱、器诸方面，多发前人之所未发，提出了具有开创性的论见。本文以《与古斋琴谱》为整理和研究对象，在对该谱全文进行标点、注释的基础上，对其中的乐律学问题进行了初步研究，以填补该谱研究之空白。

本文由四个部分组成，分别是：绪论、上编、下编和结语，其中上编、下编为论文的主体内容。上编采用文献学研究方法，对《与古斋琴谱》五卷各篇目进行标点，并对该论著中的重要概念、观点、晦涩不明之言，或鲜见、讹误之字进行注释、考订，以期为学界后续研究提供便于阅读的原典文本，同时利于后续研究者在《与古斋琴谱》纷繁琐细的阐述中检索到研究所需信息。

下编在上编文献整理工作的基础上，运用乐律学及史学的研究方法对《与古斋琴谱》乐律学问题进行研究，共分三章：

第一章为律数研究，分两节。第一节为祝凤喈律准研究，对祝凤喈律准进行详释、评价。本文认为，祝凤喈跳出了古人律准思维的惯性，独创了化繁为简、更易普及制作的十二律木条作为律准代替弦准，为琴人在琴上确定十二律位提供了简便易行的解决方案，是祝凤喈琴学智慧的结晶，体现了祝氏作为一个学者型琴家理论与实践一体的琴学理念；第二节为弦度定律数研究，分为两点内容：1.匀分格数法定各律弦按音律位研究。通过本部分研究，笔者发现，祝凤喈发明之匀分格数法可以精确推出各律弦上、中、下三准十二律的具体位置及有效弦长。2.匀分格数法定各律弦泛音律位研究。本文认为，与朱熹、曹庭栋等人三分损益定泛音徽位法不同，祝氏注意到泛声、按声发声原理不同，于是独辟蹊径，从两者发声原理的角度出发解决问题，将琴上泛音发声原理与三分损益法相结合，最终左右相应确定泛音徽位律位的办法，可谓是徽法和准法的完美结合，是弦度定泛音律位之法的主要贡献所在。

第二章为按泛音徽位律位研究，亦分两节：第一节为按音徽位律位研究。本节通过对祝氏"我生"之律、"生我"之律概念、范围的界定，及对其生律逻辑的梳理，认为祝凤喈探本究源，以数考律，创造性提出的"生我"律之论见，及其系统性阐释的四分损一、二分益一得"生我"律之生律法的论见，实乃发前人之所未发，丰富了传统律学的理论内容，为传统律学史上的重要创见。第二节为泛音徽位律位研究。本文发现，在定泛音徽位律位研究方面，祝凤喈研究之法有二，一为以左右计律数定泛音徽位律位法，一为折纸定暗徽泛音徽位律位法。其中以左右计律数定泛音徽位律位法为祝氏独创；折纸定暗徽泛音徽位律位法则集中体现了祝氏对传统折纸定徽法的创造性发展。笔者认为，此两种方法显现了祝凤喈独具创见的学术思维。两法所得计算结果互为所用，相互印证，体现了其学术研究中的严谨、审慎。其独创的研究方法和体系性的泛音研究结果，不仅为学界进行理论研究开拓了视野，提供了方法论指导，还为琴上实操提供了理论依据和数据参考。

第三章为琴调研究。第一节为正调弦法研究。基于仲吕不能复生黄钟的认识，祝凤喈继续以数考律，提出了他的"三弦姑洗为宫，一弦应钟为徵"的古琴正调观。此说虽未被其应用于琴学实践，但祝氏对学理问题求真探源的求索精神，亦不失为传统乐学研究领域的一笔宝贵遗产。第二节为琴乐旋宫理论研究。本节以《春草堂琴谱》《琴学入门》两书所收曲目为主，结合《自远堂琴谱》所收曲目，遴选三者同名同曲琴乐为例，依据本节分析所得祝凤喈辨别琴调之法，进行琴乐实证研究。发现祝氏起调毕曲法中起调音的判断，并非琴乐制曲普遍规律，只能作为辨别琴调的一个较常见的参照类型。但其以三连音审调，以二连音正调的方法，实则强调了宫角音在判断琴曲调式调性方面的重要作用，呈现了琴调用音的一般规律。

综合分析，本文认为，辨别琴调的关键在于：宫角关系定均，结音定调，徵羽关系辅证，此法实为辨别旋宫转调琴曲调式调性的不二法门。

关键词：祝凤喈；《与古斋琴谱》；泛音；按音；琴调

中国近现代音乐史研究

中国近代和声技法的调域类型及历史走向

The Key Realm Types of the Chinese Modern Harmonic Techniques and Their Historical Trends

作　　者：刘晓江（上海音乐学院与中国音乐学院联合培养博士研究生）
导　　师：张静蔚
学位年度：2007年

摘要：本文以中国近代音乐创作中的和声技法为对象，总结其技法特点，分析其思想成因，观察其历史走向，力求通过技术的分析及归纳，历史的梳理与总结，为中国近代音乐史学提供新的学术视域。

本文探求近代和声技法中民族风格的形成与发展，在此基础上，宏观和历史地概括出近代和声技法的调域类型，即调性、调式、调中心三种模式，指出近代以来相当长的时间里单一调式模式的历史走向及思想成因。通过实例说明，调域类型在分析和声技法、风格变化及作曲家个性特色方面所具有的实用价值。本文采用调域分析方法，这是从中国近代音乐创作的实际出发，整合西方的和声理论，吸纳中国宫调理论的研究成果，从而形成的和声研究方法。

本文调域这一概念，是对已有的"调域"或"均"术语的创造性的发挥，内涵不变而外延由原7个音高材料延伸至12个音高材料。调域分析就是对作品中的音高材料的组织原则以及扩展方式进行分析，其方法的理论基础主要来源于：勋伯格的单一调性理论、巴托克调式综合理论、兴德米特的调中心理论，这三种理论对中国近代和声技法中出现的调性、调式及调中心的和声现象具有重要的参考价值。

本文对三种理论在调域拓展方式上扮演的角色进行深入解读，并整合其中的合理内核运用于自己的研究中。本文以调域扩展方式的变化作为中国近代和声技法发展的叙事主线，通过对典型作品进行调域扩展方式的调域分析，揭示出近代从主音确立到调式旋宫，再到调中心运用的和声发展过程，指出在这个过程中，民族风格得到实现，并在调域类型的归纳中再度呈现出民族风格的多样性。

本文在和声技法中探索了近代民族风格的实现途径，想借以说明，在中国近代和声技法中，"科学法子"的不断深入，民族要素也在不断加强，两者相辅相成，犹如两翼，托起中国近代音乐的创作，腾空崛起，迅速发展。最后提出学习西方技法，挖掘民族要素，融合中西之长，走中西结合的创作道路，这是中国近代音乐史的历史事实，也应是当下谋求中国音乐创作的价值取向。

本文的学术成果：第一，首次提出调域新概念及调域分析方法；第二，首次提出近代和声技法调域类型的三种模式和单一调式模式的历史走向及思想成因；第三，将和声学与音乐史学相结合，融思想、技法、作品为一体，开辟中国近代音乐史学跨学科研究的新领域。

关键词： 调域；调域分析；调域类型；主音；宫音；兴氏调中心

20 世纪上半叶中国音乐社团概论

An Overview on the Music Societies in the first Half of 20th Century of Modern China

作　　者：戴俊超
导　　师：张静蔚
学位年度：2010年

摘要：本文以20世纪上半叶"中国音乐社团"为研究对象，旨在通过分析相关史料，从社团活动的侧面来了解、透视中国近现代音乐走向现代化的过程及特点。本论文的指导思想是将音乐社团发展史归入20世纪中国社会变迁和中西音乐文化冲突融合的大背景之下做一个整体观察。在研究方法上，本论文重在对史料的搜集与整理，对于建立在史料分析基础之上的必要评价，也是力求"以史带论"。本文除绪论与结语部分外，正文共8章，可分为3个部分。本文的第一部分为前三章："第一章步履维艰的说唱音乐班社""第二章凝练国粹的戏曲社团"与"第三章移步换形的传统器乐社团"，主要讨论中国传统班社在中西音乐文化融合的大背景之下的进展情况。第二部分为第四章和第五章，第四章以西乐东渐为特征的新音乐社团为研究对象，第五章以在此间与音乐教育密切相关的音乐社团作为研究对象。第三部分为"第六章与意识形态相关的音乐社团""第七章文化团体中的音乐组织""第八章侨民音乐社团"。本文的结语部分是对全文基本内容的概括，旨在对此间音乐社团的史、文化特征与流变过程做一全面总结与归纳。

关键词：音乐社团；传统音乐；新音乐；音乐教育

中国近现代音乐史学学科的现当代学术话语研究

A study of modern and contemporary academic discourse in the discipline of music history in modern China

作　　者：王福鸿
导　　师：余　峰
学位年度：2020年

摘要：本文以中国近现代音乐史学学科的现当代学术话语为研究对象，主要承载于中华人民共和国成立至今公开发表于相关学术性期刊上的文论对学科发展的历时形态进行考察，探求不同历史阶段由学术话语所彰显出的学科学术动态及其论述的焦点与核心，并结合学科发展过程中的"重大事项"，探讨学科发展在"观念"上的转变与更迭，旨在从中梳理中华人民共和国成立至学科确立前学术话语的"时代"表征、学科确立的学科"身份"、学科学术观念的反思与转型、乐史"重写"的史观共构、当代学术话语的整体重构，对中国近现代音乐史学学科的现当代学术话语做当代时空界域的重识。

本文主要由绪论、结论和五个章节的内容构成。其中绪论部分主要包括三个方面，分别是研究的核心词汇与研究对象、研究内容的基本设定、研究意义的预设。第一章是关于中国近现代音乐史学学科确立前的阐述焦点的历史描述，共包括三节，第一节描述了中华人民共和国成立至中国近现代音乐史学学科确立之前学科学术动态及其所呈现出的学科特性；第二节则探讨了由学科学术话语关于"音乐创作观念"的聚焦；第三节则描述了由学术话语所彰显出的关于"创作方向"焦点的历时形态。第二章是关于学科确立及其学科"身份"

的历史形态，共包括三节，其中第一节论述了这一时期由学术话语所表现出的基于"国家"观念的学术论域及其历史形态；第二节则是对于"思想"与"观念"的历史延续的探讨，包括创作方向、斗争意识、创作观念的延续；第三节则是学科形态的描述，通过学科确立前后研究视域的对比描绘出学科确立之后，基于"学科"观念所形成的"学科"历史形态。第三章则是关于"新时期"中国近现代音乐史学学科学术观念的反思与转型的阐述，共包括两节，分别从"学科史"与"学术史"的角度，阐述了中国近现代音乐史学学科的学科形态与观念形态，其中第一节从"学科史"的角度，从研究对象的多样性关照、音乐史观的多元共存、"语用身份"的"多元"趋向探讨了"新时期"学科发展的"多元"形态；第二节则是从"学术史"的角度，探讨了学科观念的历史转型，通过对三次学术活动的评述1980年的"南京会议"、1986年起至1988年11月《人民音乐》所设的"回顾与反思"专栏及关于"毛泽东文艺理论研讨会"的系列研讨活动以及1998年的"20世纪中国音乐发展道路的回顾与反思"学术研讨会，呈现了学科观念转型的动态。第四章是关于中国近现代音乐史学学科"重写"争鸣的"辨"，共包括三节，其中第一节是对乐书建构的历史追问，分别从"乐书"历史的追问和"乐书"的历史追问两个方面进行阐述，探讨了"重写音乐史"争鸣中的话语形态；第二节则是以当代的视角，对"重写音乐史"进行了当代的文化批判，是"我"的视角与认知；第三节则阐述了在这场学术辨异磁场中，由学术话语所彰显出的"史学共识"——史学家的"心性"共求、史学研究"根基"的学理性重申、学术研究的人文性学科意识共知。第五章则是跳出"中国近现代音乐史学学科"范畴，尝试探讨由当代学术话语所彰显出的"整体重构"，第一节反观中国音乐文化研究所表现出的"共知语境"，产生了关于"中国近现代音乐史学学科"发展的思考；第二节则是对中国音乐文化实践的当代批判，中国音乐文化研究所面临的是多重"东方学"意义的桎梏；第三节则是从"人"的视角，分别通过文化的"人属性"以及历史的"人属性"两个方面，探讨了学术研究工作的"终极关怀"。

结论，通过对"学科的现当代学术话语"的研究，笔者产生了对于学科发展形态、观念、"人"和话语权的思考。在学科发展形态的描述方面，主要表现为学科研究呈现出了逐步"脱离""政治与阶级"的规约的理路、学科发展呈现出了逐渐摆脱"为音乐创作"的"辅助"功能逐步确立"为学科"的主体"本我"的趋势、研究视域的逐步"正常化"、学术话语身份由"国家意志"的"话事人"身份向"国家"与"民间"学术话语身份共存的身份共构四个方面;在观念方面笔者对"西方"范式进行了反思,提出了摆在中国音乐文化研究面前的"东方学"桎梏西方范式下的"东方学"实践操作;在"人"的方面,分别从文化是人的文化,历史是人的历史两个方面,阐述了中国音乐文化的研究的根本,它所呈现的是以"历史、文化"的研究为基调的"话语体系"的操作建构,究其根本是人对"人"的关照,是"人"基于他者意义与本我范畴的综合性交叉;在话语权方面,笔者总结了学科发展至今所表现出的"话语权"形态并由此而提出了关于"中国音乐话语体系"的建构的思考。

关键词: 中国近现代音乐史学;学科;现当代;学术话语

历史、观念、轨迹：上海国立音乐院 —— 国立音专"同人刊物"研究

History Ideas and Tracks: A Study of the "Peel publications" of Shanghai National Music Academy-National Music Academy

作　　者：黄橙橙
导　　师：余　峰
学位年度：2020年

摘要： 建于1927年的上海国立音乐院，1929年更名为上海国立音乐专科学校，是中国近现代最早独立建制的高等音乐学府，它的创立揭开了中国专业音乐教育史的新页，开辟了高等教育体制化、系统化、科学化培养音乐专门人才的道路。1928年5月，在上海国立音乐院建院后的第二年，便创办了《音乐院院刊》（存见3期）；1929年11月，改制为上海国立音乐专科学校后，相应将《音乐院院刊》更名为《国立音乐专科学校校刊》（月刊），出版三期后将刊名改为了《国立音乐专科学校校刊·音》（简称《音》），存见64期；1930年4月，上海国立音乐专科学校的音乐社团乐艺社又编辑出版了《乐艺》（季刊），存见一卷一至六号；1934年1月，音乐艺文社编辑出版了《音乐杂志》（季刊），存见一卷一至四期。1937年11月，（上海）国立音乐专科学校发行了《音乐月刊》，至1938年2月停刊，存见一至四期。1939年6月，上海国立音乐专科学校创刊《林钟》，由于当时的上海已成"孤岛"，音专陷于不能正常办学的境况，故发行一期后停刊。这些刊物，记载着上海国立音乐院 ——

国立音专同人群体从中西音乐关系出发所进行的一切运思和实践活动的轨迹，他们以"国立音乐院 —— 国立音专"为中心，形成一支庞大的"同人群体"，他们以对音乐的热爱为基点，怀抱对音乐事业的相同愿景、相同目标、相似观念、相同志趣而集结同好，在强烈的爱国主义精神、民族自尊心与历史责任感的驱使下精诚合作，努力地探索近代中国音乐文化发展的新路径，共同致力于音乐的研究、创作，并将成果通过自主发行上述"同人刊物"，传播普及大众，促进音乐界的学术研究与思想交流。

本文从"近代中国'新音乐'思想的传播诉求""上海国立音乐院 —— 国立音专的建立及其'同人刊物'的创办""上海国立音乐院 —— 国立音专'同人刊物'文论文本之形上释""上海国立音乐院 —— 国立音专的办学与实践""上海国立音乐院 —— 国立音专'同人刊物'音乐文本之形下说"五个部分，将上海国立音乐院 —— 国立音乐专科学校及其萧友梅、易伟斋、黄自、青主、陈洪、廖辅叔等"音专同人""同人群体"创办的上述"同人刊物"作为一个整体的历史文化事项，以近代中国历史为框架，从中国近代音乐史学的特殊学脉出发，运用传统史学的学术语言和概念系统，结合"文化研究"的语境转换与思路整合，将他们从新唤醒并搁置在一张"情缘网"上，寻找历史的记忆。在上海国立音乐院、上海国立音乐专科学校校刊、学刊的百万原始文字资料与现有研究成果的基础上，将其所承载的近代音乐文化事项与社会艺术实践，置于"近代全球化与中国向现代化转型的宏观背景中考察"，动态地对饱含大量历史信息的文献史料作梳理、研读、体悟、辨析、释义，在历史与当代的对话中，进行史学、社会学、文化解释学等诸方面的学理分析与人文探讨，力图寻找其生成与变迁的活动轨迹，追溯近代音乐家群体的心路、学路历程，揭示其文论之字里行间、乐谱之粒粒音符之下所蕴含的音乐智慧及折射出的时代表述与心路历程，进而再现上海国立音乐院 —— 国立音专的历史真实，挖掘其音乐思想、音乐实践、音乐审美等生成机制之思想基础、历史成因及其内在脉象；在力求客观论述的同时，评价其历史贡献与影响。

关键词：上海国立音乐院 —— 国立音专；"同人刊物"；《音乐院院刊》；《国立音乐专科学校校刊·音》；《乐艺》；《音乐杂志》；《音乐月刊》；《林钟》

20世纪中国舞剧音乐创作的文化选择与价值构建

The cultural choice and value construction of Chinese dance music creation in the 20th century

作　　者：孙小钧
导　　师：余　峰
学位年度：2020年

摘要：20世纪上半叶，在借鉴西方舞剧以及"改良国剧""戏曲改良"运动思潮的推动之下，催生了中国舞剧的诞生与发展，随之，开启了20世纪中国舞剧音乐的探索之路。舞剧音乐的文化选择是一种价值取向和创造，是在音乐文化转型的历史大背景下，面对文化冲突、文化对话、文化融合中找准自身价值定位，实现价值重建的过程，并从技法、观念、思维、结构、审美等方面开拓不同的创作实践道路，也映射出了20世纪中国音乐文化发展的态势和走向。本文意图在史料分析、音乐分析的基础之上，总结不同时期中国舞剧音乐发展的历史经验，并且对20世纪中国舞剧音乐做出的文化选择给予学理解读。

本文将从以下几个方面具体阐述多元文化视域之下，中国舞剧音乐创作的文化选择与价值构建：

第一章中国舞剧音乐创作的历史梳理，20世纪中国舞剧音乐创作大致可以分为四个时期，建国前的舞剧音乐创作处于探索阶段，音乐家与舞蹈家们都试图找寻一种音乐与舞蹈、戏剧契合的新音乐"语法"，摸索一条中国舞剧音乐创作的"法则"。建国后十七年的创作突出了中国风格的舞剧音乐语汇，从传统戏曲和俄罗斯舞剧中吸收了经验，迎来了舞剧音乐创作的第一个高峰。

"文化大革命"期间受意识形态的规约，舞剧音乐创作中呈现"二元对立"现象，音乐创作的政治性高于艺术性，但大部分作品缺失艺术活性。"新时期"中国舞剧音乐受西方现代作曲技术理论的影响，在作曲技法、创作观念、题材择选等方面都有历史性的突破。

第二章音乐与舞蹈结构整合的理路释义，音乐与舞蹈的对话关系是20世纪中国舞剧创作者们共同探索与实践的重要命题，在近80年间的创作中，从借鉴"苏俄模式"到自主理论建构的过程，显露的是中国舞剧音乐创作的思维变迁，以及中国舞剧创作体系的统和与统构。中国舞剧创作与西方舞剧的明确区别在于舞蹈形式的不同，中国舞剧中有大量的以古典舞、民族舞为基础的创作，以及西方芭蕾与中国古典舞的交融，因此在中国古典舞与西洋管弦乐的有效结合，西方芭蕾与中国音乐的融合等方面，显现出音乐与舞蹈创作中两种艺术观念的碰撞，构成了在舞剧中"乐—舞"整合过程中的对话关系，这一过程不仅体现了两种艺术之间的对话，也是音乐家与舞蹈家创作思维的对话。本章总结了音乐与舞蹈联结的历史经验，通过对三部舞剧音乐的分析，思考舞剧音乐与舞蹈的对话关系。

第三章中国舞剧音乐的文化认同，文化认同是西化过程中，面对本民族文化产生身份怀疑与阐释焦虑的必然现象，音乐的"民族化"与"民族性"是20世纪中国舞剧音乐创作的长期追求，是在西方技术理论的影响下，树立中国音乐文化自信的外在与内在的综合驱动力。文化认同问题是20世纪舞剧音乐创作在全球化背景之下，产生的对建构自我身份意识的自觉。这种自觉在中国舞剧发展的各历史阶段出现对认同概念的不同理解，但都归于一点，即作曲家创作中的民族音乐文化意识的自觉诉求与表达，并以积极的心态建构中国舞剧音乐在世界舞剧音乐中的文化身份。本章通过对舞剧音乐"民族化"创作思维的特征分析，结合具体实例，阐述对文化认同的价值审视。

第四章中国舞剧音乐的现代性论析，从遵循西方"工具理性"的"普适性"，到寻求自我文化的突破，尽管中国舞剧音乐创作在结构与技术层面都无法跳出西方文化的"普照"，但中国舞剧音乐仍有探讨文化空间中多元文化共存的可能性，寻觅中国舞剧音乐的"中国化"风格和作曲家个人特色的创造，在多元文化的吸收、文化个性的塑造、与"外族"音乐的文化"对话"中达成价值认同与价值共识。本章通过对舞剧音乐创作现代性产生的"原理"剖析，发现作品中显露的"现代性"表征，进一步总结中国舞剧音乐现代性生成的路径选择。

第五章"国家在场"预示的人文叙事，"国家在场"是20世纪中国舞剧音乐的"关键词"，政治话语对建国后的中国音乐创作产生了深远的影响，这种影响既有积极意义也有消极意义，它不仅体现在音乐创作方面，也造成音乐评论、音乐传播等方面产生具有时代特征的文化现象。新时期对意识形态规约下的音乐创作、音乐评论界进行了反思，并出现了文化认同危机意识和自我突破与更新意识并存的现象。新时期的舞剧音乐创作在国家文化发展政策主导下的认识自觉，使中国舞剧音乐创作涌现出大量寻求具有国家"向心力"的作品，同时也成为国家文化自信的一种象征"符号"。本章通过对"国家在场"视野下舞剧音乐创作特征、音乐情状的分析，探讨意识形态导入下的舞剧音乐功能问题。

关键词：舞剧音乐；音乐创作；多元对话；文化认同；民族性；现代性；国家在场

西方音乐史研究

瓦格纳歌剧《帕西法尔》研究
Research on the Wagner's Opera *Parsifal*

作　　者：康　啸
导　　师：杨静茂
学位年度：2012年

摘要：本文以瓦格纳的歌剧《帕西法尔》为研究对象。作为德国歌剧辉煌时代的最高代表，瓦格纳总是通过自己深邃的思想和独到的理念献给世人一系列传世佳作。《帕西法尔》作为瓦格纳最后一部歌剧，其中无不体现出作曲家终其一生所追求的艺术理想的最后总结。本文分为四个部分。第一部分绪论中，笔者针对歌剧的基本特点、研究现状进行综述，并且阐述本论文的研究意义以及可执行性。第二部分对于瓦格纳创作《帕西法尔》的历史过程进行梳理。《帕西法尔》的诞生历经了25年的时间，作曲家花费了极大的精力，经历散文稿、诗稿、音乐创作稿，到最终总谱稿的书写，不同阶段的创作稿件反映出作曲家对这一题材的理解和认识的不断变化过程。通过对大量史料的引用和解读，本文分析歌剧脚本修改中的变化，并且呈现作品产生的时间脉络。第二部分是全文的重点，主要是对歌剧音乐进行分析，重点阐述作曲家通过音乐表达歌剧戏剧内涵的方式。本部分分为三章：第一章分析歌剧中主导动机的使用特色，并且以前奏曲与第一幕为例；第二章分析歌剧的管弦乐特色，以歌剧第二幕为例；第三章分析歌剧无终旋律的使用特征，以歌剧第三幕为例。三章的分析角度有所不同，但笔者力图做到从歌剧戏剧发展的顺序对歌剧进行全方位的分析。第四部分是对全文的总结部分。笔者将关于《帕西法尔》体现出的思想内涵进行概括，并且对歌剧的音乐风格特性进行总结。总而言之，本文从历史、脚本、音乐、评论等多方面入手，力图展现歌剧《帕西法尔》明晰的创作过程，解释瓦格纳在这部歌剧中的创作技巧，并且阐释这位举足轻重的作曲家在谢世之作中给世人留下的"箴言"。

关键词：瓦格纳；《帕西法尔》；歌剧脚本；主导动机；歌剧交响化；无终旋律

20世纪五六十年代的中苏音乐交流

Music Exchanges between China and the Soviet Union in 1950s and 1960s

作　　者：韩　瑛
导　　师：李秀军
学位年度：2013年

摘要：文化的交流与传播是人类社会发展的主要特征，同时也是人类社会发展的重要方式，苏联作为第一个社会主义国家，在政治、文化、军事等方面均对世界的发展进程产生了广泛的、深远的影响。

中国与俄罗斯相依为邻。在20世纪，苏联是同中国交往最为密切的一个国家。中俄两国文化交流有着悠久的历史，民众间传统友谊源远流长。在相同的文化背景下相互认同使两国在许多事情上有共同的认知，有相互的了解信任。人民之间彼此交流、相互借鉴发展，创造了灿烂的历史文化。无论是交流的范围上还是程度上，是任何两个国家无法复制的。故此，我国在各个领域都间接或直接地受到了苏联文化的影响，并且这种影响迄今为止还依然存在。

中苏文化交流中，我国在20世纪50年代同苏联之间进行了大规模的文化交流活动，对中国社会的发展与进步起到了积极的影响，在文化交流史上有着特殊位置。其中有着太多值得我们研究的问题。

本文由绪论、正文（分为6章）和结论三部分组成。绪论部分为选题的意义与价值、研究现状的简介，主要的创新点和不足，研究方法与本文的结构、相关概念说明、写作思路等。第一章是新中国成立前中苏音乐文化交流历史回顾。苏联音乐的传入及对我国音乐创作的影响，为新中国成立后中苏文化交流的大发展和大繁荣奠定了基础。第二章主要介绍新中国音乐人赴苏留学及其学习成果。新中国建立初期留苏教育对社会主义建设人才培养留下浓重的一笔。加强各国之间文化教育交流以向国外派送留学生为主要手段，这也成为后期国家必须利用的重要途径。第三章是新中国成立初期苏联音乐专家在中国。纵观中国现代专业音乐教育发展史，聘用外籍教师始终是一种独特传统。中国现代专业音乐教育发展的本身就是探索、学习西方音乐中的教育经验，尽管在学习中进行了复制，但其音乐理论、音乐思想、音乐观念等对中国音乐教育的发展起到了促进作用。第四章介绍了新中国成立初期中苏音乐交流的主流是苏联音乐向中国的传播，但是也并非只是单向的，中国音乐学子在学习中，也有自己的创作，中国音乐团体也到苏联进行了演出活动，这也是中苏文化交流不可缺少的一个方面。第五章是对中苏音乐交流"一边倒"政策的原因探析及历史反思，分析其形成的原因、背景及音乐交流的不平衡性。第六章以历史辩证的方式重释中苏音乐交流史，肯定苏联音乐对我国音乐教育的奠基性作用，总结中苏音乐文化交流的特点及苏联音乐对中国二十世纪五六十年代音乐文化发展的影响。

关键词：中苏；音乐交流；音乐现代化；20世纪五六十年代

19世纪歌剧"女性救赎"主题研究

On "Female Redemption" in the Opera of the 19th Century

作　　者：李　晶
导　　师：李秀军
学位年度：2018年

摘要：本文是以19世纪歌剧中的"女性救赎"主题为研究对象。"救赎"作为基督教教义的核心观念，逐步沉淀为西方根深蒂固的文化传统，从外在的宗教仪式转变为艺术上的创作理念，在19世纪歌剧创作中广泛反映和集中体现出来。本文从19世纪与救赎主题相关的众多歌剧中选择六部作品进行分析，依次是贝多芬的歌剧《费岱里奥》、韦伯的《魔弹射手》、古诺的《浮士德》、贝利尼的《诺尔玛》、威尔第的《茶花女》以及瓦格纳的《漂泊的荷兰人》。论文旨在音乐文本分析的基础上探寻文本形态与救赎主题之间的关联，论述"女性救赎"主题的歌剧是如何在19世纪确立并不断发展，理解主题背后所蕴含的创作动机，并进一步阐释主题所体现的时代特征与文化意义。

本文分为绪论、八个章节与结语。绪论对"女性救赎"的概念进行了释义与界定，对19世纪歌剧救赎主题、女性形象的研究历史和现状做了基本的梳理与回顾，在此基础上提出了选题的研究角度与方法。第一章论述19世纪"女性救赎"主题产生的历史语境，从宗教信仰、文化思潮、政治革命等方面入手探寻救赎主题歌剧在19世纪大范围涌现的缘由。第二章至第六章是对所选择的六部作品进行分析，其先后顺序呈现出19世纪"女性救赎"主题歌剧创作的历史脉络，反映了该主题创作不断发展深入的过程。从整体上看，每一部作品的分析包括戏剧结构、场景设置、人物关系、调性布局、重要唱段、配器手法等方面，从具体来看，在分析中关注每一部作品之间的差异性，突出作曲家在如何加重女主人公戏剧分量，运用音乐深化救赎主题的具体手段和特殊处理。第七章首先对比了18、19、20世纪歌剧中女性形象的特点，继而归纳19世纪救赎主题歌剧在整体布局和细节表现等方面呈现的共同点，以此凸显19世纪作曲家在塑造女性形象方面的独特之处。第八章侧重于阐释"女性救赎"主题集体性创作行为背后，所隐含的宗教文化传统、时代精神、性别观念以及审美理念等方面的内涵，揭示救赎主题在西方音乐创作中的深厚传统以及在19世纪歌剧中繁盛的历史必然性。结语部分在提炼六部经典歌剧作品创作特征的基础上，进一步指出德国作曲家在救赎主题表现上的突出和深入，从更深层的精神领域来认识"女性救赎"主题存在的价值和意义。

关键词：19世纪歌剧；女性救赎；调性布局；性别观念

穆齐奥·克莱门蒂钢琴奏鸣曲作品第1号的装饰音研究

A Study on the Ornamentation of Muzio Clementi's Sonatas for Piano or Harpsichord Op.1

作　者：杨　番
导　师：李秀军
学位年度：2018年

摘要：本文以克莱门蒂钢琴奏鸣曲作品第1号中的"装饰音"为主要研究对象，探讨装饰音的诠释及演奏法。"装饰音"作为一种用来修饰、润色旋律的作曲手法及演奏艺术，从中世纪起逐渐形成，于巴洛克时期发展衍生，而后深深地扎根在古典主义、浪漫主义时期的音乐文化传统中，它对整个西方欧洲音乐的演奏艺术具有极其深远的影响和重要的历史意义。本文以克莱门蒂钢琴奏鸣曲作品第1号的原始版本 Utext Edition 为研究文本，以文本中旋律、节奏、和声、调性、速度、音乐语境及乐曲人性的音乐分析为基础，诠释装饰音的演奏法，并通过剖析倚音、颤音、波音和复合装饰音的功能意义，解读克莱门蒂早期钢琴音乐创作的独特风格与审美品味。

本文分为绪论、六个章节与结语。绪论对本文的选题缘由与立题依据作出了陈述，重点说明了论文的研究视角与乐谱版本的使用，同时对国内外相关课题的研究状况进行了总结，最后概括性地介绍克莱门蒂的音乐创作道路与其钢琴奏鸣曲作品第1号。第一章为中世纪至浪漫派早期装饰音的历史回顾。分别从装饰音的起源与发展、美学与风格、即兴自由装饰奏和常规装饰音类型四个方面进行了梳理，为本文的中心部分奠定理论基础。第二章至第五章为作品第1号装饰音的研究与分析，内容涉及作品中所有类型的装饰音，分别为倚音及其他由小音符标记的装饰音、颤音、波音和复合装饰音四种。每一章的开篇均从克莱门蒂对各类型装饰音的演奏诠释和古典时期的装饰音演奏法入手，根据古典时期各装饰音的风格特点对其演奏法进行详尽的归纳与分类，再结合音乐文本中的各音乐要素、音乐语境及作曲家的个人品味，诠释装饰音的演奏。第六章为克莱门蒂装饰音的风格特点与审美品位解读。笔者在本文中心部分研究结果的基础上，进一步剖析各类型装饰音在克莱门蒂作品第1号中的功能意义，并从音乐风格和审美品位两个层面进行解读，探寻克莱门蒂早期钢琴音乐创作的艺术特点。

关键词：克莱门蒂钢琴奏鸣曲；装饰音演奏法；功能意义；音乐风格；审美品味

海顿与莫扎特的弦乐四重奏创作
—— 以1781—1787年间的主要作品为例

Haydn and Mozart's String Quartets Take the master works from 1781 to 1787 for examples

作　　者：张紫薇
导　　师：杨静茂
学位年度：2019年

摘要：本文以维也纳古典乐派两位作曲家海顿与莫扎特在1781—1787年间的三部弦乐四重奏作品——海顿的《"俄罗斯"四重奏》、莫扎特的《"海顿"四重奏》以及海顿的《"普鲁士"四重奏》——作为研究对象，试图通过对这三部作品的深入分析与对照，系统性地总结并阐述两位作曲家在弦乐四重奏领域的相互关系。从而为"两位作曲家在艺术创作与音乐风格方面存在相互影响"这一课题提供更加具体、翔实的理论依据。同时，笔者希望本文的研究能够帮助人们跳出既往的思维模式，不再局限于以年龄、资历作为作曲家影响力的唯一标准，而是更多的认识到同时代作曲家在创作中存在着更加复杂、多元的互动、交流以及相互影响。

关键词：J.海顿 W.A.莫扎特；弦乐四重奏；风格；影响；《"俄罗斯"四重奏》；《"海顿"四重奏》；《"普鲁士"四重奏》

杰米尼亚尼的《小提琴的演奏艺术》及"本真性"探寻

Quest for "Authenticity" and Geminiani's *art of violinperformance*

作　　者：王　辉
导　　师：李秀军
学位年度：2020年

摘要： 本文以弗朗西斯科·杰米尼亚尼的《小提琴的演奏艺术》为主要研究对象，通过对这部巴洛克小提琴演奏技法的练习守则进行全面而深入的分析，探寻巴洛克小提琴演奏中的"本真性"问题。杰米尼亚尼的《小提琴的演奏艺术》是第一部全面介绍小提琴演奏技术的，书中涉及小提琴演奏中所需要解决的几乎所有的技术问题，并且详细阐释了每一种演奏技术应该使用何种适合的方式进行练习。有关巴洛克小提琴的演奏技法，杰米尼亚尼在《小提琴的演奏艺术》一书中作出了清晰并且翔实的解释，并且将自己的演奏和教学经验整理呈现在书中，这本书在当时出版之后被广泛使用，并且被不断再版以及被翻译成法语版本和德语版本进行传播。本文旨在研究两个方面的内容：（1）全面并且深入地分析和阐释杰米尼亚尼在《小提琴的演奏艺术》中呈现的小提琴的演奏技术；（2）探寻他的著述对于他所处的时代以及在时代进程中对于当代的巴洛克小提琴演奏有何种影响。

本文分为绪论、五个章节与结语。绪论对本文的选题缘由与立题依据作出了陈述，重点说明了论文的研究视角与研究意义，同时对国内外相关课题的研究状况进行了总结，最后概括性地介绍杰米尼亚尼的音乐创作道路。第一章和第二章分别从对于《小提琴的演奏艺术》中阐释的左手技术和右手技术入手，对于杰米尼亚尼的巴洛克小提琴演奏技法进行全面的分析与阐释；第三章对于杰米尼亚尼与他所谓的"老师"科雷利和罗纳蒂的奏鸣曲作品之间进行分析和比较研究，从写作技法和音乐风格入手探寻他们之间的联系，继而寻求杰米尼亚尼真正的历史地位和在奏鸣曲体裁的发展过程中的贡献和意义；第四章中笔者将对在视频网站中搜集到的巴洛克小提琴的演奏视频进行整理和归类，筛选出其中的八个典型的与本研究相关的视频作为研究对象，对于当代巴洛克小提琴演奏领域主要使用的演奏技法与《小提琴的演奏艺术》中存在的异同进行整理和分析；第五章将从"本真性"的角度出发，探寻杰米尼亚尼的《小提琴的演奏艺术》以及他的器乐作品在巴洛克演奏技法的发展历史和奏鸣曲体裁发展过程中的历史地位与重要影响。

关键词：弗朗西斯科·杰米尼亚尼；《小提琴的演奏艺术》；创作技法；巴洛克小提琴；演奏法；本真性

菲利普·格拉斯歌剧《阿肯那顿》研究
——基于"歌唱中考古学"的视角

A study of Philip Glass's Opera Akhnaten—from the perspective of "Singing Archaeology"

作　　者：赵　新
导　　师：李秀军
学位年度：2020 年

摘要：本文是以菲利普·格拉斯歌剧《阿肯那顿》为研究对象，以"歌唱中考古学"为研究的介入点。"歌唱中考古学"（Singing Archaeology）——菲利普·格拉斯曾这样描述歌剧《阿肯那顿》，它概括了这部歌剧的主题，同时它也是一个恰当的隐喻。它不仅代表了 20 世纪 80 年代菲利普·格拉斯这样的艺术家的一种创作观，同时也代表了当时后现代文化中一种更加普遍的文化态势——以福柯颇具影响力的"知识考古学"为例，向更久远的史料探究。论文旨在音乐文本分析的基础上探寻文本形态与主题之间的关联，从音高组织关系、曲式结构、音响组合形式及作曲技法等角度出发，根据现代与后现代美学思想，探寻作品的文化内涵。论述"歌唱中考古学"这一主题在歌剧中表现的方法、形式及意义，理解主题背后所蕴含的创作动机，并进一步阐释主题所体现的时代特征与文化意义。

本文分为绪论、四个章节与结语。绪论对选题缘由及歌剧《阿肯那顿》的创作背景、选题目的，及菲利普·格拉斯的音乐创作及歌剧《阿肯那顿》的国内外研究现状做了基本的梳理与回顾，在此基础上提出了选题的研究角度与方法。第一章论述菲利普·格拉斯的音乐创作风格产生的历史语境，从宗教信仰、文化思潮、政治背景角度探寻菲利普·格拉斯由现代主义转向后现代主义音乐创作的形成因素；从不同角度及相互重叠的文化共识探讨菲利普·格拉斯的剧场音乐，深入、多角度论述不同的美学、思想观念对菲利普·格拉斯歌剧创作的影响，为之后章节分析《阿肯那顿》的音乐及脚本提供过渡。第二章探讨作为菲利普·格拉斯"肖像歌剧三部曲"之一的《阿肯那顿》与其余两部的共性关联，深入挖掘《阿肯那顿》创作的根源所在，对阿肯那顿作为俄狄浦斯人间的真实化身进行了辩证性的分析。第三章是本论文的主体，通过回顾、归纳菲利普·格拉斯音乐语言的体系，探讨《阿肯那顿》的音乐语言，从乐谱分析、技术探讨的角度探求作曲家展现的主题——歌唱中的考古学的实践方法。笔者认为在聆听菲利普·格拉斯的音乐时，对于作品技巧、结构、风格的掌握是很重要的：是因为这些要素通过一种方式向观众传达一些重要意义，即把当下与过往、已知与预知、经历与经验联系起来。换句话说，作曲家在表达某种观念时常将作品置于某种历史语境、文化理念之下，通过技巧的使用、作品的架构去阐释一种文化的、哲学的认知，这是观众理解《阿肯那顿》的关键，也是理解它的艺术性和产生共鸣的关键。第四章从美学的角度，以挖掘作品中大量隐喻手法的运用，探究其象征意义，其中涉及阿肯那顿的宗教信仰及在音乐中的表现方式；同时探讨关于菲利普·格拉斯音乐中的异国情调和他文化的伦理问题。文章的最后讨论了歌剧《阿肯那顿》的接收维度并分析了这部歌剧与菲利普·格拉斯之后的作品的相关性。

笔者与菲利普·格拉斯有着相同的音乐观，即反对音乐是孤立存在的，它不应脱离广泛的听众群体。无论是打破千年艺术规范，古埃及历史上最特立独行的法老——阿肯那顿及其"取法自然"的艺术观，还是作为后现代音乐观的代表之一的——菲利普·格拉斯的"音乐考古学"的歌剧创作理念，笔者认为他们都是一种人文精神的表达，是人类精神的升华，都是人类优秀的文化遗产。而文化，是一种成为习惯的精神价值和生活方式，它的最终方式是集体人格。故歌剧《阿肯那顿》的创作不可能是个象的、主观的，也不是具体化的。

笔者的结论是：对史料的考古态度是20世纪70年代末和80年代初后现代艺术状态的一个重要特点。菲利普·格拉斯以"歌唱中的考古学"的角度进行创作的《阿肯那顿》一定层面上表明了人们对历史史实记录的偶然性、片面性的一种反思，倡导人们在面对历史时应该怀惶恐之心、谦卑之心的解读态度。《阿肯那顿》从考古学的角度体现了我们日常生活中的变迁，它们意义丰富性的来源在于，它提供了一种体验过程，其内容关联于我们作为人类每天都要面临的一些最基本的、主观的、社会和心理上的问题。它不是浮于表面的东西，它是人类生存逻辑的表达。菲利普·格拉斯的艺术概念与我们的日常生活紧密相连，这一概念为真正的现代美学，或者也许是后现代美学提供了基础。此外，这种美学以一种高度的思维框架，将各个领域的艺术家与其他当代思想联系在一起，无论是哲学、科学还是心理学。

关键词：菲利普·格拉斯；《阿肯那顿》；肖像歌剧三部曲；后现代主义；知识考古学；简约主义

爱情、权力与道德：蒙特威尔第晚期歌剧《波佩阿的加冕》研究

Love, Power and Morality: A study on *L'incoronazione di Poppea* of Monteverdi's Later Operas

作　　者：高长天
导　　师：李秀军
学位年度：2022 年

摘要：作为横跨文艺复兴音乐时期与巴洛克音乐时期的作曲家，克劳迪奥·蒙特威尔第（Claudio Monteverdi，1567 — 1643）的音乐创作被认为是横跨这两个音乐时期发展的桥梁。他将音乐中表现歌词的情感内容作为追求，运用不同的创作手法，如调性的变化、使用多种体裁表现不同音乐场景等，来展现音乐作品中的情感内容。歌剧《波佩阿的加冕》作为蒙特威尔第晚期受托为歌剧院创作的歌剧，是他音乐创作生涯保存至今的最为杰出的作品。在这部作品中蒙特威尔第将宣叙性唱段作为创作的中心，通过自由运用不同种类的咏叹性，将音乐与戏剧融为一体，使得音乐与戏剧同等重要的理念也由此应运而生。《波佩阿的加冕》这部作品不仅体现出作曲家蒙特威尔第精湛、娴熟的戏剧音乐表现技术，更赋予作品丰满且深刻的精神内涵。本文共有五章：第一章是创作背景，对蒙特威尔第所处时期的创作，特别是歌剧以及整个巴洛克时期的美学思想进行了分析；第二章为创作过程，对歌剧《波佩阿的加冕》的创作过程进行了梳理，其中对主要包括题材的来源、脚本创作、剧情梗概以及乐

谱、演出概况等方面进行回顾和概述；第三章是这部歌剧的戏剧解读，从戏剧动作、人物塑造及人物关系和戏剧结构与戏剧节奏进行分析，关注戏剧各要素的构成；第四章是该部歌剧的音乐分析，从作曲技术角度将歌剧每一幕进行分析并进行归纳和总结；第五章为歌剧的典范与贡献，主要是论述蒙特威尔第的这部歌剧《波佩阿的加冕》的内涵以及它在西方歌剧史上的历史地位和影响，发掘该部作品所呈现的独特现象与思想，揭示剧中人物行为的真正动因，试图客观地理解和把握歌剧中所呈现出来的伦理关系和道德理念内涵。歌剧《波佩阿的加冕》将剧中人所具有的多面性以及复杂性展现得淋漓尽致，它深层次地挖掘了人类本身的纷繁复杂的情感。更为重要的是，蒙特威尔第将音乐与戏剧融为一体，通过多重音乐与戏剧的关系要素将整部歌剧构成一个整体。

关键词：蒙特威尔第；歌剧；《波佩阿的加冕》

中国音乐思想史

乾嘉朴学家礼乐思想研究
——以汪烜、戴震、凌廷堪为中心

Research on Music Ceremony Ideologies of Textual Researchers in the Qianlong and Jiaqing Period of Middle Qing Dynasty—With a focus on Wang Xuan，Dai Zhen，Ling Tingkan

作　　者：袁建军
导　　师：罗艺峰
学位年度：2016年

摘要： 清代乾嘉时期是考据学鼎盛时期，考据中是否有义理阐发成为本文的关注重点。本文以乾嘉时期为时间界限，以徽州学派考据学家的礼乐思想为研究对象，以中国音乐思想史的理论与方法为指导，旨在探讨学界较少关注的考据学家汪烜、戴震、凌廷堪等人的礼乐思想，并阐释他们礼乐思想的内涵及价值。

本文由绪论、正文（共5章）、结语三大部分组成。绪论部分主要交代了选题缘由、研究现状，朴学、礼乐、徽派等相关概念的厘定以及本文拟解决的问题和研究方法。第一章主要解决两个问题：首先，铺陈了乾嘉时期的社会背景和当时的音乐发展概况，包括政治、社会、文化等层面，以及宫廷礼乐、文人音乐发展概貌；其次，梳理了清代礼乐思想的一般面貌和乾嘉学术的关系，目的是展开本论题的社会氛围和时代温度。第二章至第四章选取代表性人物进行分析，分别以清中期徽派经学家汪烜、戴震、凌廷堪为中心，来探讨其礼乐思想。关于汪烜的礼乐思想，本文主要探讨了其"淡在和上"及"慎所感"的理论，此处"淡和"表现为先后关系，即"唯其淡也，而和亦至焉矣"，同时还分析了汪烜改编的琴曲《阳关曲》以佐证其理论。关于戴震的礼乐思想，本文重点阐释了礼乐与情感的关系问题，涉及"理欲""情礼""理礼"等关系，同时对戴震提出的"情之不爽失为理""以情絜情"进行了分析，并给予自然人性论的解读。关于凌廷堪的礼乐思想，本文主要考查了其对礼乐的推崇和践履，他主张"以礼代理"，提倡礼乐的教化意义，同时从"以乐观礼"的角度彰显其礼乐思想。本文还对3人所谈论问题的思想渊源做了纵深挖掘和分析，认为其来源于先秦两汉以来的儒家思想资源。第五章对乾嘉考据学中礼乐思想的定位和意义进行总体评价，对其哲学基础和礼乐在历史上的流变进行音乐美学的观察，说明礼乐的历史流动性问题。

结语中，进一步申明了以下问题：①朴学中有思想；②礼乐思想的流动性；③自然人性论问题；④儒学的地域化性格问题。

关键词：乾嘉时期；朴学家；礼乐思想；汪烜；戴震；凌廷堪；思想史

自然人性论与明代中后期曲论思想研究

The research between the natural human nature theory and the dramatic theory in the middle and late Ming Dynast

作　　者：安　晶
导　　师：罗艺峰
学位年度：2020 年

摘要：本文的研究宗旨在于阐明"自然人性论"思想和明代中后期曲论思想的关系，由此揭示出特定历史时期产生的社会思潮对戏曲的影响。前期被理学笼罩的明代曲论在中后期逐步转化成以"自然人性论"思想作为理论指导，其中肯定并弘扬了人的主体意识，具有思想解放的色彩。论文分为五个部分：绪论部分阐明了研究对象与创新之处、选题依据、研究现状综述、研究目的、方法、意义。第一章自然人性论概说。首先考察人性的含义，简要梳理从先秦到中明时期人性论的发展脉络；其次以自然人性论发展的先声期、突进期、深化期为三个分期，分别对阳明心学、泰州学派、李贽的思想开展综论，阐明其发展的层次关系；最后重点厘清李贽"自然人性论"的核心命题与曲论之间的关系，为深入探讨"自然人性论"和明中后期曲论思想的关系研究提供理论支撑。第二章曲论之情。第一节从宏观上把握明代戏曲的发展状况；第二节剖析明初"禁戏"与"自然人性论"的关系，阐明禁戏背景下理学对人性的束缚；第三节列举五位具有代表性的曲家：徐渭、汤显祖、孟称舜、潘之恒、冯梦龙，论述了他们以"情"为代表的"重日用、率天性、崇自我、畅真情、顺人欲"的戏曲观；第四节重点辨析戏曲中的理情观，并指出这种"理情"关系，不能简单地概判为"以情抗理"或"以理灭情";第五节从自然人性论角度出发,以感性视角探讨此时期的"趣、真、奇"审美范畴以及戏曲中"贱相色、贵本色"的审美诉求。第三章曲乐之情。本章首先试着从戏曲实践层面分析明代具有代表性的"昆曲"中的"情",其次将"自然人性论"中最直观的"悲"情、"怨"情、"喜"情,结合具体的谱例进行分析,旨在阐明如何通过音乐去表现人性中天然合理的情感。第四章考察自然人性论的缘起与悖谬。兴起的原因判断有三:一、世风人情的改变;二、文人"独好戏剧之词"。三、"道心"与"人心"的矛盾时代世风反映了明代社会的变革,文人好戏引起了情感的无限展露,哲学的突破促生了思想的发展,这三者发生了深刻的关联,构建了自然人性论产生的土壤。其后重点分析自然人性论的悖谬、滥情,分析其带来的社会影响,并指出戏曲在自然人性论思想的影响下,呈现出健康积极的审美趣味,这也使得人性得到了更为完善的发展。"自然人性论"和明代戏曲有着千丝万缕的联系,这种联系有其必然性也有其合理性。明代戏曲的发展轨迹,与明代的哲学思想演进过程步调一致,从某种意义上来讲,明中后期的戏曲随着"自然人性论"思想的产生,强调主体意识,突出自然情性,这些都呈现出与理学视域下截然不同的新质。同时,曲家们也努力地将人情物欲匡正在一个合"理"的范围内,对"理情"关系作出自己的深度思考,并在戏曲实践中不断地印证"自然人性论"中的情感因素,使得"自然人性论"思想在戏曲领域中得到更广泛的传播。

关键词:明代;自然人性论;曲论;理情;滥情

琴史与琴道
——饶宗颐琴学研究探赜

The history of the Guqin and the philosophy of the Guqin——the study of the research of Jao Tsung-I's Guqin Theory

作　　者：毛　睿
导　　师：罗艺峰
学位年度：2020年

摘要： 饶宗颐先生一生潜心耕耘学术，成果极多，成就甚高，享誉学界。先生所涉领域众多，与中国音乐学术有关联者，如：敦煌琵琶谱研究、曾侯乙编钟铭文研究、琴学研究、乐器学研究、乐律学研究、词曲学研究、声韵学研究、音乐考古学研究、音乐哲学-美学研究等，均有许多重要成果，并体现了他一贯的学术特色。饶宗颐学术是二十世纪中国学术史，包括音乐学术史应该加以关注和思考的重要研究课题。

本文以饶宗颐先生的琴史研究及琴道研究为重点，延展至琴徽、琴曲研究，从而架构起了饶宗颐先生琴学研究的框架。笔者以"阐释"为基本立场，以"因人论学，以琴通史""博引众采，洞观凝思""无证不立，言必有自"的具体策略，展开自己探赜索引、学习求证的研究过程。饶先生琴学研究中最重要的两翼是琴史与琴道，一个涉及音乐史学，一个涉及哲学-美学，两者所辐射的学术生发点很丰富，可以充分展开。他的琴史研究主要体现在其《宋季金元琴史考述》一文中，笔者以为其琴史之创发，主要有以下三点：（1）史观之新，饶史含有汉-胡文化比较观察的意识；（2）方法之新，先生以"考述"的形式研究琴史，不同于其他琴史；（3）材料之新，所用史料突破传统琴学范围而展现自己的史学面貌，如地方志、笔记小说等。他的琴道研究主要体现在其《古琴的哲学》一文中，笔者以为其论琴道之要点，主要有三个：（1）联系儒、道、释三系哲学讨论琴道；（2）引入印度哲学文献讨论了中国琴道；（3）揭示出道家琴有"啬"的哲学-美学。第一章"琴史研究"以饶先生《宋季金元琴史考述》为基点，联系其他文献，进一步阐释、研究了以下学术问题：（1）阁谱与完颜谱（两者的关系、阁谱所包含的曲目）；（2）阁谱、江西谱、完颜谱及浙谱的风格与特点：江西谱（繁杀）、阁谱（整雅）、完颜谱（声缓）、浙谱（平淡）；（3）琴人与琴学（杨缵、毛敏仲、汪元量、徐天民、徐理等在南宋琴学上的贡献和影响）；（4）辽金元琴史疏略（辽代琴史之窘境、金元琴史之背景）；（5）汉胡琴乐的融合与发展（辽金元音乐一般状况、金代琴人的琴脉、宋金元琴谱的同源、汉族琴人的北上、胡族琴人的汉化、汉族琴人在异族王朝）；（6）"多族士人圈"与宋季金元琴史再认识。第二章"琴道研究"以饶先生《古琴的哲学》一文为基点，联系其他文献，进一步阐释、研究了以下学术问题：琴之功能构建；道家"啬"的音乐哲学-美学；儒家"禁"的"加法"路线和道家"啬"的"减法"路线；从先秦涓子、两汉班固等到明代李贽"三'心'一线"的古琴美学史意义。第三章第一部分"琴徽研究"，本文根据饶先生与其他学者就"西汉有无琴徽"这一学术争鸣所引发的思考，认为针对琴徽学术论辩，实际存在着实践派和文献派的分别，应该有音乐内部研究与历史文献研究并举的方法论。第二部分"琴曲研究"中，总结了饶先生在琴曲研究中所创用的方法论。基于前三章的阐释和研究，本文在第四章中从三方面总结了饶先生的琴学研究特点，即：（1）六合同声，八荒一指的治学气象；（2）竭泽而渔，上下求索的治学方法；（3）以文养学，以气汇通的治学旨趣。第五章在"新经学、新朴学的构建与琴学研究实践"的标题下，解释了饶先生提出的作为知识体系的"新经学"，以及琴学在这个体系中的地位，本文并据此提出"新朴学"的研究方法，以期在20世纪中国音乐学术史的视野观照之下，对饶宗颐先生在音乐学术，尤其是琴学研究中所展现的宽广的学术背景与深厚的学理支撑进行全面的阐释。结语部分，本文总结了饶先生琴学研究的独特性及遗憾之处。本文的创新点主要是：（1）揭示了饶宗颐先生在琴史方面的史观和琴学研究特点；在琴史研究部分，引"多族士人圈"的历史解释模型和"内亚"史观对宋季金元时期的琴史进行了再认识。（2）在琴道研究部分，根据饶宗颐先生对道家"啬"的解读，进一步提出并阐发了"啬"的音乐美学；在"理身如理琴"方面，进一步总结出了儒家与道家两种不同方向的哲学-美学：儒家主"禁"——增加，道家主"啬"——减少；根据饶先生对先秦涓子"琴心论"的考证，进一步提出并探讨了从先秦涓子（道心）、两汉班固等（儒心）到明代李贽（道-禅心）的"三'心'一线"的古琴美学史意义。（3）针对众多音乐学家们参与的琴徽论辩，本文认为实际存在着实践派和文献派的分别，提出了音乐内部研究与历史文献研究并举的方法论。（4）根据饶先生提出的作为知识体系的"新经学"，进一步提出和论证了"新朴学"的方法论。

总的收获是先生治学的精神境界和方法启迪。我们今天欲做饶先生琴学研究之探赜，首要的就是明确这种治学精神，不今不古，亦今亦古，打通时空界限；要掌握的则是先生做研究的方法，多重证据，融会贯通，破解学科阈限。在此两点之上，还要有形上追求，不仅知前知后，也要知上知下，要敬天礼地。凡此，是我们今天研究琴学需要学习和追求的学术境界。

关键词：饶宗颐；琴学；多族士人圈；啬的美学；三"心"一线；新经学；新朴学

音乐美学

从"作品"到"事件"
——中国音乐本体的转向

From "work" to "event"——The transformation of Chinese music ontology

作　　者：张俊俊
导　　师：彭　锋
学位年度：2023年

　　摘要：近代以来，受西方音乐文化的影响，以"作品"为中心的音乐观念扭转了我国传统中对于音乐的认识与定义，使得中国音乐的本体发生了断层式的转变，也在实践上改变了千百年来中国音乐发展的面貌。如今，想要建构自身特色的话语体系、实现音乐创作、表演与教育等实践活动的独立发展，第一要务即是突破百年来西方"作品"观念的束缚，建构一种既能呼应传统、回应西方，又能适应当代多元文化的新的音乐本体论体系。基于以上思路，本文对此进行了详细的论证，正文部分共包括绪论和五个章节。

　　第一章为"音乐事件的理论阐释"。本章主要对事件的相关理论进行阐释，内容既涉及哲学、社会学领域，也包括音乐学领域，在这个基础之上，对"音乐事件"的概念及其界定并且对其特征进行归纳和总结，形成初步的"音乐事件"的理论框架。之后，本文对"音乐作品"和"音乐作品"的关系进行了辩证的分析，试图为后续理论的展开规避一些歧义与矛盾。在具体安排上，本章共包括三个小节，分别为"事件及其相关理论阐述""何谓音乐事件"与"音乐作品与音乐事件的辩证关系"。

第二章为"追溯中国音乐的本体："乐"。本章主要在传统中追溯中国音乐的本体和意义及考察中国音乐何时开始凸显其独立的意义，试图为当代"音乐事件"理论的建构找到传统的根基和依据。在内容安排上本章共包括三个小节，即"古代中国音乐的意义：'乐'""'乐'的事件性特征分析"与"审美价值的萌芽与音乐意义的自觉"。

第三章为"中国音乐本体的现代性转型：从'乐'到'音乐作品'"。在本章中，笔者将研究的目光主要投向20世纪初中国音乐的现代性转型阶段，重点考察中国音乐观念何时发生了转变，以及在这种观念的转型下，音乐实践和音乐制度又发生了怎样的变化。具体安排共包括四个小节，即"观念的转型：中国音乐的改良""中国音乐感性审美价值的确立""作品观念的兴起与音乐艺术的独立"以及"中国音乐现代性转型的问题及其反思"。

第四章为"中国音乐本体的回归：'音乐事件'的模型建构与案例分析"。本章主要从形态（文本）、行为、文化三个方面对音乐事件的理论模型进行建构，并且结合具体的音乐案例对其进行分析。基于此，本章共包括三个小节，即音乐形态（文本）事件、音乐行为事件与音乐文化事件。

第五章为"音乐事件理论在基础音乐教学中的应用"，本章主要围绕"个体"和"社会"两个角度对中国音乐事件的价值进行分析。在这个基础上，试图对"音乐事件"理论进行形而下的应用，主要集中在基础音乐教学领域。基于此，本章共包括两个小节，即"音乐事件理论之于音乐教育的哲学启示"与"从课堂走向'事件'：学校音乐教学模式的转型"。

最后是本文的结语部分。在这一部分，笔者对该研究的整体思路、理论意义和价值等进行详细的归纳与总结，同时，对目前研究中所存在的不足以及尚未解决的问题进行深刻的反思。

总的来讲，"事件"既是中国传统艺术的特征，也是当代多元音乐文化的一种发生方式，以"事件"理论为核心对中国音乐本体与价值体系进行重新建构，既能呼应中国传统"乐"的观念，也能与西方音乐的"作品"本体论形成对话，同时，还可以为当代世界多元音乐实践找到一种更为开放的解释路径。

关键词：音乐事件；音乐作品；中国音乐；本体论

民族音乐学

抖落历史的尘埃：乐亭影戏音乐文化嬗变研究
Clean the Dust of History: The Reaserch on Musical Culture Evolution of Laoting Shadow Play

作　　者：齐　江（上海音乐学院与中国音乐学院联合培养博士研究生）
导　　师：陈铭道
学位年度：2009年

摘要：本文将乐亭影戏音乐的发展纳入中国影戏和中国传统音乐的宏观历史发展脉络中，着力探寻在乐亭影戏孕育、生成、发展过程中所蕴含的、有关中国传统音乐的普遍规律和特殊规律。同时，本文作者注意观照并总结文化背景对于乐亭影戏音乐历史发展的影响。

本文首先寻绎了作为影戏剧种的乐亭影戏渊源。作者在梳理前人相关研究后认为，中国影戏诞生的时间当在唐、五代时期，其诞生地在陕西；冀东地区的影戏是"靖康劫难"中影戏艺人迁徙、南影北渐的结果；在明代逐渐形成具有剧种意义的滦州影戏；清代道光年间以高述尧为代表的乐亭影匠，又将滦州影戏改革发展至乐亭影戏。通过对乐亭影戏与西北碗碗腔影戏、保定地区影戏的比较，作者认为乐亭影戏乃是诗赞系影戏文化传播的结果。

影戏使用或借鉴了唐代说唱的底本及其音乐，影戏的表演形式受到傀儡戏、方士招魂等多种形式的综合影响。乐亭影戏音乐中唐代说唱影响的遗存是诗赞系的词格、曲调当中大量说唱性音调。通过对影戏与唐代说唱关系的考析，可窥见唐代说唱对后世音乐的深远影响。影戏在宋代都城演出时大都使用讲史底本。由此推测，当时的影戏音乐体裁当为诗赞系说唱曲种。通过逆向考察不难发现，乐亭影戏中存在着大量说唱表现手法，其唱词与诗赞系说唱有颇多相似之处。

冀东地区的影戏吸收梆子腔音乐结构体制、曲调发展手法等方面优长，得以从初期简单的诗赞体转变为板腔体，从而在清代道光年间异军突起，发展至乐亭影戏阶段，成为影戏艺术当中的翘楚。冀东地区其他民间音乐的元素，也与乐亭影戏音乐交互影响；富有创造性的冀东影匠甚至还从自然界音响、新音乐、通俗音乐中寻求灵感，丰富了乐亭影戏的音乐语言。

不可否认，乐亭影戏音乐的发展历史，始终无法脱离其地域性的文化环境：愿影展演仪式为民间信仰体系的展现提供了场域，使其成为宗教祭祀与民俗风情的艺术载体；同时，民间信仰对于影戏的演出活动，也起到了重要的社会维系作用。另外，乐亭影戏在其发展过程中形成不同类型的社会组织：临时性班社、影戏家班、军队中的影社、全民（集体）所有制皮影剧团，不同类型的影戏组织对其音乐的发展产生了不同影响。

乐亭影戏沿着诗赞系音乐的发展轨迹，最终走向板腔体体制，体现了中国传统音乐发展的普遍规律，也体现了冀东人的音乐文化选择。在创造乐亭影戏音乐的过程中，冀东人锻造着传统音乐元素和新音乐元素的当代关系，始终如一地采用一种音乐再生产的模式进行。体现出他们在创造影戏音乐文化过程中的文化自觉。

关键词：乐亭影戏；诗赞系影戏；唐代说唱；诗赞系说唱；愿影仪式；影戏班社；板腔体；曲牌体

福建仙游三一教仪式音乐研究

Study on Ritual Music of Xianyou County, Fujian Province

作　　者：吴慧娟（上海音乐学院与中国音乐学院联合培养博士研究生）
导　　师：陈铭道
学位年度：2010年

摘要：三一教信仰仪式是莆仙文化（兴化文化）承载体之一，它彰显出莆仙地区一种独具特色的宗教观念，即"儒道释合一"。全盛时期，三一教曾流行于福建的福州、古田、闽清、平潭、建宁、武夷、邵武、光泽、宁化以及江西、浙江、湖北、安徽、南京、北京、河南、陕西、山东等省市，备受世人推许。到了近代，随着海外移民的足迹，三一教流行于东南亚地区和我国的台湾、香港地区，并且辗转进入欧美。但作为地方性的民间信仰，由于习惯和语言等因素的作用，三一教的影响力主要仍弥漫于莆仙方言区，在仙游县特别浓郁。因此，本论题的研究范围主要集中在仙游地区，以三一教在仙游的现行情况，围绕三一教在仙游传播的普及性，从历史、政治、经济、文化等方面进行的综合田野考察实践上，着重描述三一教仪式音声的特点、音乐的使用以及音乐如何使用，同时观照仙游民众的信仰心理、仪式音乐的功能和作用等，从民族音乐学、民俗学、社会学、人类学等多学科角度对这些文化事象加以归纳和阐释。此次的研究是建立在较为严格的田野工作基础之上的，通过历史及具体的现状的考察，客观描述和分析三一教仪式的相关事务、管理制度、实施、组织结构、音乐文化的传承等。论述基本上是建立在"总述—分述—总述"的结构框架上，对三一教仪式音乐的分析研究论述遵从宏观到微观再到宏观的总体布局。全文分为七个章节，研究内容涉及三一教的历史发展、在仙游的现状、举行仪式的场合、仪式音乐的特点、仪式的使用以及如何使用这些音乐等方面的问题，同时探究三一教仪式音乐与当地民间音乐的关联等。第一章在梳理三一教的历史发展的基础上，同时探讨三一教的传播范围，并进一步呈现三一教在仙游的发展情况。第二章以三一教仪式音乐的场域、实施者和管理者为线索，阐述三一教在一年中实施仪式的场合、仪式的实施者、仪式的管理者，以及仪式音乐及其科仪的传承等问题。第三章是田野调查实录，本文以仙游最早的三一教祠堂（普光书院）为例，对一年中比较大型的仪式——"下元超度"仪式做了详细的描述。第四章是三一教仪式音乐中的音声分析，借助曹本冶先生的仪式音声分析模式，但主要的还是观照仪式中的近音乐音声部分，并对三一教仪式音乐的特点进行分析。第五章采用比较的方法，在对三一教仪式音乐的分析基础上，将其与当地的佛教音乐、道教音乐、戏曲音乐、民间音乐进行对比，发现三一教仪式音乐与当地的这些音乐存在千丝万缕的关系。第六章从当地人观念出发，对三一教仪式音乐的使用场合分析他们是如何使用这些音乐，以及为何使用这些音乐，仪式与音乐的关系等问题。第七章则在前六章的基础上，从文化的角度对仪式音乐进行分析，包括三一教仪式中的宗教性因素、三一教与民俗的关系、三一教仪式音乐的功能与作用，以及信众对三一教的信仰程度、抱持的态度等方面的问题，全面解读三一教仪式及其音乐。

关键词： 三一教信仰；三一教仪式；仪式音乐

为谁而歌
——以海城民间丧葬仪式中的鼓乐为例

For Whom People Perform -An Illustration on the GuYue Music of the Folk Funeral Ceremony in Haicheng

作　者：林　林
导　师：陈铭道
学位年度：2011年

摘要：辽宁省海城市在关东与中原文化交流中处于重要的枢纽位置，其民俗文化具有多种基因成分。历史上，由于中原政权对其统治的若即若离、少数民族政权的时而占有、关东带来的流民现象等多方面原因，形成了海城独具特色的民俗文化。

海城民间丧葬习俗在经历了"文化大革命"的洗礼之后，于20世纪80年代迅速复兴。与之相依附的海城鼓乐也从中得到了生机，以更具活力的姿态活跃在这片广袤的土地上。在三十年的发展历程中，丧葬仪式逐渐趋于简化，鼓乐也跟随时代的脚步发生着翻天覆地般的变化。

仪式过程的变化并未脱离其基本的行为规范，丧葬中的鼓乐风格转变却在一定程度上让许多头脑中装满传统的老人无法接受。从古至今，丧葬音乐就具有倡孝、教化、颂魂、娱人、聚众等多项功能，但传统的海城民间丧葬用乐恪守着以"悲"为其主格调的法则。而今情形为之一变，乐队编制发生本质性转变，传统曲目大量流失，各种表演形式目不暇接。丧葬用乐的功能未变，但比重的天平发生倾斜。

对于传统的一再缺失，每一个民族音乐学研究者都会为之惋惜。规模浩大的"集成"工作、用心良苦的"非物质文化遗产保护"、音乐院校"传统音乐"的课程设置，表现出学者对传统的热爱，也体现着社会对传统文化的维系。但是，我们的举动需要抓住事物的内核：传统如一条环环相扣的锁链，任何一个环节的改变都会导致其他环节乃至整体的变异。

本文从历史入手，寻求海城民俗传统形成的根源；以丧葬仪式用乐的功能为主线，挖海城鼓乐转型的深层原因；以仪式与音乐结合的法则为契机，探索传统技法的文化内涵。事实证明，学者视为珍宝的传统乐曲逐渐被艺人所遗忘不是喜新厌旧使然；复杂的乐学理论和烦琐的传统技法走出艺人的视野不是"一代不如一代"轮回的结果；丧葬音乐的悲切主调向"观美"的转变也不是道德沦丧与有悖人伦。时代造就一切。

关键词： 海城；丧葬；鼓乐；音乐功能

"橘生淮北"
——论越南传统音乐中的越南外传弹拨乐器的研究

The Oranges planted in the Northern Region of Huai River: A Study of the Imported Plucked Instruments in Vietnamese Traditional Music

作　　者：阮清河
导　　师：陈铭道
学位年度：2012年

摘要：伴随着越南文化的开放政策，越南近几年的音乐开始走向了快速发展之路，在音乐教育、音乐表演等领域都取得了瞩目的成就。但是，其音乐学理论发展则严重滞后，特别是越南音乐史学的研究，在越南国内鲜有人问津。笔者作为越南籍学生，希望能依托中国音乐学院和越南胡志明市音乐学院两个学术后盾，以中越文化交流中的典型乐器——外传弹拨乐器——作为切入点，力图探索、剖析中国音乐文化圈对越南音乐的影响，填补中国与东南亚国家音乐文化交流相关研究这一空白。本文除绪论、结论外，分为6章，最后是参考文献。绪论中陈述选题的目的和意义。这部分强调关于各种弹拨乐器流变轨迹的研究，经众多学者的研究考证，成果颇丰，部分研究成果已达成共识。但是其对越南外传弹拨乐器在历史变迁、形制构造方面究竟有何影响，在越南本国及东亚各国都没有详尽而系统的研究。所以本文将为中国音乐学界更好地了解越南音乐提供一些借鉴和帮助。第一章介绍了越南著名音乐学者陈文溪教授在他的博士学位论文《越南传统音乐》（*LaMusique Vietnamienne Traditionnelle*，1962年）及《越南琵琶的倾诉》（2007年）中认为，在10世纪琵琶、筝、月琴、二胡等传到越南。其依据是越南北宁省仙游县佛迹寺1057年建造在该寺立柱上11世纪初的浮雕（一尊浮雕，其中有弹琵琶、月琴、筝等者），由此认为琵琶、月琴、筝等最晚于10世纪已经出现在越南了。本文在诸多证据的支持下，尤其通过越南、中国的史料，得出琴、琵琶、五弦等乐器更有可能是由扶南国（现越南南部）传入林邑国（现越南中部一带）进一步发展的结果的结论，而传入时间最晚在5世纪。这一论证推翻了越南以陈文溪教授为代表的现有的较为普遍的观点（即琵琶、筝、月琴、二胡等是在10世纪左右传入越南的）。第二章通过详细的分析，指出中国弹拨乐器与越南外传弹拨乐器的名称及外形的关系。第三章介绍越南外传弹拨乐器的形制、演奏方法及其使用场合，通过介绍越南各种传统戏剧和民间音乐，窥探越南外传弹拨乐器在其中的使用情况。第四章强调越南音腔、音阶、特有的调式转换等是越南各类传统音乐中外传弹拨乐器的音乐特征的成因。第五章介绍了"田野工作"是民族音乐学当中最重要的一种方法。第五章为通过笔者在中国，越南北、中、南部等地对乐器进行考查、对各种乐器专业师生及民间艺人进行采访的资料整理而成。第六章从越南不同时期的社会制度、文化影响、民族的审美意识和语言特色，来深入探讨越南外传弹拨乐器的形成原因及发展历程。

关键词：中国弹拨乐器；越南传统音乐；越南弹拨乐器；越南戏剧

和田维吾尔木卡姆研究

Hetian Uyghur Mukam Research

作　　者：巴吐尔巴拉提
导　　师：赵塔里木
学位年度：2012年

摘要：新疆维吾尔自治区和田地区在中原与西方文化交流中处于重要的枢纽位置。自古以来，作为古代绿洲丝绸之路南道之重镇的和田，在来自各方的多种文化之影响下，造就了自己独具特色的地方文化，包括几种地方性木卡姆在内的民间音乐是其中的重要组成部分。由于地理位置、语言等因素，和田维吾尔民间音乐至今尚未得到学术界的足够重视，甚至其中的几种民间木卡姆形式也都被看作维吾尔《十二木卡姆》的地方版。据笔者的田野调查及初步分析，情况远远不像现有的说法那样简单。本文以和田的历史沿革、地理生态环境、该地区维吾尔人的宗教信仰、生产方式、民俗活动、民间音乐资源等为研究背景，对仍在和田民间鲜活保存的"克里阳麦西热甫木卡姆"与"墨玉木卡姆乃额曼"这些音乐事象进行分析及相关比较，探寻其独特性和地方性，寻找与其相关的文化要素之间的关联。本文由绪论、正文（5章）、结语和附录组成。其中，第一章以相关背景为基础初步探讨了和田维吾尔木卡姆的形成及发展脉络；第二章从不同地区木卡姆音乐所具有的共性及差异出发，结合"克里阳麦西热甫木卡姆"和"墨玉木卡姆乃额曼"的体裁、结构、节拍节奏模式等探讨了"和田维吾尔木卡姆"这一概念；第三章分别对以上两种和田民间木卡姆的唱词格律、内容、词曲关系进行了分析；第四章从结构、调式音阶、节拍节奏及旋律发展手法4个方面对和田维吾尔木卡姆进行了音乐形态学层面分析；第五章以相关研究成果为参照，对和田木卡姆与维吾尔《十二木卡姆》、刀郎木卡姆进行了比较研究，探讨它们之间的关系以及"克里阳麦西热甫木卡姆"和"墨玉木卡姆乃额曼"的地方性特征。结语部分在5章正文及个案调查的基础上对此课题的研究进行总结并做出了相应的结论。总之，对和田各地客观存在的维吾尔民间木卡姆进行民族音乐学视野下的综合研究，将有助于推动木卡姆学的建设、拓展以及对维吾尔木卡姆的认识，有利于地方音乐文化的保护与传承工作。笔者希望此课题的相关研究成果能够为后人的更深入研究提供便利和基础。由于主客观条件之因素，本文难免存在不当之处，望诸方专家赐正。

关键词：和田木卡姆；民族音乐学；维吾尔族音乐；比较研究

鄂尔多斯礼仪音乐研究

The Research on Erdos Ceremonial Music

作　　者：哈斯巴特尔
导　　师：乌兰杰
学位年度：2013年

摘要：鄂尔多斯礼仪音乐研究所涉及的范围有两方面，一是成吉思汗祭祀中的仪式及其音乐，二是民俗生活中的仪式及其音乐表演。成吉思汗祭祀中的仪式音乐主要以12首天歌的演唱及相应的仪式表演为对象。12首天歌的演唱与其他仪式音乐相比较，更具有"功能性"。而祭祀歌的功能性不仅体现在祭祀仪式的行为方面，还体现在祭祀仪式的信仰和思想的建构方面。本文将祭祀歌的仪式功能及意义引申到"祭祀中的声音表演形式——祭祀歌的含义"三维结构框架中做了深度阐释。

本文分上篇和下篇。上篇为祭祀篇，由3章构成。第一章为历史语境中的鄂尔多斯部落及其历史文化；对成吉思汗守陵人达尔扈特部落的构成历史进行了考证，并对鄂尔多斯方言和文字及多元文化的构成原因做了简要论述。第二章主要探讨了成吉思汗祭奠仪式及其祭祀的相关内容，从历史角度，对成吉思汗祭奠仪式的形成及变迁轨迹做了详细论证，在此基础上，进一步探讨了成吉思汗祭祀仪式内容和祭祀文本的样式和版本问题。第三章主要探讨了成吉思汗祭祀仪式音乐的建构和仪式音乐特征。

下篇为民俗礼仪篇，由3章构成。第四章为鄂尔多斯礼仪民歌及其音乐分析，内容包括不同题材的礼仪民歌及其文化含义，在礼仪语境中探讨了鄂尔多斯地方性礼仪民歌的构成和音乐风格特征。第五章主要探讨了鄂尔多斯民俗礼仪音乐的形成和民俗符号意义，以鄂尔多斯奈日仪式中的婚礼、周岁仪式及春节民俗仪式为例，进行了个案描述。第六章为鄂尔多斯礼仪音乐的表演及传承问题，对民俗仪式中的歌手、乐手及表演形式做了阐释，并提出表演的分类和模拟演唱传统的功能和意义。

通过鄂尔多斯民俗礼仪音乐研究，笔者以为，音乐作为仪式符号，它有民俗象征意义，而民俗的建构也是一系列与表演相关的意义表象的整合体。鄂尔多斯蒙古人的各种奈日仪式中，音乐作为背景和特定的符号为仪式服务，成为仪式活动不可或缺的调味品。通过以上研究，本文认为鄂尔多斯民俗仪式中的音乐及表演行为，不仅有仪式中的象征意义，也有利于宗教仪式、地方传统文化的传承和社会的整合功能。从鄂尔多斯蒙古族奈日音乐及表演形式来看，其最明显的用途还是仪式，这种仪式性是传统的，也是文化的，不仅在音乐表演和表演的互动过程中完成，还体现出仪式音乐所特有的传统文化之核心价值与社会功能。

关键词：鄂尔多斯；成吉思汗祭祀；仪式音乐；民俗仪式；表演

易俗社与秦腔音乐的百年变迁

The Hundred Years' Changing of Yi-Su-She and qin qiang Music

作　　者：辛雪峰
导　　师：赵塔里木
学位年度：2013年

摘要： 本文是对近现代秦腔发展史上具有重要作用的剧社——西安易俗社，以及其影响下秦腔音乐的百年变迁的研究。围绕这一中心，本文将从班社管理制度、演出活动、品影及秦腔音乐创新等内容入手，将易俗社置于近现代历史的背景下进行考查，探讨易俗社以何种自我调节机制，既适应不断变迁的社会环境，又继承、发展和不断创新秦腔音乐。

第一章对民国期间传统秦腔班社与易俗社进行了调查、比较和分析，认为易俗社取得辉煌成就的原因在于这个由文人主导的剧社始终全力依靠艺人，在文人和艺人之间、政治和艺术之间找到了促进秦腔音乐发展与创新的平衡点，使其在宣传民主进步思想的同时，又顺应了秦腔艺术的发展规律。它开创的"易俗腔""易俗模式"引领了改良秦腔的潮流，从而使陕西乃至西北的传统秦腔逐渐被改良新声所取代。

第二章从新中国成立后的"戏改"运动分析入手，揭示戏曲机制的转型给易俗社演出剧目、演出活动等方面带来的转变，分析了新音乐工作者加入后，秦腔音乐在创腔方式、唱腔音乐、伴奏音乐等方面发生的变化。

第三章聚焦"文化大革命""普及样板戏"给秦腔音乐带来的影响，阐述了移植样板戏在个性化人物唱腔、成套板式结构、主题音调及中西混合乐队的创建与实践等方面给秦腔音乐带来的突变。

第四章阐述了改革开放后秦腔艺术的短暂复苏与急速衰微的过程和原因，从创作主体、创作手段、乐队编制等方面分析秦腔音乐转型的"当代特点"。

第五章通过对21世纪以来文艺院团体制改革下易俗社重组、移交企业及事转企过程的考查，分析了"一刀切"的做法给秦腔传承与发展方面带来的新挑战。

本文将秦腔音乐变迁置于易俗社这一载体中，通过大量田野调查所获的第一手资料，特别是口述资料与文献资料的互证，建构了易俗社及秦腔音乐变迁的历史文本。

本文以历史民族音乐学的视角，将易俗社这一重要班社置于整个秦腔音乐的发展过程中，通过对近百年来政治、社会、组织结构、剧社个体等演变过程全面、动态的展示，揭示了一个剧社对剧种发展所发挥的重要作用，阐释了秦腔音乐变迁过程中静态结果与动态过程之间的关联。

通过对易俗社与秦腔音乐百年变迁中不同时期音乐形态与各个要素之间的变量分析得出本文的结论：首先，国家文化制度、市场、戏曲艺术规律是秦腔音乐变迁过程中具有决定性影响的因素，戏曲艺术作为重要的宣教工具，不同时期特定国家文化制度的变迁不仅对秦腔音乐的变迁起着主导性作用，而且影响着剧社开拓市场的积极性；其次，政治力量的介入改变了秦腔音乐的自然创作方式；再次，社会变迁中剧社的发展方向影响着剧种音乐的发展方向；最后，个人的创造对剧种音乐的发展起着重要的推动作用。

尽管本文是针对易俗社的个案研究，但在近现代中国戏曲百年发展史上，在特定文化制度的影响下，班社和剧种的发展有许多相似的经历，易俗社可视为百年变迁历程中的一个缩影，因此，本文可以给班社和戏曲音乐研究提供些许启示。

关键词：秦腔音乐；易俗社；百年变迁；历史研究

城市藏族人声音景观的多元空间表达
—— 基于成都的田野调查

Multiple spatial expression of the soundscape of urban Tibetan -field study based on Chengdu

作　　者：陈　波
导　　师：赵塔里木
学位年度：2016年

摘要：在国内民族音乐学界，藏族音乐研究多集中在农牧区的传统音乐研究，对藏族音乐在当代城市中的存在与发展关注较少。本文以藏族人生活集中且具有代表性的城市成都作为田野调查场域，以普遍存在于这座城市每一个角落之中的藏族人日常宗教信仰、生活娱乐、专业音乐艺术领域以及公共传播空间中各种音乐活动所形成的文化场景（声音景观）为研究对象，从民族音乐学的局内与局外、主位与客位等多重视角，在成都市广阔且丰富的藏族人声音景观宏观背景下进行选点调查与微观描述，展示出具有悠久历史传统文化积淀的藏族人音乐在成都这个城市21世纪新的发展，以及形成极具规模的藏族人声音景观格局丰富多彩的文化呈现。本文分析了藏族人传统音乐在城市中的流变与发展，以及形成新的藏族音乐类型及音乐特征。本文关注的核心是音乐形式与文化的双重注解，通过多个具体的个案研究来探讨城市文化如何塑造藏族音乐，藏族音乐又如何反作用于城市文化的机制。本文构建了城市藏族音乐分类模型，试图回答在一个更广阔的文化场景中，在藏汉交流的中心之地成都，不同藏族音乐如何成为汉藏两种文化积极互动的重要载体。

笔者将城市藏族音乐事象归于4个空间中进行探讨，本文共分为6章。第一章是汉藏关系中成都的时空坐标。第一章将成都放置在汉藏关系的中心点上，从地理空间的横坐标与历史沿革的纵坐标两个维度，叙述成都在汉藏关系中的价值与意义。第二章是宗教信仰空间。第二章描述与研究的对象是在成都的藏传佛教佛事活动中出现的诵经音乐，分析其音乐形态特点，并探讨佛教音乐对藏传佛教在成都传播的作用及意义。第三章是商业演赏空间。第三章选择了成都几个具有代表性的藏族人商业演出场所的声音景观进行描述、分析与阐释。第四章是艺术演赏空间。第四章选择了两个个案——追求世界音乐风格的尼玛乐队与藏族人作曲家昌英忠获金钟奖的藏族题材作品，试图探讨以艺术追求为目的的藏族人音乐特点，以及音乐家建构的藏族人音乐是如何进行自我表达的。第五章是公共传播空间。第五章以城市广场锅庄、广播、电视、音响制作、自媒体等作为研究对象，探讨其社会维系机制及意义。第六章是多元空间的混融与差异表达。第六章以横向的维度探讨以上4个空间中的乐事、乐人、乐声异同及相互关系，构建了城市第六音乐以佛事音乐为核心，从传统到现代的呈放射状的理论模型。

关键词：藏族人；藏族音乐；声音景观；城市民族音乐学；少数民族音乐

泰国末拉姆、老挝末拉姆与广西末伦的比较研究
—— 同源异流辨析

A Comparative Study on Mawlumin Thailand, Laos and Molun in Guangxi—An Anlysisof their Differences and Similarities

作　　者：李秀明
导　　师：沈　洽
学位年度：2016年

摘要：本文以泰国东北乌汶府、玛哈沙拉堪府、黎逸府、那空拍侬府湄公河沿岸地区末拉姆音乐，以老挝万象为中心的湄公河沿岸地区末拉姆音乐以及广西右江流域靖西市、德县末伦音乐为研究对象，通过比较来研究三者之间的关系。本文着重论述两个问题。第一，论证泰国、老挝所研究区域末拉姆音乐经历了从末拉姆辟发、末辟巫术仪式到末拉姆的转型。第二，泰国东北、老挝所研究区域末拉姆音乐与广西所研究区域末伦音乐之间是否存在同源异流的关系。

本文通过对现有文献资料的梳理，厘清泰国东北与老挝历史上的渊源关系。运用笔者的实地调查及艺人的口述资料，说明泰国东北、老挝所研究区域末拉姆音乐之间的关系。

本文以泰国、老挝和广西实地调查为基础，结合现有文献资料，论述末拉姆从巫术到艺术的转型。本文论证了鬼灵崇拜末拉姆辟发仪式中的音乐行为与娱乐型末拉姆音乐行为的关系。

综合笔者实地调查和其他文献资料的考证，现今泰、佬民族与壮族先民系同源民族，可能是在南北朝时期分化出去的，经西双版纳与老挝北部山区克木人的居地迁徙到达目前的地域。佬泰先民迁徙途中吸纳了克木人的饮酒礼俗和乐器凯恩等文化元素，并将其作为末拉姆辟发仪规的组成要件和娱乐型末拉姆的伴奏乐器。

本文通过大量的细节描写和比较分析，拓宽了"广西右江地区魔婆仪式中的歌唱是末伦的古老源头"这一认知，论证了泰国、老挝所研究区域末拉姆与广西所研究区域末伦在鬼灵崇拜仪式音乐行为方面的同源关系。

根据末伦与末拉姆差异性的事实，或可推定娱乐型末拉姆的出现当在泰、佬、壮民族分化之后。通过考证末拉姆辟发仪式与魔婆仪式中不同法器的出现年代，以及上述诸环节文化事象的梳理、引证、描述与分析，本文提出了泰国东北、老挝所研究区域末拉姆与广西右江流域所研究区域末伦从同源走向异流的假设。

关键词：末拉姆；末伦；同源异流；末拉姆辟发；魔婆

扬琴中国化研究

Sinicization of "Yangqin" Research

作　　者：杨　佳
导　　师：赵塔里木
学位年度：2016年

摘要： 本文从民族音乐学的角度，以中国扬琴为例，以历史文献和田野材料为据，讨论扬琴及其音乐文化的变迁。本文围绕这一乐器，既关注扬琴音乐历时性传承发展过程，同时也关注扬琴音乐共时性存在的形态现象，运用田野调查和文献互证的方法，探索扬琴由"洋"到"扬"这一乐器文化属性方面的演变过程，透过这些文化元素探索扬琴四百多年具象的外在历史演变轨迹，以至于在当下的民族音乐环境中，更好地传承中国音乐文化，更好地彰显民族文化。

作为人与音乐之间的物质载体，扬琴把抽象的音乐观念用具体的乐器形式体现出来，因此研究乐器所承载的信息，是了解外来文化中国化的重要途径。

第一章围绕20世纪至21世纪国内学者针对扬琴历史渊源的热点问题进行分析调研：论述扬琴起源的3种见解，笔者在前人研究的基础上，进一步补充扬琴与古代拨弦乐器有着密不可分的论证关系；论述世界扬琴的名称、分布、形制、功能；分析扬琴传入中国的两种路径。

第二章从乐器改革的角度，论述外来扬琴本土化的变迁，分别从扬琴的形制、材质、音位排列的规律方面分析扬琴中国化的内因，即扬琴受中国地理生态环境、社会环境等相关音乐文化传统因素影响，演变为适用于中国民间音乐的乐器。

第三章从乐器存在方式的角度，论述扬琴从18世纪至20世纪300多年的变迁，分别从民间音乐曲种、剧种、乐种和少数民族民间器乐4种音乐种类，论述扬琴中国化的演变。本文通过田野调查与史料文献相互参照的方法，说明外来扬琴成为中国民族民间乐器，与中国各地方人民的生活习俗、行为方式、思想观念等文化事项密不可分。

第四章从音乐本体的角度，论述扬琴音乐形态的变迁，通过不同音乐文本资料的比较，分析扬琴音乐曲调来源、曲目类型、曲式结构、演奏技法等音乐本体在不同时期的风格特征。

第五章从乐器的文化功能角度，论述扬琴在不同时期社会文化活动中的作用，通过音乐的表现方式反映了中国传统文化观念作用下的扬琴中国化历程。

关键词：历史；形制；传承；音乐；文化

缅甸克钦族基督教音乐的本土化研究

Study on the localization of Christian music of Diankachin nationality

作　　者：徐天祥
导　　师：赵塔里木
学位年度：2017年

摘要：基督教在世界各地的传播是一个不断与原有文化碰撞、冲突、适应、融合的过程。然而，缅甸克钦族基督教音乐在本土化的过程中涌现出大量民族风格的赞美诗，本民族的传统音乐舞蹈也与基督教相结合，在几乎全民信教的背景下传承发展开来。缅甸克钦教会音乐作为一个典型案例，对中国乃至世界各地基督教音乐本土化的理论与实践具有参考意义。本文共7章，集中探讨了克钦基督教音乐本土化的问题。

第一章通过对缅甸克钦学会总会，景颇、载瓦、浪峨、勒期、日汪、傈僳6个支系学会总部，以及克钦族10余个教派的考查，厘清了克钦族的民族构成、支系关系、人口数量、信仰情况；梳理了缅甸各族基督教的脉络体系，论述了克钦浸信会等克钦族14个教派的历史与现状，为本土化的研究提供宏观语境。

第二、第三章记录克钦各教派的20余场音乐活动，包括克钦浸信会、圣公会、自由差会，傈僳支基督教会、神召会、浸信会、基督会，日汪支基督教会的主日礼拜音乐活动，以及婚礼、葬礼、洗礼、圣诞节、新年、报佳音等音乐活动，分析其特点与本土化的程度及表现。

第四章详细比对克钦族14个教派的20余部赞美诗集，梳理其脉络体系，发现这些赞美诗主要是西方赞美诗传播的结果，克钦族核心赞美诗集并未充分本土化，仅进行了本土化的初步探索，以克钦浸信会核心赞美诗集为实例进行了分析。

第五章分析克钦本土化的民族风格赞美诗，总结商调式与克钦式和弦的特征，从克钦传统音乐多元性与当前音乐风格单一性的对比中，揭示出克钦风格的双重人为建构过程，大景颇主义强势话语的遮蔽与民族建构的需要，共同导致了当前克钦本土音乐风格的形成。

第六章研究克钦族五线谱、字母谱与傅能仁简谱的名称、创制者、传入时间、记谱规则、基本原理、应用支系、成因来源、传播变形等问题。通过克钦族识谱比例的调查，反思其在本土化进程中的效果，以及乐谱对克钦基督教音乐样态、传承方式的塑造。

第七章阐述克钦传统音乐的基督教化现象，发掘产生这一现象的原因以及背后的意义，提出基督教音乐的本土化是"双向地适应"或"互化"的过程：一方面是外来教会音乐的本土化；另一方面是本土传统音乐的基督教化。如果处理得当，本地原生音乐文化是能够与外来教会音乐文化相协调的。

结语部分总结克钦基督教音乐本土化的表象、成因，对其经验与缺憾进行反思，并提出"双向地适应"的理论命题。

关键词：缅甸克钦族；克钦族基督教音乐；本土化

守护与传承
——陈巴尔虎蒙古民歌研究

Protection and Inheritance -Study on Mongolian Folk Songs in Chenbaerhu

作　者：灵　芝
导　师：乌兰杰
学位年度：2018年

摘要：本文主要对草原游牧文化语境中陈巴尔虎民歌的短调形态现象为切入点，重构陈巴尔虎部落历史与社会文化语境。同时，对陈巴尔虎民歌进行梳理、分析和阐释，揭示陈巴尔虎民歌以短调民歌为主的形态特征背后蕴含的文化现象。本文认为，陈巴尔虎独特族源与历时，在发展过程中，地缘、信仰、生产、习俗等方面的独特特征以及与毗邻森林狩猎民族的影响等，是陈巴尔虎民歌以短调形态为主的主要原因。本文主要以六个章节构成：第一章，以巴尔虎部的起源、迁徙、游牧等曲折的历史轨迹为切入点，重构陈巴尔虎蒙古部落的发展历史语境；第二章，以陈巴尔虎民歌分类法、民歌形态分类、题材内容分类等分类法为切入点，阐释陈巴尔虎蒙古民歌中短调民歌发达的主要原因；第三章，以陈巴尔虎民歌本体研究为切入点，对风格特点、词曲关系、曲体结构、调式特点等方面进行分析；第四章，采取民族志的写作方法，以陈巴尔虎蒙古人的文化生活为切入点，以萨满教信仰与相关祭祀活动为中心，揭示祭祀音乐与民俗文化之间的互动关系；第五章，采用比较音乐学的研究方法，从区域音乐研究视角，对陈巴尔虎蒙古部落族群内与族群外的短调民歌进行整体性研究；第六章，对陈巴尔虎传统音乐的传承现状进行思考等几个方面论述。

关键词：陈巴尔虎短调传统；风格特点；民俗文化；文化传承

中越壮-岱/侬族群"乜末"仪式音乐研究

A Study on Mehmoed Ritual Music of Zhuang-Tay/Nung Between China and Vietnam

作　　者：凌　晨
导　　师：赵塔里木
学位年度：2018 年

摘要：中越壮-岱/侬族群是指中国的壮族与越南的岱族、侬族这一壮语族群共同体，虽然他们的国家属性与民族族称不同，但在语言、信仰、风俗习惯、文化传统等方面仍保持着共同的文化特征。"乜末"信仰是中越壮-岱/侬族群共有的一种传统民间信仰。它以仪式音乐活动作为载体，歌唱贯穿整个仪式过程始终。"乜末"仪式音乐作为信仰体系外化的一种声音符号表达，在一定程度上反映着族群共同的世界观、认知观和价值观，是壮-岱/侬族群建构集体记忆与族群认同的有效途径。

本文以"乜末"仪式音乐作为研究对象，在深入田野考察的基础上，透过"族群边界""多点民族志"的研究视角，运用民族音乐学及相关学科的理论方法，对中越壮-岱/侬族群"乜末"仪式音乐文化进行比较研究和区域性的整体研究，将音乐作为仪式的表达行为，从其所处的信仰认知模式及仪式表演语境中去认识和理解"乜末"仪式音乐的文化内涵，探讨"乜末"仪式音乐为何成为神灵沟通的一种媒介，它又如何联结个人、族群与国家等相关问题。本文主要内容由以下六个章节构成。

第一章，主要对中越壮-岱/侬族群的历史形成与信仰传统进行论述。梳理壮、岱、侬三族的历史发展脉络，比较他们在文化习俗中的异同，透过历史文献与田野考察的互证，探讨"乜末"信仰是中越壮－岱/侬族群历史传统于当下生活的延续。

第二章，通过田野考察与口述访谈，对中越双边"乜末"的成巫历程、社会关系、仪式要系与类别三方面进行论迹，分析比较中越"乜末"个体之间的共性与差异，探讨"乜末"如何从普通女性转化为地方仪式专家，成巫后的社会关系又发生着何种变化。

第三章，运用音乐民族志"浅描"的书写方式，对中国广西靖西壮族"脱孝"仪式、越南高平重庆侬族"满丧"仪式、中越"乜末"共同执仪的"求子"仪式三场个案进行实录描述，并对中越"乜末"的仪程和歌路予以比较，解构双边形成差异的深层动因。

第四章，主要探讨中越"乜末"仪式音乐的形态特征和曲调分类。首先，从仪式"音声境域"出发，对"乜末"仪式音乐的声谱、分类和结构进行描述；其次，运用"旋律分类"方法，从音阶、调式、起止音、音域、结束音、旋律构成六个方面，对中越"乜末"仪式音乐的形态特征进行比较研究，并对唱词的句式结构、押韵方式、词腔关系和衬词衬腔等方面作以分析；最后，通过中越"乜末"仪式音乐具体划分的曲调类型，寻找双边"乜末"仪式歌唱中的"同根曲调"与"核心音腔"。

第五章，运用解释学民族志文本"深描"的方式，对"乜末"仪式音乐的时空场域、符号隐喻及结构功能进行"地方性知识"的再解释，获得对"乜末"仪式音乐从表征系统至意义系统的全程文化阐释。

第六章，透过"国家在场"的理论视角，探讨当下"乜末"仪式与国家在场之间形成的互动关系，重新审视"乜末"仪式的当代社会变迁，运用"族群边界"理论，解析中越壮－岱/侬族群如何在"乜末"的仪式歌唱中建构自身的国家认同与族群认同。

族群音乐研究是当前音乐学界关注的热点，它为中国少数民族音乐研究提供了一个新的视角，本文的研究内容和研究方法在一定程度上拓展了壮族仪式音乐的研究范围，对壮族音乐的整体研究做出贡献。研究成果不仅可以填补国内学界对越南岱、侬族"乜末"仪式音乐研究的相对缺失，也可为学界后续探究壮族巫仪音乐所具"壮族根性音乐"之属性提供材料参照。本文通过探索中越族群仪式音乐研究的新模式，为当下音乐研究提供理论方法之有益借鉴。

关键词：中越；壮－岱/侬族群；乜末信仰；仪式音乐；族群认同

流动－共生－互惠
——东口路族际视域下的汉蒙音乐研究

Mobility·Coexistence·Reciprocity —— Study on Han Meng Music with the Perspectives on relations among ethnic groups along Dongkou Road

作　　者：芮子晶
导　　师：杨　红
学位年度：2019年

摘要：文化通道展现出国家与地区之间人们的持续互动与多维度交往，由此产生出商品、思想、文化间的互惠与共享。东口路是一条自中国张家口到蒙古国乌兰巴托，后延伸至俄罗斯恰克图的经济贸易商道。作为道路叙事空间，在此通道内由冀蒙交汇区的东路二人台、蒙古族聚居区的阿斯尔、跨国流播的雅托噶，以及离散的晋剧共同构建出东口路汉蒙音乐文化主体。这些流动性地点上的诸音乐事象，构成系统性描述中的不同支点和书写格局。在多地点的微观个案与通道宏观视域的结合中，整体观照东口路音乐综合体中的汉蒙文化互动元素。

通过亲身走进历史现场，对东口路通道的历史文化进行整体叙事，勾勒出东口路起自元代驿路到明清贸易通道的发展变迁过程；从宫廷、王府、民间等不同社会层面探讨东口路历史场域中的音乐流动现象；继而对东口路场域中的东路二人台、蒙古宫廷音乐的孑遗阿斯尔器乐合奏、蒙古族共享的乐器雅托噶等音乐事象在当下的田野发展现状进行多点实地考察，串联起东口路汉蒙音乐多品种交织并存的文化图景；进一步论证东口路汉蒙音乐综合体中民族交往与音乐传播的互动关系，重构路学视野下音乐文化的多样性特质。

在道路流通与民族文化的交集过程中，多点共存的汉蒙音乐主体彰显出族际间互惠共享的音乐内质与独立并存的文化关系，构成了复杂、多样的东口路汉蒙音乐实体。东路二人台作为东口路起点张家口地区的重要音乐品种，其汉族音乐的主体中隐含着蒙古族音乐的内在张力，并且在专业艺术团与民间鼓匠班的共同发展中，形成鲜明的蒙汉交汇区的音乐品质。流播于锡林郭勒—察哈尔地区的阿斯尔器乐合奏是蒙古族宴乐传统的音乐载体，在音乐文化中蕴含着蒙古族浓郁的草原风格和宫廷韵味，从中也可寻觅到汉族音乐的痕迹。在蒙古族的雅托噶乐器中，其深层的音乐观念体现出草原文化内涵与民族意识，在乐器载体和表演姿态的文化回授与差异调适中，音乐文化表现出双向的趋同发展，这些改变正在重塑着蒙古族雅托噶的音乐文化。

本文正是从汉族与蒙古族、蒙古族及中蒙国家关系等多重视角，重新审视东口路空间结构下各族群的互动意义，揭示东口路汉蒙民族音乐相互关联、相互补充的多元文化共生一体格局。

关键词：东口路；东路二人台；阿斯尔；雅托噶；多点民族志

学不会的鹰笛：库斯拉甫山区麦西来甫的文化记忆与乐舞变迁研究

The Eagle Flute that becomes inaccessible: a study on the Cultural memory and the changes of Maxrap in the Kosirap Mountains

作　　者：谢万章
导　　师：赵塔里木
学位年度：2019年

摘要： 在塔里木盆地的边缘，昆仑山区的浅山地带，因受到帕米尔高原文化的影响，存在着一条维吾尔、塔吉克、柯尔克孜传统音乐文化交融的狭长区域。这一狭长区域以叶尔羌河下游阿克陶县的库斯拉甫乡、莎车县的喀群乡等河滩绿洲最为典型。库斯拉甫人的自我认同为维吾尔族，它的南面是塔尔乡的塔吉克人，西面是恰尔隆乡柯尔克孜人。作为古老的丝绸之路南道叶尔羌（今莎车县）至蒲犁（今塔什库尔干县）的重要驿站，其独特的地理位置，造就了库斯拉甫山区麦西来甫，带着叶尔羌绿洲维吾尔传统文化与帕米尔高原塔吉克传统文化的混合气息。库斯拉甫山区麦西来甫作为一个文化空间，它的组织形式、乐舞特征、帕依夏普（麦西来甫现场管理者）的功能、热瓦达（群众给舞者、乐师的佣金）的流转、麦西来甫舞蹈的年龄分层等现象，彰显着麦西来甫作为一种文化记忆，与库斯拉甫人的历史、家族、婚姻、社会组织以及经济生活方式之间的隐性关联。具体体现在，婚礼过程中仪式与赛乃姆、乃额曼乐舞的共生关系；麦西来甫中，乐师、舞者与群众三者之间通过热瓦达串联起来的家族关系；在现代麦西来甫组织中，帕依夏普与主持人、乐师、舞者、观众之间的权力关系，以及麦西来甫中的秩序与库斯拉甫人生活空间、农耕劳作与互助牧羊方式的关系；等等。库斯拉甫麦西来甫，还见证了乐师、舞者与群众在身份认同影响下，在乐舞实践方面的矛盾与纠结。一方面随着媒体越来越广泛的进入日常生活，塔吉克风格的乐舞特征与维吾尔族身份之间的冲突越来越明显。曾经演奏、演唱、舞动了几百年的赛乃姆与乃额曼，在乐师融入现代文化的过程中，被定性为别人的遗产；吐尔逊·亚库甫开始失去演奏山区热瓦甫的兴致，唱词和曲调已然生疏；亚森·胡达拜尔地更是直言，嘴巴笨学不会鹰笛。另一方面，因教育走出山区的年轻人，第一次面对维吾尔文化时产生的文化震撼，让他们反思自己传统的同时，也推动着他们快速接受维吾尔乐舞文化，并带回库斯拉甫，逐渐在麦西来甫中占据重要的位置。与年长舞者高高举起的双手、稳重优雅的舞姿相比，年轻人低垂的手臂和扭动的身体，在帕依夏普看来，已经失去了喊出"把手举起来"的动力。记忆的痕迹不会很快消失，但库斯拉甫麦西来甫中乐舞变迁背后，认同的力量正在壮大。

关键词：麦西来甫；文化记忆；乐舞

蒙古族传统器乐合奏研究

Research on Mongolian Traditional Instrumental Ensemble Traditional Instrumental Ensemble

作　者：赵　燕
导　师：傅利民
学位年度：2020年

摘要：蒙古族传统器乐合奏是蒙古族传统音乐的重要组成部分，是一笔丰厚的民族文化遗产。本文主要探讨了内蒙古地区草原文化背景下的民间器乐合奏，以蒙古族最具代表性的器乐合奏形式——鄂尔多斯地区的"乃日"合奏、锡林郭勒地区的"阿斯尔"合奏以及科尔沁地区的"东蒙合奏"为研究对象，从传统音乐形态的构成要素、调式调性、旋律及发展手法、曲式结构、多声部织体等五方面对蒙古族传统器乐合奏进行了分析研究，试图归纳其在传统器乐理论中独具个性的技术手法，进而探求所蕴含在其中的音乐形态规律，构建蒙古族传统器乐合奏音乐形态分析的理论体系。

分布于内蒙古不同区域的蒙古族传统器乐合奏艺术，在文化属性、文化功能层面有着共性的特征。但因区域文化的差异，也相应呈现出鲜明的地方性风格特征。将蒙古族最具代表性的三种器乐合奏形式置于蒙古族传统音乐文化背景中观察，研究发现每个区域的器乐合奏艺术并不是孤立存在的，而是与其他民间音乐文化之间构成互联互动模式，它们相互借鉴，相互吸收，共同形成完整的区域音乐文化。

本文由绪论、四个章节和结语六部分组成。绪论中梳理了国内外蒙古族传统器乐合奏的研究现状，阐述了论文研究的思路与方法，指出研究的理论意义和实践意义。

第一章蒙古族传统器乐合奏的形式与生存条件，从历史语境下的器乐合奏形式、三个地方性器乐合奏形成的文化条件等两节进行论述。

第二章通过田野考察，对蒙古族最具代表性的三个地方性器乐合奏及表演习俗进行描述，采录整理合奏曲目并对其进行乐谱记录，为下一章的形态分析提供真实有效的合奏文本。

第三章是本文核心部分，以田野考察搜集到的器乐合奏曲为例。第一节探讨了传统音乐形态分析的诸要素，指出调式调性、音阶、音色音高、节奏节拍、力度表情等是构成传统音乐的重要表现语言，对合奏的音乐风格起到引领性作用。第二节从调式调性布局、转调与移调两方面对合奏曲进行分析。第三节对旋律的形态以及常用的发展手法重复、连缀、展衍、变奏等进行了深入分析，提出了乐曲结束时旋律的上五度和下三度两种固定程式是蒙古族器乐合奏终止的特殊标记。第四节对曲式结构进行研究，在大量的谱例分析基础上，总结出器乐合奏的常用曲式类型。同时对由汉族传统曲牌老八板改编的流行于科尔沁不同地区的四首《老八音》进行总体形态分析，指出不同的音乐思维模式和不同的乐器音色造就不同音乐特征的主张。第五节探讨多声部织体特征，从齐奏式、支声式、衬腔式、复调模仿式四种类型对合奏中各乐器声部的结合方式进行了分析。第六节就蒙古族传统器乐合奏的创作特征做了细致论述。通过本章论述，总结蒙古族传统器乐合奏的音乐风格，指出鄂尔多斯"乃日"合奏具有"民歌器乐化"的特点，"阿斯尔"合奏具有"宫廷宴乐的民间化"特点、"东蒙合奏"具有蒙汉文化交融的特点，三个地方性器乐合奏共同构成了丰富多彩的蒙古族传统器乐文化。

第四章阐述了蒙古族传统器乐合奏的艺术价值之彰显，提出存承于民间的器乐合奏已经成为人们生活中最重要的音乐文化内容的观点，其在文化、民俗、审美、信仰等方面都具有宝贵的经验，为当下研究、创作蒙古族传统器乐作品提供了理论依据和参考价值。

结论部分总结了本文的研究成果，阐明蒙古族传统器乐合奏作为一个有着悠久历史文化的乐种,是蒙古族传统音乐体系中的一个重要组成部分,也是中国传统乐种体系中的重要家族成员,对其形式与生存条件、表演习俗、音乐形态特征的研究,目的在于构建蒙古族传统音乐形态研究的理论体系,为蒙古族传统器乐合奏研究献出自己的绵薄之力。

关键词:蒙古族传统器乐合奏;"乃日";"阿斯尔";"东蒙合奏";音乐形态;艺术价值

从《牡帕密帕》到《快乐拉祜》
——中缅拉祜族音乐文化的结构过程

From "Mupamipa" to "Happy Lahu"——The Structuring of Lahu Nationality's Music Culture in China and Myanmar

作　　者：韩　冰
导　　师：赵塔里木
学位年度：2021 年

摘要： 拉祜族是跨居中国云南省和缅甸、泰国等东南亚国家的边境地区民族，社会形态方面，新中国成立前拉祜族社会一直处于以狩猎、采集和游耕为主的传统社会时期，1949 年后直接进入社会主义阶段，是社会形态跨越式发展的直过民族。宗教信仰方面，1904 年，第一位拉祜族同胞在缅甸景栋受洗，标志着基督教正式传入拉祜族社会，部分拉祜族由多神崇拜信仰转变为基督教信仰，基督教音乐对拉祜族社会的融入，开始了拉祜族音乐文化结构的变迁。

《牡帕密帕》和《快乐拉祜》是拉祜族社会和文化发展过程中两座里程碑式的音乐作品。前者为拉祜族传统文化的重要标志，后者是由拉祜基督徒创作的一首流行音乐风格的拉祜族歌曲，并在 2000 年后逐渐成为中国拉祜族的"文化名片"。两者作为文化符号，指代着拉祜族社会及其音乐文化的百余年变迁，亦是本研究在历史时间切面上的起点和终点。本文即试图运用中缅边境地区的田野及文献材料，解读当前拉祜族基督教群体音乐文化结构的存在现状，阐释百余年间拉祜族音乐文化结构如何发展至今的过程和动因。

绪论中，笔者主要对研究的缘起、视角、问题、方法等进行介绍，指出面对传统老调《牡帕密帕》和歌曲《快乐拉祜》同时和谐共存于老达保寨音乐生活的"文化震撼"，笔者选择历史人类学"结构过程"的概念作为主要研究视角对该文化现象进行关照。主要运用田野调查法、文献法、传统音乐分析法和历史人类学"逆推顺述"的方法，实现对研究问题的分析与解答。

正文部分，分上、中、下三个篇章：多神崇拜背景下的音乐文化（1904年前）、基督教融入背景下的音乐文化（1904—1949年）、国家治理背景下的音乐文化（1949年至今）三个社会历史阶段及三种音乐文化结构样态。笔者将以横向的共时性描写为主，展现各时期"横切面"中拉祜族音乐文化的结构样貌。上篇的两个章节中笔者认为，在传统宗教信仰观念的影响下，拉祜族传统音乐呈现出"嘎么阔""摩巴阔""器乐类"三个类型。其用乐规则的时间性，体现着拉祜族传统音乐突出的实用性特质。通过对音本体的分析，不仅可以更好地从理性层面把握拉祜族传统音乐文化的内在构成机制，更在前紧后松的节奏、双四度音程的使用等方面透露出与我国西北地区音乐文化特质的某些渊源与联系。中篇的两个章节中，笔者首先指出，基于拉祜族内在信仰和社会的需求，基督教于1904年进入缅甸拉祜族社会，并在不断融入的过程中，形成了国内代际差异、中缅地域差异的本土化现状。这首先为拉祜族族音乐文化结构带来了全新的"里阔"这一音乐形式，同时人们对源于传统音乐文化体系的"嘎么阔"一词理解的差异性，充分表明其音乐文化是基督教本土化的直接体现。此外，文字和记谱法的发明与使用，结束了拉祜族音乐口传心授的时期，音乐传承手段得到革新。音本体方面，基督教音乐带来了完全不同于原有音乐体系的音乐形态。但是，在融入的过程中，基督教音乐的西方大小调体系与传统音乐五声体系，和流行音乐之间相互接纳、融合，继而产生出拉祜风味的基督教歌曲。下篇笔者将以国家在场的视角，探讨在国家治理的背景下，音乐文化发挥着连接国家和拉祜社会的媒介和桥梁的作用，并通过个案展示当前中缅拉祜族基督教群体春节仪式的异同。

结语部分，笔者以贯穿各社会背景下拉祜族音乐文化结构的六个结构要素为纲，以纵向梳理的方式总结各结构要素的动态结构过程。以老达保寨为代表的拉祜族基督教群体当前的音乐文化呈现出"一体两面"的结构特质。

关键词：拉祜族音乐；传统与现代；基督教音乐；结构过程

演释的传统
—— 当代视野下蒙古族马尾胡琴及其音乐研究

The tradition of performance and interpretation—— Research on Mongolian Hilgasen Huur andits music from the contemporary perspective

作　　者：刘婷婷
导　　师：杨玉成
学位年度：2021 年

摘要：本论文的研究对象马尾胡琴是蒙古族极具代表性的传统弓弦乐器类群，包括传统马头琴、现代马头琴、潮尔、叶克勒、察哈尔黑力、阿日森胡尔、希纳干胡尔、胡日斤胡尔等众多外弓弦鸣乐器。马尾胡琴的分布非常广泛，特别是在蒙古族聚居地更是有着悠久的历史和广泛的群体基础。随着内蒙古自治区成立、新中国成立，这些曾经流传在草原上的传统乐器进入城市后，为了适应这一变化，不断地进行自我调试。由此，马尾胡琴的发展呈现出不平衡的态势，传统马头琴在经历了几代演奏家的现代化改革之后，最终完成了传统到现代的华丽转变，并成为当下蒙古族最具代表性的乐器；潮尔则经历了"兴盛 — 断流 — 抢救 — 断流 — 重建 — 复兴"这一个比较复杂的过程，到目前为止已经实现全面复兴；而叶克勒、黑力等其他传统马尾胡琴也经历了"断流 — 抢救 — 重建"的过程。

马尾胡琴的兴盛衰落是伴随着近代社会文化变迁的历程而变迁的，在变与不变、传统与现代、内部与外部等多种因素的共同作用下，逐渐形成了当下独特的马尾胡琴艺术。在社会文化变迁的历程中，马尾胡琴的传统也是在不断的更新整合下得以延续的。可以说，马尾胡琴传统的回归、重建呈现出良好的文化生态局面，也就是那些即将消失、被遗忘的传统正在被现在的人们以不同的方式再次呈现在大众面前，并对其进行不断的演释。

本文首先围绕"马尾胡琴是什么"展开论述，并详细介绍马尾胡琴传统演奏法是如何运用的，以及通过多种演奏来说明民间艺人的音乐观念。其次，随着传统社会向现代社会转型，传统马头琴经历了一系列改革，成功地转变为现代马头琴。诚然，对于改革不仅是乐器形制、制作材料的变化，而是作为一个整体，包括物质层面的乐器形制，以及非物质层面的演奏技法、表演形式、音乐形态、传承模式等均同时发生了改变。另外，表演行为也受西方音乐的影响而产生了一定的变化，钢琴伴奏、交响乐合奏等已经成为当下的主流方向。在现代化这一过程中，那些曾经赋予其地方风格特色的传统，正逐渐被现代人丢失、遗忘，马尾胡琴也由过去的多元逐渐变为一元。通过现代化改革的历程，努力揭示其改革背后的内部因素和外部动力。最后，在倡导非遗保护的时代下，传统得以重建和保护，而已经被遗忘掉的传统马尾胡琴也逐渐重现并回归至本来面目。在这个过程中，学者从其学理上、非遗传承人从其传承层面上，均起到了至关重要的作用。基于此，探讨当下正在回归中的传统是如何再次出现在大众视野之中，其传统的恢复与重建经历了怎样的过程。

关键词：马尾胡琴；变迁；传统；重建；同源多流

中国北方少数民族音乐的传承机制研究
——以蒙古族歌唱类音乐体裁为核心

A Study on the Inheritance Mechanism of Ethnic music in Northern China – Focuses on the Mongolian singing music genres

作　者：包青青
导　师：杨玉成
学位年度：2021年

摘要：本论文围绕"传承机制"这一关键词，以"口传性"为基本研究视角，以蒙古族为核心，并关涉与之相关的达斡尔、鄂温克、鄂伦春等同属中国北方阿尔泰语系且具有游牧、狩猎文化属性的其他少数民族，对其民俗型乐类、职业型乐类、神职型乐类三种不同传承属性的歌唱类音乐体裁的传承问题进行综合考察，以田野调查与口述访谈资料为基础，结合民族音乐学、民俗学中的"口头程式理论"与"表演理论"及人类学等交叉学科的研究方法理念，在充分认识并理解中国北方少数民族民间音乐自身形态特征和发展规律的基础上，从其口头创作、口头表演、口头传承、口头传播的基本规律特征出发，涉及口传音乐的生成、表演、形态、语境、认知及社会文化中意义和功能等诸多传承机制问题。在回答"谁在传承""为什么传承""谁给谁传承""谁向谁传承""传承了什么"等问题的基础上，进一步回答"如何传承"的问题，并揭示"音乐传承的本质到底是什么"的问题。

本论文的核心内容除绪论外，由第一章、第二章、第三章、第四章、第五章、结语六部分组成。第一章围绕两个基本问题展开：一是通过历史、地域、民族、语言、文化等多重视角，观照中国北方少数民族音乐的历史传承脉络与内部的联系，力图呈现建立在上述多重概念基础上具有游牧文明符号意义的中国北方少数民族音乐传统的传承概况。二是结合历时与共时交错的理论视角，对上述五重关系中生成并发展出来的音乐传统的存态类型进行分析归类。第二章围绕民俗型乐类、职业型乐类、神职型乐类的差异性传承脉络，对其传承过程中的"传"主体和"承"主体间授受关系的生成过程进行结构分析后，总结出"有师徒之名，亦有授受事实""无师徒之名，亦无授受事实""有师徒名分，但无授受之实""无师徒之名，但有授受之实"等传承关系的四种形式，对其间运行的内部交织复杂的业缘的、艺缘的、人缘的多重人际互动关系及其本质特征进行了论述。第三章基于传承关系的研究基础，通过大量的口述访谈资料，对濡染式传承与师徒传承中的授受关系得以发生、传承得以延续的具体场域中的授受过程及传承内容的掌握方式进行了讨论。第四章力图从表演的视角观察传承问题，因为口头传承的属性和文本分析的最终归宿在于表演，只有了解表演才能了解口头文本的生成过程，进而才能掌握口头传承的特征。基于此，本章中运用比较研究的方法，选取隶属两种风格传统的两位胡尔奇演述的同一部胡仁·乌力格尔作品以及来自三个部落传统的三位短调歌手和长调歌手演唱的同一首民歌进行比较分析，力图探讨口头传承与"表演中的创作"及其具体生成过程间的关系。第五章沿着第四章所讨论的"表演中的传承"思路，从族际、区间两个层面上探讨了传统音乐传播中的传承机制以及如何通过传承而得以传播并"在地化"的问题。

关键词：北方少数民族；歌唱类音乐体裁；存态；形态；传承机制

制度视域下长江流域汉族聚居区仪式音声研究
——以地方志中婚、丧、祭仪式及用乐文献为例

Research on the Ritual Sounds of Han Nationality in the Yangtze River Valley from the Perspective of System ——Take the marriage, funeral, sacrificial rituals and music in local chronicles as examples

作　　者：张梦瑶
导　　师：齐　琨
学位年度：2021 年

摘要：本文对清代、民国、当代长江流域汉族聚居区地方志中婚礼、丧礼、祭礼仪式资料进行分类梳理，总结地方社会中仪式制度与音声制度的特点，比较不同地域仪式音声的共性与差异，并探讨其形成的制度原因。

将地方志中记载的仪式制度及音声制度与清代官方规定的仪式典章制度进行比较，揭示民间用乐行为与国家礼仪制度的一致性、差异性与延续性，以此论述"礼乐相彰"与"礼乐相张"对仪式音乐传承的影响。

关键词：婚礼；丧葬；祭礼；仪式；音乐

亚洲北方草原丝路音乐研究
——蒙古族卫拉特部歌唱和演奏中的历史与表达

The Study of Grassland Silk Road Music in North Asia: History and expression in singing and playing of Oirat Mongols

作　　者：张　颖
导　　师：杨　红
学位年度：2021年

摘要：跨越亚欧大陆的草原丝路，在汉唐丝绸之路之前即已存在，它承载着北方游牧民族的迁徙流动，见证着东西方的风云更迭。行走于草原丝路上的众多民族与部族，在交融共生、文化互渗中分合聚散。他们的歌唱与器乐演奏，既是精神食粮，也是记忆载体。我们在文献、图像、建筑与遗迹的无声诉说中逆向感受"历史"的余温，蒙古族卫拉特部则以长调、托布秀尔/冬不拉的乐声，带着自己的"历史"来到"当下"。

本文共分六章，从宏观历史、中观音乐生活、微观音乐表征三维度勾勒出蒙古族卫拉特部"多元一体"的音乐画卷。首先从历史的回溯及今日的诉说切入，对蒙古族卫拉特部数百年来分化与流散的迁徙历程进行历史追溯与实地考察；蒙古族卫拉特部以长调为"自表述"的口传文本，呈现出清晰的"时空语境"；其次分别以中国蒙古族卫拉特部的传统节庆和俄罗斯卡尔梅克人的国家庆典为个案，探析"记忆"与"建构"过程中的"选择""遗忘"与"强化"，以及复合空间中的历史记忆与身份归属；最终以他们的长调和典型乐器为音乐主体，对长调民歌表演中的腔词关系与融汇过程予以形态解析，而后以托布秀尔、冬不拉为例，从外部形制、声音形象、演奏方式上呈现草原丝路抱弹鲁特从整体共享到符号性分离的现象。

蒙古族卫拉特部，长期与哈萨克族、斯拉夫民族交往，其文化贯穿环阿勒泰游牧文化圈、中亚游牧文化圈和伏尔加文化圈，他们通过音乐实现历史的"共享"与"延续"，也通过音乐表演行为维护族群边界，诉说着各自的身份与归属。

关键词：草原丝路；蒙古族；卫拉特；卡尔梅克；长调；托布秀尔；冬不拉

黔中屯堡花灯的在地化建构与地方认同研究

The Localized Construction of Huadeng of Tunpu in Central Guizhou and Research on Place Identity

作　　者：刘　芳
导　　师：李　松
学位年度：2022年

摘要：本文以黔中屯堡花灯为研究对象，力图通过相关文献与实地田野作业，呈现历史上中央王朝施行的"礼乐教化"政策对黔中屯堡社会文化建构与生成过程的影响，探讨汉传礼乐文化传统在黔中屯堡花灯仪式性展演活动中的符号化呈现及其象征意义背后的社会文化网络。故此，对于黔中屯堡花灯不同式样表演实践及其展演仪式过程的描述与分析，有关屯堡花灯依托的区域历史文化背景，历史发展与演变的在地化过程，花灯的艺术特征、文化内涵、文化符号表征与屯堡族群的地方认同建构等方面论述与阐释，则构筑了本文的主要研究内容。

本文除绪论和结论之外，正文共分五个章节进行论述。

第一章"黔中屯堡花灯依托的区域历史文化背景"。本章将分别从黔中屯堡花灯依托的历史地理背景与文化生态环境，对黔中屯堡的历史境遇与文化空间进行扼要的梳理与说明，为全文关于屯堡花灯的个案研究与相关讨论提供一个区域历史背景。黔中屯堡花灯的仪式性和礼俗性特征并非为土生土长，而是在历史上中央王朝的"礼乐教化"与"汉夷互动"之影响下形塑而成。

第二章"黔中屯堡花灯的历史生成与在地化存态"。当我们置身于黔中屯堡村寨，将目光投向于屯堡人"歌不离口，扇不离手，歌舞相间"的花灯艺术时，我们可充分感知到其所蕴含的黔中屯堡村落社会之"乡土本色"。本章将对屯堡花灯的历史生成与发展演变进行梳理与介绍，作为明清外来"移民文化"与贵州"山地文化"之间交互流动的产物，黔中屯堡花灯经历了一种漫长的"在地化"和"社会化"的衍变与发展之路，它的产生与发展体现了黔中屯堡人在特定的历史时期不断建构与生成的一种文化样式。

第三章"黔中屯堡花灯的仪式图景与文化内涵"。对于黔中屯堡花灯，以往在学术界多是将其作为一种民间歌舞或地方戏曲剧种来展开相关研究，而在一定程度上忽视了屯堡花灯所内蕴的仪式过程及其特征内涵。事实上，在大多数中国传统地方戏曲剧种中均存在相应的"仪式"，且与艺术形式之间往往是一种交互共生的关系。此外，屯堡花灯作为屯堡族群社会的标志性文化符号，它不仅体现了屯堡族群的文化记忆，亦是一种汉传礼乐文化传统在黔中屯堡村落的在地化表现形式，其充分映射出汉传礼乐文化在国家意志影响下流入黔中地区后与当地原有族群文化之间的交融互动过程。对于黔中屯堡人而言，"礼乐文明"并非仅是作为花灯展演仪式过程中的一种生活表演样态，而是已经内化为屯堡人日常生活中的一种经验事实。

第四章"黔中屯堡花灯的表演形态与艺术特征"。对于黔中屯堡花灯艺术而言，表演形态与艺术特征是其存在基础与决定性因素，亦是区分其他区域花灯和艺术种类的重要标志。屯堡花灯作为一种以"歌、舞、戏、乐、念白"之间有机组合的演绎形式，其表演形态与艺术特征体现在构成方面，主要包括舞蹈（身段与动作）、音乐（唱腔与伴奏）、剧目（歌舞灯与灯夹戏）等。本章将以黔中屯堡花灯的舞蹈系统、音乐系统和典型剧目为考察对象，聚焦于屯堡花灯的表演身段、动作程式、唱腔音乐、过场音乐、锣鼓乐、典型剧目等方面，试图对屯堡花灯的表演形态和艺术特征进行分析与归纳。

第五章"黔中屯堡花灯的符号象征与地方认同"。黔中屯堡文化在本质上是国家正统主流文化之"一体"意识在黔中地区在地化、世俗化、地方化的传延与发展，这种汉传文化的"一体"基调充分显现在黔中屯堡花灯之中。其中，在黔中屯堡花灯的灯词、曲调、伴奏、剧目和传播轨迹等方面均蕴藏着丰富的汉文化符码，屯堡民众正是通过这些标志性的文化符码，继而实现与巩固屯堡人对黔中屯堡族群社会的地方认同。

本文以"区域文化的在地化建构与地方认同"为主题的研究策略，不仅是对作为"地方性音乐知识"的黔中屯堡花灯进行研究，而且更是希冀通过透视屯堡花灯文化事象内蕴的汉文化符号及其表征体系，去理解与把握黔中屯堡人的心态经验基础与地方认同模式，继而展现对黔中屯堡人及其社会文化予以体系化认知与阐释的研究路径和可能性。

关键词：黔中屯堡；花灯；在地化；礼乐教化；地方认同

武陵走廊花灯歌舞音乐的跨族群、地域文化传播与变迁研究

Cross-ethnic and regional cultural transmissionand transformation research on the singing and dancing music of Huadenginthe Wuling Corridor

作　　者：梁　怡
导　　师：杨民康
学位年度：2023 年

摘要： 汉族歌舞音乐是一种传播性极强的传统音乐文化事象，秧歌、花灯、采茶等歌舞随汉族人口的流动广泛地分布于全国各地，并为各族音乐文化所吸收而产生了在地化特征。本文在研究对象上包含两个主要概念：一是"武陵走廊"这一特殊区域范畴，二为"花灯歌舞音乐"这一具体音乐文化事项，意在从"武陵走廊"这一通道视角对花灯歌舞音乐开展跨族群、地域文化的传播与变迁研究。不仅从纵向的历史维度探寻花灯歌舞音乐如何在走廊进行传播并形成今日之分布格局，还从横向的共时维度探索其在当代社会产生的各种变异现象，具体涉及不同民族文化建构与身份认同的理论问题。再以此为基础，从较为宏观的视野出发比较武陵走廊与其连接的花灯歌舞"来源地"江西、"指向地"贵州和云南三地花灯（采茶）歌舞表演与音乐形态存在的关联，以明晰走廊花灯歌舞音乐文化所具有的区域性和"文化通道性"特征。最终，将其置于整个中华传统音乐文化圈的纵横区位中讨论其所处位置及认同阶序现象，从

而进一步理解费孝通先生提出的"中华民族多元一体格局"中"多元"与"一体"的关系。具体研究思路上，本文借鉴马克·斯洛宾（Mark Slobin）有关全球音乐不同关系体系（"地域–区域–跨区域"）的观点，杨民康针对中国歌舞音乐文化风格特征所采用的"地域–区域–整体"分层思路以及提莫西·赖斯（Timothy Rice）提出的音乐体验空间节点（个体–亚文化–本土–地域–国家–地区–全球）等，意在从"地域–跨地域–区域"这一书写思路出发，以表演为经纬，书写武陵走廊花灯歌舞音乐及其相关地区的历史与当下。

全文共分七个章节。第一、二章为武陵走廊花灯歌舞音乐文化"表演前"的概念性认知，即从花灯歌舞音乐传播的区域与历史背景出发，重点论述汉族移民进入走廊所依据的通道结构以及花灯入武陵后所产生的各种概念性认知。并结合已有研究成果，勾勒出区域内花灯歌舞音乐表演的系统性知识。第三章侧重研究者的"在场"和"参与"，为"表演中"的花灯歌舞音乐表演民族志实录。与前两章形成概念层与行为层的对比，同时凸显花灯歌舞音乐表演在历史维与现实维的差异，二者在章节关系上构成"宏观–微观""抽象–具体""一般–个例"的对应关系。第四至第七章为"表演后"的花灯歌舞音乐形态学与文化学分析。从"地域–跨地域–区域"这一维度着手，兼及走廊"内""外"花灯歌舞音乐表演与形态的比较与阐释。首先从走廊内部的比较出发，运用"结构主义–符号学"的方式解析乌江、酉水、沅水、澧水、清江流域花灯歌舞音乐表演过程和音乐形态存在的异同。随后结合口述史、谱牒资料，勾勒出走廊内花灯歌舞音乐的历史传播路线。再将研究视野拓展至武陵走廊的周边地区，展开"内""外"花灯歌舞音乐的跨区域比较，不仅明确走廊花灯歌舞音乐的区域性特征，同时从中华传统音乐文化圈的整体视角观察汉族与少数民族交融地带花灯歌舞音乐存在的深层关联及其认同问题。

关键词：武陵走廊；花灯歌舞音乐；跨族群和跨地域比较；文化传播与变迁

中国传统音乐理论研究

南部侗族方言区民歌旋律与声调关系之研究

The Study on the Relationship of the Folk Song Melody and the Tone in the South Dialect of the Dong Minority

作　　者：赵晓楠
导　　师：吴文光
学位年度：2013年

摘要：侗族约有296万人（2000年），生活在贵州、湖南、广西三省区的交界地区。侗语是世界上声调最多、调型最丰富复杂、声调发展得最快的语言之一。侗语又分为南北两个方言区，这一划分在侗族民歌的研究中也具有重要的划界标识作用。本文关注的就是南部方言区的语言声调和南部方言区侗族民歌旋律之间关系的问题。绪论主要梳理了前人关于对语言声调和音乐旋律关系问题的认识和相关研究成果。第一章介绍了本文研究的基本方法和5个步骤，在将侗歌歌词区分为实意词和衬词两类的基础上，用静态（单字）和动态（前后字）两种视角来分析侗语声调和侗歌旋律之间的关系。第二章中笔者选取了南部方言区第一、第二土语区的9个歌种13个谱例，按照第二章中所述方法，进行带有普遍意义的调查和分析。第三章借鉴语言学中声调格局的理论，对南部侗族方言区旋律配音格局进行了总结。第四章在前三章得出的基本结论之上，论述了"当断不断"的入声歌词、被称为"歌骨头"的 dogc al 的念词，以及衬词3种不受语言声调影响的特殊形式及其音乐特点。第五章中笔者首先将侗歌旋律分为语言-表义性旋律和音乐-表情性旋律两大类。此外在附录中，笔者还通过对汉字记侗音方式的语言学分析，探讨了汉字和侗音之间何以能够建立联系的原因。

关键词：侗族；语言声调；音乐旋律

长三角地区滩簧声腔考辨

A Study on TanHuang ShengQiang system in Yangtze river delta region

作　　者：袁　环
导　　师：姚艺君
学位年度：2013年

摘要：长期以来，中国众多地方剧种的声腔归属问题处于模糊状态，已成为制约戏曲音乐研究向前推进的瓶颈。本文的主要研究对象是广泛流传在我国南部7个省市、涉及16个剧种的滩簧音乐现象，重点研究区域为"长江三角洲地区"（下文简称"长三角地区"）。

"滩簧"原为形成于长三角地区的一个曲艺类别，清中期以来逐渐流传至我国南部多个省地，并演化为戏曲形式。对于滩簧能否成为一支戏曲声腔，学界意见不一。本文对滩簧所涉剧种的唱腔音乐进行了细致的考证与辨析，认为滩簧可以成为一支有着密切亲缘关系的声腔系统，其包含南词滩簧和花鼓滩簧两个支系。本文分上、下两篇。

上篇主要对苏剧（前滩）、婺剧、瓯剧、台州乱弹、菇民戏、和剧、文南词、文曲戏、赣剧南北词、南词戏等剧种的唱腔进行了深入、细致的比较分析，认为其构成了独立的南词滩簧声腔支系，属于"单体声腔"（"族系"式声腔）。第一章依据大量的历史文献和田野资料，对南词滩簧的历史起源与剧化转型进行考证，廓清了南词滩簧的空间分布及传播特征。第二章对南词滩簧所涉各剧种的音乐概况、演出剧目、文词特征及唱腔结构"头–腹–尾"的内部构成进行了细致的辨析。第三章对南词滩簧基本调"太平调"的生腔、旦腔"原板""紧板"之亲缘关系进行剖析，认为南词滩簧各剧种基本调之间有着共同稳定的程式性特征，构成了庞大的"太平调"系统。

下篇主要对苏剧（后滩）、锡剧、沪剧、甬剧、姚剧、湖剧、绍兴滩簧等7个剧种的唱腔进行了深入、详细的比较分析，认为花鼓滩簧与南词滩簧有着鲜明的对比，构成了独立的花鼓滩簧声腔支系，属于"单体声腔"（非典型的"族系"式声腔）。第四章对花鼓滩簧的历史起源进行了考证，廓清了长三角地区花鼓滩簧的空间分布与传播特征。第五章对花鼓滩簧各剧种的音乐概况、演出剧目、文词特征、唱腔结构"起-平-落"的衍变及应用进行了分析，并着重对基本调"簧调"的稳定与变异因素进行剖析，认为花鼓滩簧各剧种基本调之间有着密切的亲缘关系，构成了庞大的"簧调"系统。第六章从制度层面解析了花鼓滩簧声腔分裂与变迁的内外动因，认为历史规律、方言隔阂是主要内在动因；新中国成立后，国家在场、地方保护、个人再造等因素加剧了花鼓滩簧声腔分裂与变迁的进程。

结语部分对全文的核心观点进行了总结，并对中国戏曲声腔研究中的若干问题进行反思。

关键词：南词滩簧；花鼓滩簧；"太平调"；"簧调"

20世纪中国筝乐文化叙事模式转型研究

The Transformation Study of Zheng Music Cultural Narrative Mode in 20th Century

作　　者：余御鸿
导　　师：乔建中
学位年度：2014年

摘要：2000多年前，筝乐普遍流行于中国的西部地区，古诗词中即有关于筝的描写，如"抽弦促柱听秦筝，无限秦人悲怨声"（柳中庸《听筝》）；"却倚缓弦歌别绪，断肠移破秦筝柱"（晏几道《蝶恋花·梦人江南烟水路》）。20世纪，筝乐进入一个新的历史时期，也是一个重要的历史性转型期。大体而言，传承方式从自然传承（以口传为主）转变为专业学校传承（以书写为主），创作方式从民间集体创作转变为专业作曲家个体创作，观演模式从日常民间观演转变为舞台化音乐会型表演等，不一而足。这一系列模式的全面转变，使筝乐艺术的传承、创作、表演、审美意象等产生了深刻的变化，其作为一种艺术文化现象与特定社会历史的深层关系，形成了一套完整的"筝乐文化叙事模式"。

"叙事"可以作为理解音乐的一个路径吗？叙事学在西方已经讨论了数十年，但至今在人们心中还是有很多困惑，并没有一个明确的定义结果。尽管如此，研究西方音乐叙事理论的一批专家学者还是不断努力地向前探索，以寻求一个有力的解读方式及建立系统化的论点。近年来，中国的一批学者也开始致力于此。当下，在叙事学研究触角广及小说、电影、音乐、美术、图画趋势之际，笔者"大胆"借助"叙事"来阐释筝乐文化的历史、结构形态、演奏审美，期望为筝乐研究探索新的方向。然而，在20世纪的全面转型中，筝所"叙"何"事"？究竟如何"叙事"？则又是一个既富于诱惑，又困难重重的话题。

笔者根据数十年来的古筝演奏、教学和研究所获，立足台湾与大陆筝乐历史、现状，通过筝乐谱本解读、演奏录音分析、乐人访谈、表演类型分类等方式，借助叙事学理论，吸收多年来筝乐研究之学术成果，步入这一极富挑战的课题。具体而言，本文将以叙事学理论为参照，以筝乐资料为依据，以"行为""作品""音响"为三大支流，展开叙事行为、叙事类型、叙事结构、叙事美学等新四大主题的系统研究，用以揭示20世纪中国筝乐文化叙事模式转型的面貌、筝学叙事的人文内涵以及社会意义。

基于上述思路，本文分为绪论、正文4章及结语共6个部分。绪论包括选题缘由、前人研究、研究视角及方法论等；第一章重点讨论中国20世纪社会文化转型所引起的筝乐传承、观演方式全面转变的历史轨迹；第二章以传统、现代筝乐不同母题的重要类型，阐释经常出现的形式不同的主题理念；第三章关注传统、现代筝乐不同文本的内在结构，以共时性、历时性视角进行乐曲叙事结构的深入剖析，以探讨不同区域文化滋养下的传统筝曲文本与皆具有作曲家个性的现代筝曲之间的结构差异；第四章以经典传统筝曲《寒鸦戏水》《高山流水》进行音响及审美叙事的论证，前者以4个演奏版本进行音乐形态比较与审美意象释义，后者以相同标题不同版本音乐审美叙事之比较，见证传统乐曲虽有共同意象却又以不同叙事方式创构音响的审美品格；结语是笔者研究后的收获和相关思考。

关键词：筝乐艺术；文化叙事；文化转型；叙事模式

满汉文化融合背景下的岫岩太平鼓"烧香"仪式音乐研究

The Research on Xiuyan Taiping Drum "Incense-Burning" Ceremony Music under the Background of the Manchu and Han Cultural Integration

作　　者：冯志莲
导　　师：乔建中
学位年度：2014年

摘要：本文是对至今流传于辽宁岫岩满族自治县满族民众中的太平鼓"烧香"仪式及其音乐的考察与研究。笔者以一次"家谱还愿"仪式为个案，一方面逐句、逐段地记录并整理了此次"烧香"活动中12个段落（每段俗称"一铺"）、3000多句唱词、50多支曲调的文学、音乐文本；另一方面对还愿仪式的内容情节、叙事结构及其活动以及用乐布局、腔词关系、音乐风格等进行了全面的分析解释。最后，本文重点讨论了这一极为久远的民间信仰仪式中所存见的满汉文化元素，探究它在多民族特别是满汉两个民族的长期交流中所形成的文化融合现象。通过这一个案的考察研究，笔者认为：①岫岩太平鼓"烧香"仪式，虽然目前仅存十余位"执仪者"，但它通过"口传"及手抄本保留下来的长篇曲辞文本，结构庞大，情节曲折，内容丰富，在以往的同类记录中，颇为少见，故具有很高的历史人文价值；②以商、周"乡傩"为源头的我国民间"巫"信仰，流传面广，影响深远，但经过近百年的历史演变，这一信仰及其仪式呈现已经渐渐式微，以至于仅仅在一些偏远、闭塞的少数地区得以一见，岫岩太平鼓"烧香"应当是其中的一个，因此可以说，它是当下中国古老的"乡傩"文化保留至今的活态缩影之一，对探讨相关信仰仪式提供了一个宝贵的、富有参照意义的范本；③岫岩太平鼓"烧香"还愿仪式的文化"内核"无疑是祈福、禳灾、保安、求顺的民间信仰，但它的外在形式却是载歌载舞，热烈、奔放的文艺表演，它的击鼓技艺、"癫狂"舞姿和几十种各具风韵的唱调，以及音乐、文学的大篇巨构，反映了我国民间艺术家可贵的智慧和创造力，值得我们进一步深入探讨。

本文共分六个部分：绪论；第一章，岫岩生态环境与笔者的田野调查；第二章，岫岩太平鼓"烧香"祭祖仪式纪实；第三章，岫岩太平鼓"烧香"仪式的用乐；第四章，岫岩"烧香"仪式的满汉文化基因；结语。

关键词：岫岩；太平鼓；烧香；满汉文化融合

中国传统音乐"一曲多变"的观念及其实践

The Conception and Practice of "One Tune Multi-Varied" about Chinese Traditional Music

作　者：李小兵
导　师：傅利民
学位年度：2014年

摘要：本文从中国传统音乐中筛选"民歌同宗""板腔变化体"和"八板"3个显性音乐现象，结合文献和田野调查对当下中国传统音乐中活生生的"一曲多变"个案进行详细分析。本文还着眼于从文化人类学的视角考究中国传统音乐如何在中国传统哲学思想和思维习惯的作用下进行"一曲多变"的音乐实践。本文共分八部分：绪论；第一章"一曲多变"释义；第二章"一曲多变"的历史梳理；第三章中国传统文化中"一曲多变"的深层观念结构；第四章"一曲多变"在"民歌同宗"中的实践；第五章"一曲多变"在"板腔变化体"中的实践；第六章"一曲多变"在"八板"中的实践；结语"一曲多变"的意义。本文的具体内容如下。①对中国传统音乐"一曲多变"的研究范围和对象进行界定："一曲多变"与"一曲多用""一曲多变运用"不能混淆，也不是等同，"一曲多变"具有更强的概括性。②"一曲多变"的音乐哲学观念研究：儒家思想、道家思想以及《周易》中"不易、简易、变易"的思想是中国哲学形成的重要思想基础。③中国传统音乐"一曲多变"的历史研究：中国人的审美偏好是对于音乐简单"细胞"结构的精雕细琢，从音乐的旋律、节奏、节拍、音色、力度、速度、调式和织体等结构力因素的"简易"中完成音乐的历史渐变发展和自我审美满足。④"一曲多变"的音乐社会行为和制度研究：音乐文化的综合研究不能回避社会中音乐如何被组织这一话题。⑤"一曲多变"的具体音乐发展手法和逆向分析研究：中国传统音乐发展手法中唱词夹垛、旋律润腔、变板变奏、原板变奏以及器乐中的借字、移调指法变奏和"五调朝元"等都是"一曲多变"重要的音乐发展手法。⑥"一曲多变"的意义研究：中国传统音乐"一曲多变"的研究全面彻底地剖析了中国传统社会音乐创作思维和审美习惯，"一曲多变"研究体现了传统社会对传统音乐的维系方式，"一曲多变"也廓清了以曲牌为纽带的中国传统音乐发展脉络。

关键词："一曲多变"；社会行为和制度；即兴；传承和传播；移植和改编

边境地区民族赫哲-那乃族"伊玛堪"与"宁玛"研究

Ethnic Groups in Border Areas Hezhen-Nanaian "Yimankan" and "Ningman" Research

作　　者：刘雪英
导　　师：赵塔里木
学位年度：2014年

摘要：本文是对分布于中国东北地区三江流域和俄罗斯远东地区哈巴罗夫斯克边疆区的赫哲-那乃族的伊玛堪与宁玛进行的专题研究。笔者运用人类学的实地调查方法对中国境内的赫哲族，特别是俄罗斯境内的那乃族聚居区，进行了较长时间的田野调查。本文是在充分掌握伊玛堪、宁玛研究材料和对文化背景进行深入调查之后完成的，以民族音乐学的理论、方法和边境地区民族的研究成果为基础，从音乐学、语言学、文化人类学、民俗学等视角对伊玛堪、宁玛这一音乐文化现象进行历时和共时以及整体性与比较研究，为拓展少数民族音乐研究范围做出贡献。

本文的内容及基本框架为：赫哲-那乃民族的形成及其历史、自然、社会和文化背景概述；伊玛堪、宁玛的称谓、概念定义等的梳理与解析；伊玛堪、宁玛的分类、表演与流布情况概说；伊玛堪、宁玛语言结构及功能研究；伊玛堪、宁玛音乐结构模式研究；伊玛堪、宁玛现象的文化阐释。

本文新的学术观点和创造性成果主要体现在以下两个方面。①语言学和音乐学方面：对本文关键词"imakan"和"hnHrmah"的汉语音译确定了合理的汉字音译"伊玛堪"和"宁玛"，并从语音、语义学角度给出了科学的解释；提出了伊玛堪和宁玛具有广义与狭义两种概念，同时定义出伊玛堪和宁玛音乐的概念范畴；从音乐学角度提出伊玛堪和宁玛音乐的分类原则及其类型划分。②文化方面：对伊玛堪和宁玛所具有的社会文化功能，表演者的角色、地位和作用以及赫哲–那乃人的观念进行文化阐释；指出伊玛堪和宁玛在赫哲–那乃文化发展变化过程中具有稳定性和持续性等特征；用伊玛堪和宁玛作为赫哲–那乃民族文化研究的互证材料。

关键词：边境地区民族；赫哲–那乃族；伊玛堪；宁玛

边境地区民族中的呗耄文化与呗耄腔调家族研究
——以中国滇南彝族尼苏人和越南北部倮倮人为例

A Study on the Culture of Beima and the Clans of Beima Tones in the Border Area Nationalities of Both China and Vietnam ----A Case Study of Nisu People in Yi Nationality in the South of Yunnan Province, China and Lolo People in the North of Vietnam

作　　者：苏毅苗
导　　师：姚艺君
学位年度：2014年

摘要：中越边境地区民族"彝/倮倮人"的"呗耄/西玛朗/瞄比萨"诵唱的腔调，在不同的仪式以及不同的仪式环节中是由"呗耄/西玛朗/瞄比萨"诵唱的。这种腔调在渊源上"同源共祖"；在音乐形态上自成体系；唱诵者具有特定的身份，是仪式的执仪者或"彝/倮倮人"与异世界的沟通者，唱词俱为经文；受众包含"神灵""鬼怪""妖"等异世界的存在，也包含仪式现场的人。本文根据汉文献、彝文献、越南文献的相关记载，以及笔者多年来对中国滇南彝族尼苏人聚居地以及越南北部倮倮人聚居地实地调查所积累的第一手资料，经过深入细致的研究论证，最后提出：中越边境地区民族"彝/倮倮人"的"呗耄/西玛朗/瞄比萨"诵唱腔调是一个"腔调家族"的理论，这在中、越两国学界尚未发现。

本文以中越边境地区民族"彝/倮倮人"的"呗耄"为研究对象,以中国滇南彝族尼苏人的呗耄诵唱腔调与越南北部倮倮人的"西玛朗/瞄比萨"的诵唱腔调为研究范围,旨在探寻的问题是:中越"彝/倮倮人"的"呗耄/西玛朗/瞄比萨"诵唱腔调是一个家族系统吗?本文从以下几个部分展开:第一,呗耄研究之研究;第二,边境地区民族生命进程掠影;第三,呗耄诵唱的腔调家族现象研究。本文通过研究,考察中越"彝/倮倮人"的音乐文化,精心提炼可资参考的边境地区民族音乐比较研究范本,填补我国与东南亚邻国"彝/倮倮人"音乐文化比较研究的空白,为我国少数民族音乐研究提供一种新视角;为构建我国东南亚边境和平局面,探求大湄公河次区域民族音乐文化研究可行模式,揭示边境地区民族传统音乐文化中变与不变的规律,为国家制定相关民族文化政策提供依据,为建立、健全中国民族音乐教育体系提供理论支持。

关键词:边境地区民族;呗耄;腔调家族;尼苏人;倮倮人;中越

科尔沁短调民歌研究

A Study on Khorchin Short-tone Folk Songs

作　　者：佟占文
导　　师：樊祖荫
学位年度：2014年

摘要： 本文的研究对象是科尔沁地方传统中的短调民歌。本文以田野调查为基础，从多维度观察视角出发，对科尔沁蒙古族短调民歌进行描述、分析以及阐释，并探讨了科尔沁短调民歌的传承保护等相关问题。

本文由绪论、正文（6章）和附录所构成。

第一章探讨了短调民歌及其赖以生存的社会文化背景之间的共生关系。伴随着科尔沁部落的形成、发展及演变，科尔沁民歌的发展经历了4个历史阶段，即"原科尔沁风格时期""古科尔沁风格时期""嫩科尔沁风格时期""哲理木科尔沁风格时期"。在此，民歌的传统风格也在社会嬗变中不断调整和重新适应。部落文化认同和部落文化的特质决定了科尔沁民歌的风格特征，尤其是近现代以来形成的叙事性音乐风格对科尔沁短调民歌的叙事化产生了重要的影响。同时，第一章交代了当代科尔沁短调民歌的主要分布区域。

第二章探讨了科尔沁短调民歌的分类与民众观念、民俗生活之间的关系，其中，从主位和客位的视角对科尔沁民歌进行了深入细致的分类阐释。笔者认为，科尔沁民歌的传统分类法是不成文的"地方性知识"，它隐含在科尔沁蒙古人有关民歌的传统观念和行为之中，通过民间概念表达着不同民歌类型的界定，它不仅以内在的逻辑体现着主位分类的合理性，而且反映出科尔沁民众对民歌本质特征的看法。与此同时，它也为客位分类奠定了认知短调民歌特性的基础。

第三章笔者尝试运用口头程式理论（the theory of oral composition）方法，重点探讨了"道沁"（歌手）的表演、表演中的创作、表演的程式、文本及其与它们的互动关系。本文认为，口传音乐的所有事象存在于表演之中，它的存在不是表演之外的任何形式。文本通过表演生成，而表演是一种交流形式，是在特定语境下进行的人际间的互动行为。"文本–表演–语境"是一个彼此关联的整体结构，它们各自的意义只有在这一整体结构中彰显。科尔沁短调民歌作为蒙古族口传音乐的重要体裁，它通过"道沁"（歌手）的表演生成文本，而新的文本既是一种表演的结果，又是一次新的创作。第四章探讨了科尔沁短调民歌的歌词特征与音乐形态特征。

第四章对音乐形态的分析包括了如下几个方面：其一，通过大量的实例，概括出科尔沁民歌调式分布的基本情况；其二，通过实例主要对科尔沁民歌的音调逻辑、旋律形态以及结构类型进行了归类。如上所述，科尔沁短调民歌音乐形态是较为复杂的音乐现象，其形态构成缘由极为复杂。例如，调式的分布中商调式的排列高于宫调式的现象、旋律线中的下属方向的推进以及调式色彩音出现微升或微降等现象是音乐形态有待进一步研究的课题。

第五章主要探讨了科尔沁短调民歌与其他传统音乐体裁之间的相互关系。本文认为科尔沁短调民歌的存在方式不是孤立现象，它与所处、所属的社会文化体系有着必然的联系。这种联系具体体现在短调民歌与歌舞音乐、说唱音乐、民间器乐之间的内部联系和外部延伸之上。从音乐史的角度探究其所产生的根由，可归纳为如下两个方面。首先，蒙古族传统文化中蕴含了多部落文化特征，但这种多部落特征不是通过孤立的部落文化特征来显现的，而是在漫长的历史过程中形成了多元一体的特征。因此对科尔沁短调民歌在形成、流传以及传承过程中，与其他部落的音乐产生关系是可以理解的。其次，在蒙古族漫长的历史过程中，短调民歌作为科尔沁部落音乐文化系统中的"基石"，在某种程度上能够形成与其他音乐体裁之间产生多层面的关系。

第六章主要探讨了"道沁"(歌手)及其短调民歌在当代社会文化背景中的存在方式及变迁。具体来说,本文以田野调查为基础,对科尔沁短调民歌的生存现状进行了客观分析,进而从非物质文化遗产保护的视角,重点探讨了科尔沁短调民歌的传承主体、传承渠道、传承性保护以及对科尔沁短调民歌传承保护提出了具体建议和对策。

关键词:科尔沁短调民歌;口头传统分类与形态传承保护

中国传统音乐在当代学校教育中的应用研究
——以江苏为例

Research on the application of Chinese traditional music in contemporary school education-- a case study of Jiangsu

作　　者：周振亚
导　　师：姚艺君
学位年度：2017年

摘要：本文以江苏为例，学习、借鉴应用人类学、应用民族音乐学的理论与实践，研究中国传统音乐的教育应用问题。以江苏为例，因为江苏不仅是中国传统音乐文化大省，诸如江南丝竹、古琴、昆曲等优秀传统音乐遗存源自江苏，而且江苏也是地方戏曲品类较多的省份。

本文通过对应用人类学理论的学习和思考，就相应问题进行理论研究，分析当下困境并探索应对策略，提出了政府、高校、团体、中小学"四位一体"协同创新是突破问题的主体，认知、制度、生态、人才的"四维一体"链条式修补是解决问题的思路。在宏观层面，无论是政策的、理论的，都需优先解决中国传统音乐文化的认知和师资问题，真正做到文化自信。在教育实施过程中，创新人才培养目标，研究出恰当的课程体系，并能够因地制宜，脚踏实地，探索、寻找中国传统音乐教育的有效方法，做到"知行合一"。

关键词：中国传统音乐；应用；传承；江苏；困境；策略

多元文化视域下的桑植民歌研究

The Research on Folk Songs popular in Sangzhi county Hunan province from in the multi-calfural Perspective

作　　者：乐之乐
导　　师：樊祖荫
学位年度：2018年

摘要：湖南省的桑植县被誉为"民歌之乡"，这里蕴藏着丰富的民歌资源，本文以桑植民歌为研究对象，将其置于多元文化板块和多民族杂居的文化脉络中进行探讨，阐述桑植民歌中呈现出的文化融合，以及这种文化融合如何作用于桑植民歌的艺术特征。文中结论是：多文化板块交接地和多民族杂居区的文化背景下生成的艺术形式，必然存在着各种文化的碰撞和交织，这些文化在岁月的洗礼中、文化的变迁中，不断融合形成一种融多元文化为一体的艺术形态，在长期的发展和变迁中，不断融汇，互相交融，形成了区别于其他地区民歌的独有的艺术风格。千百年来的民族迁徙、族际交往、民族融合等，使桑植民歌呈现出多元融合的艺术特征，将其　　剥离具有一定的难度。长期以来，学界对它的文化融合现象研究甚少，这使得本研究具有一定的创新性。通过对桑植民歌多元文化融合现象的梳理，深入挖掘其独特的艺术特征和文化内涵，从而拓宽多民族杂居地区音乐文化融合的研究。本文将桑植民歌置于多元义化的视域下进行研究，无疑推动了我国民歌音乐文化融合现象的研究，更促进了我国传统音乐文化的深入研究。

从研究方法而言，田野调查是本文重要的研究方法，通过访谈、调查、走访等不同形式获取的第一手资料奠定了材料和立论的可信度；历史文献是追溯族源、考究历史的直接依据，地方志、史书、族谱等史料与田野资料、文献资料相得益彰；对桑植民歌的任何研究，都无法脱离其所处的文化背景，因此运用文化脉络中音乐研究、多元文化等理论进行研究，为本文的研究提供了重要的理论支持。

整篇论文由绪论、正文（五章）及结语构成。绪论部分，从选题依据及背景对其进行介绍，回顾了国内外学者的研究现状，并对研究目的、意义、思路及方法做了简单介绍；第一章是关于桑植民歌的生成背景，从桑植民歌的自然地理环境、人文社会环境两方面进行探讨。第二章是关于桑植民歌多元的题材内容与体裁形式，从题材内容与体裁形式对多元的桑植民歌进行介绍。第三章是关于桑植民歌的艺术特征，从歌词特征、音乐形态特征、润腔特征对桑植民歌的艺术特征进行详细的论述，并总结出桑植民歌有别于其他民歌的独有的艺术特征。第四章是关于多元文化哺育下的桑植民歌，通过对地域文化、民族文化、宗教文化如何作用于桑植民歌，桑植民歌中如何对其融合进行探讨。第五章是关于桑植民歌多元的传承及保护，从政府举措、民间传承、学校传承三方面对桑植民歌的传承及保护进行探讨，并对民间传承及学校传承做了详细的个案分析。结语部分是对全文的总结。

关键词：桑植民歌；多元文化；文化融合；艺术特征；传承

汉江上游地区"打丧鼓"仪式音乐研究

Music study on the ritual of "DaSanggu" in the upper reaches of Han Jiang River

作　者：凌　崎
导　师：樊祖荫
学位年度：2019年

摘要：汉江上游地区的"打丧鼓"仪式音乐属于丧葬仪式音乐的一类，在丧葬仪式的结构系统中，"打丧鼓"仪式有其本身的形式和内容，它所承担的功能明确。从横向看，丧葬仪式中的"打丧鼓"仪式与其他仪式处于并列的地位，在"世俗性-宗教性"的两端，"打丧鼓"仪式兼有"世俗性-宗教性"的特征。从纵向看，"打丧鼓"仪式又可分列出不同形式的仪程，这些仪程，若在汉江上游地区通用，则属于"通用仪程"，若只存在于某一地区，则属于"特殊仪程"。在某一场的"打丧鼓"仪式中，诸多仪程又可分为"核心、中介、外围"三个层次，汉江上游地区的"打丧鼓"仪式以及仪式音乐就是处在这样的"纵横"位置。笔者在双视角考察分析的基础上，按照"本文的建构—模式的拟构—模式的阐析—模式的比较"四个基本环节来论述。

第一章是汉江文化的概览，主要从"历时民族音乐学"的视角论述"打丧鼓"仪式的变迁。第二章、第三章、第四章是三个仪式实录，每个个案作为汉江上游的一个"点"，每个"点"各具特色，它们在仪式形态、音乐唱腔等方面显示出一定的差异性，但是三个"点"又连成一条线，它们代表汉江上游地区"打丧鼓"仪式音乐的整体风格。第五章主要探讨局内人的概念以及对丧葬音乐、孝歌唱词的分类。第六章探讨"打丧鼓"仪式的模式与变体。第七章是从音乐风格和形态的角度论述不同地区、不同歌师傅的表演风格。第八章包括两方面内容：一是对汉江上游地区孝歌曲调的体系化研究，这些曲调在风格上具有相似性；二是运用洛马克斯歌曲测定体系分别对三个地区孝歌风格进行测定，然后画出风格图形，三个孝歌风格图形具有一致性。第九章是运用结构主义分析法对孝歌曲调和锣鼓牌子的深层分析，虽然在显性的表层表现各异，但是深层结构具有内在的一致性。第十章是对七个孝歌抄写文本、鼓板喳子与表演文本的研究，以图对转换生成过程的揭示。抄写文本（包括鼓板喳子）处于"表演前"的位置，对于局内人而言，它就是一张指导表演的"文化地图"。

汉江上游的不同地区、不同歌师傅之间，"打丧鼓"仪式以及仪式音乐在外显层面显示一定的差异性，这是形成地域性变体（风格性变体）的因素，但是在内隐层面，各地区的文化模式显示出一致性和共通性，这种一致性和共通性无疑也是音乐（文化）认同的发展结果。

关键词：汉江上游；打丧鼓仪式音乐；模式与变体；音乐认同；转换生成

观念与表述
——黔东南苗族音乐的文化认知研究

Concept and Expression——Study on the Cultural Cognition of Music of Miao Nationality in Southeast of Guizhou Province

作　　者：欧阳平方
导　　师：樊祖荫
学位年度：2020年

摘要：本文以"黔东南苗族音乐"为研究对象，力图通过相关文献和实地田野作业，从苗家人的用乐场景、表演实践、言语评论及音乐文本等向度来透视作为文化的表演中的苗族音乐的文化认知过程及其特征。

黔东南苗族音乐作为一种口头文化传统，其依附于苗族特定的用乐场景，并在苗家人具体的用乐表演实践中而存在；用乐表演实践既是具体的音乐表演行为，更是苗族人际情感互动与文化感知的过程。抛开长期以来以"文本"为中心的黔东南苗族音乐研究历程，苗族音乐迄今为止仍是以"活态"之方式而存活于苗家人的日常生活世界。故此，本文的指导思想是，把"具体的"苗族音乐文本还原于"活态的"音乐发生现场，归入于"现实的"苗家人之生活本相，进入苗家人的音乐思维，理解苗家人音乐创造的认知过程，继而达到对苗家人和苗族社会的理解。在研究方法上，本文在追随"把音乐作为文化"的民族音乐学传统的基础上，结合了认知人类学、符号语言学、表演理论等学科的解释学理念。

本文除"绪论"和"结论"部分外，正文主要从"音乐观念""具身体现"和"文本呈现"三个维度出发，具体分五章进行论述。

第一章是对黔东南苗族音乐研究的学术史梳理。近代以来，以黔东南苗族音乐为研究对象的调查、收集与整理工作已逾百年，对已有相关的研究成果进行学术史梳理是本文研究的逻辑起点；在充分肯定和继承前辈学者成果的基础上，提出对作为文化的表演中的黔东南苗族音乐进行认知性研究的必要性。

第二章是黔东南苗族音乐的民间分类和音乐用语阐述。包括苗族有关"声音""音乐""曲调""歌""乐""唱""奏""跳"等概念的描述与阐释，以及对苗族"人声"和"响器"行为音乐事象的内部结构分析，认为对苗家人的本土音乐分类和音乐用语的"挖掘"，是理解他们大脑中音乐观念的主要途径。

第三章是对黔东南苗族音乐表演实践与用乐场景的田野民族志描述与分析。主要试图通过对黄平谷陇"芦笙会"、台江反排苗族"鼓藏节"及黎平洪州垒寨"草苗"音乐的考察实录为例，还原苗族音乐于苗家人的日常生活世界，返回至音乐的"发生"现场，聚焦于苗族音乐的"具身"体现，通过自述、引述和对话的民族志文本展现方式，对苗家人在表演实践过程中的情感交流与体认予以揭示。

第四章是对黔东南苗族音乐的结构形态与生成过程分析。主要从苗家人的用乐表演实践出发，对苗族音乐的"人声"（唱词、曲调）和"器声"（以乐代语、以身代语）文本的结构形态、活态因素和生成过程进行分析，并对黔东南苗家人的音乐制造和接收过程进行阐释。

第五章是对作为文化的表演中黔东南苗族音乐进行认知阐释。主要基于认知人类学的视域，对苗族音乐与苗家人的文化认知前提之"关联性"和"并行性"进行论述；认为与苗族音乐相关的文化认知前提包括"万物有灵的众生和谐观""有语言无文字的生活观"和"崇尚婚姻自由的恋爱观"，并具体显现在苗家人的音乐观念、表演实践和文本生成过程之中；最后，提出以音乐观念和音乐表述为基本前提的认知民族音乐学探究。

关键词：苗族音乐；音乐观念；音乐表述；文化认知；认知民族音乐学

影像民族音乐志在多声部民歌研究中的应用探索
——以哈尼族《栽秧歌》拍摄实践为例

The Research of Visual Musical Ethnography in the Study of Polyphonic Folk Songs——Taking the Practice of Hani's *Seedlings Song* as a Case Study

作　　者：何迥的
导　　师：陈铭道
学位年度：2020 年

摘要：影像民族音乐志是21世纪民族音乐学发展的新课题，也是一个难度较大的、有较强探索性的跨领域课题。该课题涉及民族音乐学、文化人类学、影视人类学、电影学、声学、美学等学科，以及影像记录、声音记录、视听语言、影视后期剪辑、音频后期技术、音乐音频分析等相关技术，门类驳杂，内容浩繁。本文以哈尼族多声部民歌《栽秧歌》为研究目标，在充分学习影视人类学研究方法的基础上，探索适合民族音乐学者的影像民族音乐志研究方法，并实践之。本文共六章：第一章研究了影像民族音乐志的先声影视人类学的学科发展情况，梳理影视人类学的概念、发展、研究方法、重要人物、重要事件、重要作品、重要技术革新等。并借鉴影视人类学的学科发展，提出对影像民族音乐志学科定位、目标和方法的设想。第二章论述影像民族音乐志的视觉记录的概念、原则和方法，从镜头的特性和功能、景别的概念、拍摄角度和视点、影视画面构图的重要作用和基本原则、镜头的运动方式与镜头语言表述等方面对影像民族音乐志的视觉语言进行了探讨，并根据自己的实战经验给出了建议。我们的目的是音乐研究，录音的质量举足轻重。第三章论述影像民族音乐志的听觉记录的概念、原则和方法。详细论述了话筒的种类、话筒的指向特性、话筒的附件以及根据实际情况选择话筒的基本原则。与影视人类学更加重视视觉记录的传统不同，影像民族音乐志对听觉记录的优先级要高很多；与纪录片摄制组的多人协作、工种分明不同，影像民族音乐志的摄录经常只有调查者一个人，本章也就这个棘手的问题进行了一些探讨。在六年的时间中，笔者赴云南哀牢山及周边地区进行田野调查共八次。第四章简述了本人田野工作的过程与收获，对哈尼族栽秧文化的背景资料进行了整理，同时对哀牢山地区栽秧歌的传承现状做了观察。结合历史文献和田野工作对哈尼人栽秧的起源、栽秧歌的起源，演唱《栽秧歌》的原因，以及《栽秧歌》的嬗变做出了论述。第五章用访谈实录的手法，记述笔者对切龙中寨唯一的常驻年轻人哈尼之子车志雄的采访，揭示了以哈尼人自身对《栽秧歌》传承的深深忧虑。同时用图文手法解析了切龙中寨哈尼族的栽秧仪式：叫秧魂、拔秧苗、开秧门、唱《栽秧歌》，证明每一个仪式都有其特殊的宗教意涵。第六章探讨了使用Celemony Melodyne软件自动记录多声部民歌乐谱的可能性和优缺点，并进行了对《栽秧歌》的完整记谱。随后通过音频分析、视频分析，结合专家研讨、第三方资料印证等手段对哈尼族的音乐观念进行了更深入地探究，并提出了一个大胆的猜想。结语阐释并强调影像民族音乐志是民族音乐学未来发展的重要方向，然后对当代人类学及民族音乐学调查中的一些不当行为进行了反思。

关键词：哈尼族；多声部民歌；《栽秧歌》；民族音乐学；影像民族音乐志

潮起潮落
—— 潮剧传承研究

Research on the Inheritance of Chaoju

作　　者：佘一玲
导　　师：乔建中
学位年度：2020年

摘要：本文以中国潮汕地区的本土戏潮剧的传承为研究对象。潮剧至今已有五百多年的历史，且在民间仍具有繁荣的演出市场，但她作为第一批列入国家级非物质文化遗产的古老地方剧种，面对当代快速变革的社会，无疑出现了严重的传承问题。明确潮剧传承体系，总结历史传承经验，结合当代传承特色，找到自身的发展路径，为潮剧的传承出谋划策是本文的核心要旨。

本文分为绪论、正文五章、结语共七个部分。绪论阐述潮剧传承研究意义及现状，作为本文的研究起点和基石。第一章对童伶制度的历史进行全方位研究，通过相关史料的梳理，对在世的童伶艺人的采访，阐释戏曲"童伶制度"的特点。第二章是现代教育体制下的传承——以"戏校"为例。通过教戏先生与戏曲学校各科教师的异同进行比较研究，分析现代的教育体系特点对戏校在潮剧传承中的角色功能，且辅以《桃花扇》的排演分析为例，对现代教育体制下的传承进行梳理和总结。第三章对广东省潮剧院"一团"的体制化院团特点进行研究。从剧团设立、演员培训、演出等方面入手，呈现剧团从传统戏班转变为国家的企事业单位下的现代剧团后，剧场舞台的潮剧演出情况以及民间演出的现况。第四章从泰国曼谷的潮剧传承入手，以血缘、地缘、族缘三方面为分析维度，研究传统潮剧在曼谷的"离地"传承特点。此外，通过分析"泰语潮剧"，研究传统音乐文化在海外族群认同的现状。第五章论及潮剧在更广泛途径的传承，包括以音乐文化实践活动中的潮剧传承，"潮汕文旅博物馆"对于传承的思考等。结语中，笔者总结五类传承体系共同作用下潮剧的传承现状，力图全面呈现出当代潮剧传承发展特点，并对未来中国戏曲发展提出设想。

潮剧的百年兴衰，是多种传承方式合力作用、复合元素相互牵拉的结果，也正是中国传统音乐在近当代逻辑发展的历史路径。传承看重过程，但文化演变恰恰就是没有结果的途中路。"潮"泛任性涨退，乐、人、神，聚拢不散，虽以人为变，但更有命数，始终是潮汕乡民的文化记忆与精神寄托。

关键词：潮剧；传承；童伶制；酬神戏；汕头戏曲学校；广东省潮剧院；泰语潮剧

蒙古族当代传统器乐合奏的分布格局与风格流派研究

A Study on the Distribution Patterns and Genres and School of Mongolian Contemporary Traditional Instrumental Ensemble

作　　者：庆歌乐
导　　师：乌兰杰
学位年度：2020年

摘要：蒙古族器乐音乐的发展与蒙古社会的发展有着密切的关系，相互间发展是同步的，相辅相成的，即形成了社会发展—歌曲、歌舞体裁发展—器乐发展的紧密逻辑关系。从人类乐器产生和发展的进程来看，打击乐器—吹奏乐器—弹拨乐器—弓弦乐器，依次产生并发展进步，呈现出共同规律，蒙古族自不例外，但蒙古族的乐器进化又有其自身的特殊性。从乐器方面来看，蒙古族每个历史时期都有自己的代表性乐器，深深镌刻着时代烙印与风格特征。笔者正是在总体认识和把握上述蒙古族乐器演变的前提下，按照历史朝代顺序，重点梳理蒙古族器乐尤其是合奏形式的发展演变线索。

全文由绪论、正文（分为上篇与下篇）、结语和附录组成。

上篇共分四章：以"蒙古族传统器乐合奏发展的历史轨迹"为总题目。第一、二、三章分别通过史书、游记、文人诗作，诸如《蒙古秘史》《元史·礼乐志》《清会典图》等重要历史文献以及考古学成就，回顾北方游牧民族历史与器乐文化现象，以找寻与蒙古族器乐合奏文化基因上的联系；了解蒙古部落的器乐合奏音乐活动和蒙古汗国时期"汗·斡耳朵"音乐的踪迹；梳理元朝、北元时期"汗·斡耳朵"音乐体制下规模化的元朝宫廷乐队、北元林丹汗宫廷音乐《番部合奏》《笳吹乐章》，对色彩斑斓的乐器种类、乐曲创作以及演奏家等做全面阐述，不乏与人文的、宗教的、民俗信仰的事项相联系。第四章在近现代蒙古社会转型的背景下梳理蒙古族宫廷音乐——王府音乐——民间音乐之间器乐文化嬗变的历程。从民国初期蒙古族王府音乐与民间乐队两个社会音乐文化主流，到经济生产、生活方式改变的背景下蒙汉音乐交流、融合，是近代以来促进蒙古族器乐继续发展的主因；以当代乡村（牧区）、城市为两大音乐文化载体，概述自新中国成立以来在农村（牧区）——城市——舞台——学校的传承空间里民间艺人与专业演奏家的互动、民歌改编与器乐曲创作、器乐演奏形式的新变化以及器乐理论研究方面取得的成就。

下篇共分四章：以"近现代内蒙古地区民间器乐合奏的风格流派"为总题目。对内蒙古三个地区的蒙古族器乐合奏展开调查与研究，是本文的写作重点，全文的核心，是论文形成最终结论的重要依据和前提。第五、六、七章分别论述当代蒙古族民间器乐合奏在科尔沁、察哈尔、鄂尔多斯三个典型色彩区的风格流派归属、分布格局特点，结合当代田野考察，整体描述各个部族的社会历史变迁、人文语境，具体分析各地的音乐形态、乐队编制、乐器组合、演奏技法、演奏风格、曲目面貌、演奏传统等。第八章通过蒙古族器乐文化的传承渠道、特殊机制以及现代学校教育传承渠道三方面，提出具体对策与建议，探讨蒙古族器乐艺术在新时代的传承与发展；通过横向比较找出蒙古族器乐合奏在三个地区的共性与差异，从民歌器乐化、变奏手法以及乐队形态三个方面进行规律性的总结。

本文的论述从上篇的历时性考察到下篇的共时性比较，紧紧围绕乐器——乐队——合奏这条主线。重视蒙古族器乐音乐史料的梳理，关注当代蒙古族器乐合奏的现状；注重蒙古族乐器以及乐队合奏在其当代所属的文化语境中的含义与定位。观照蒙古族器乐音乐的发展与社会转型、人文语境、社会功能、表演形态、音乐形态以及审美价值等方面的深层联系；通过对研究对象的内部结构与外部结构的结合，以进行全面、系统的研究。

本文的写作方式为宏观描述与微观分析相结合。研究方法主要以历史学、资料学、形态学方法为主，辅以比较音乐学、乐种学、民族音乐学、文化地理学、美学的研究方法。本文的创新之处：（1）首次全面论述蒙古族器乐合奏的古代历史、近现代发展嬗变及对其当代内蒙古三个典型地区在曲目形态、乐队形态、风格特色、演奏技法、音乐美学内涵等方面的比较研究；（2）对察哈尔器乐曲《阿斯尔》、科尔沁器乐曲《八音》的变奏手法进行形态学比较研究。以上对于蒙古族器乐艺术的研究领域、"后集成时代"少数民族器乐资料库建设具有填补空白的性质。对当今的民族器乐曲创作、理论研究、民族器乐表演实践等方面具有促进作用。

关键词：蒙古族；器乐合奏；乐队；变奏；科尔沁；察哈尔；鄂尔多斯

锡尼河布里亚特蒙古族传统音乐研究

Study on the traditional music of Shinekhen Buryats

作　　者：周晓岩
导　　师：乌兰杰
学位年度：2020 年

摘要：布里亚特蒙古部落主要分布在中国、俄罗斯、蒙古国三国境内。呼伦贝尔草原锡尼河流域的河东、西两个苏木，是中国布里亚特蒙古人聚居的地方。1922 年 8 月，布里亚特蒙古人迁入中国。经民国政府批准后，移居到锡尼河流域。布里亚特蒙古部落移居呼伦贝尔草原，已经有百余年了，世世代代在草原上游牧，依旧顽强地坚守着自己的生活习俗、文化艺术传统，完好地保留着独特的布里亚特蒙古族民歌，保持着氏族部落时代的集体歌舞。布里亚特蒙古民歌历史久远，内容丰富，形态多样，辗转传播至今，成为布里亚特蒙古部落文化的主体。笔者撰写的这篇论文，其要点有以下三点，现概述如下：（1）布里亚特传统音乐的短调民歌与歌舞传统——《蒙古秘史》中记载，布里亚特蒙古部落生活在西伯利亚贝加尔湖山林地带，被称为"林木中百姓"。他们是古老的狩猎民族，属于蒙古高原东部山林狩猎文化系统。由于长期过着狩猎生活，跨入草原游牧生活相对较晚，其传统音乐主要为短调民歌与歌舞音乐形态。时至今日，锡尼河草原虽然牧场辽阔，水草丰美，但布里亚特蒙古人却依旧坚守着短调音乐与歌舞音乐传统。（2）布里亚特传统音乐的民俗化、仪式化传统——锡尼河布里亚特蒙古人用民歌记录历史，歌唱生活，用歌舞音乐表达思想情感。人们的日常生活中，保留着许多古老的民俗。诸如人生礼仪、婚丧嫁娶、老人祝寿、婴儿剪发、时令节日，几乎每一项民俗活动都有相应的民歌和集体舞蹈。锡尼河布里亚特蒙古人信奉萨满教，具有浓厚的氏族部落观念。每个氏族都有自己的特殊祭祀仪式，每当举行祭祀仪式时，人们都要演唱相关的仪式歌曲，并以舞相伴。（3）梳理锡尼河布里亚特蒙古族民歌与歌舞音乐分类问题，分类是研究民歌及歌舞音乐的基础，分类不明确，研究将无从下手。笔者将从民间分类与学术分类两个视角进行梳理与阐述。通过分析锡尼河布里亚特蒙古人的民间分类法，继承其合理内容，有助于我们更深刻地认识布里亚特蒙古民歌。呼伦贝尔草原是民族音乐的宝库，多民族音乐融合发展的吉祥之地，锡尼河布里亚特蒙古民歌，作为呼伦贝尔音乐风格色彩区的重要组成部分，值得我们认真学习，深入研究，为讲好中国故事、内蒙古故事、蒙古族故事做出应有贡献。

关键词：锡尼河布里亚特蒙古族；传统音乐；民歌；歌舞；研究

河西走廊音乐地理研究

Research on geo-musicology in Hexi Corridor

作　　者：吴玉堂
导　　师：乔建中
学位年度：2021年

摘要："河西走廊"因处于黄河以西而得名，东西全长1000余公里，南北宽度则在10—100公里。从西到东，分别有酒泉、嘉峪关、张掖、金昌、武威五个地级行政区。自古以来，河西走廊成为我国中原同新疆以及中亚地区的咽喉要道，同时也是南部青藏高原和北部蒙古高原的交接地带，有"陆上马六甲海峡"之誉。

在GIS中加载域内等高线来看整个区域的地形特征，则能较全面地了解各个行政辖区的自然地理环境，并在此基础上结合田野调查、音乐文献资料、史学研究成果，对区域内的音乐体裁分布以及音乐题材、结构、语汇、风格等给予观照，有如下特点：

气候条件对河西走廊音乐的影响明显。冬季河西走廊干燥寒冷的气候条件，使人们的户外活动大大减少，从而形成了适宜在室内演唱的小曲戏、河西宝卷、凉州贤孝等小规模型音乐体裁。尤其是在农村，人们为了取暖的"炕"孕育了普遍的"炕文化"，从而使河西宝卷、凉州贤孝等体裁在农家院落得以传播。同时，在以农业生产为主的低海拔汉族聚居区，农业生产受季节的影响，人们在一年中的音乐生活也呈现出一定的季节性规律。而河西宝卷、凉州贤孝和各地曲子戏，在冬季农闲季节演唱频繁，在农忙季节，艺人们多从事农业生产或外出务工。在从事牧业生产的少数民族生活区域，冬天的积雪封山，牲畜多在较固定的"圈"场周边活动，以投喂食料为主，牧民闲暇时间较多，为了驱寒、娱乐和交流，喝白酒的机会大大增多，酒歌文化也因此呈现出一定的季节特征。

音乐内容上，反映了农－牧两种经济格局背景下两种不同的生产、生活内容。在汉代以前，这里多游牧民族。自汉武帝开辟河西走廊后，这里便开始了中原农业经济和西北游牧经济两种生产方式的竞争。而自汉代至今，在河西走廊从事游牧业的少数民族，退则据守山林，在林木掩护和水草滋养下放牧南山，进则直逼农区。在这进退之间，不同经济方式的人们进行着地理区域的选择和改造，不断优化着农、牧业经济的区域格局。今天的高海拔山区自然绿洲地带为畜牧业、低海拔川区人工绿洲地带为农业的格局互补，正是在这漫长的历史进程中不断优化的结果。最终，低海拔适宜农耕的地区，形成了以汉族为主的农业经济，伴随着内地大量汉族的迁入，其音乐体裁、特征多与内地汉族地区相同，内容上以反映农业生产生活为主，如反映农业耕种时节的、企盼风调雨顺的内容等；也有人们在社会生活和宗教信仰背景下，劝人向善、寓教于乐的宝卷念唱；在武威市还有以凉州区为中心的贤孝弹唱，歌唱儒家思想为主的忠、孝、节、义内容。

而在高海拔地区，因多不适宜农业耕种，但水草丰茂，尤其是南部的祁连山脉为畜牧业提供了丰富的水源和自然植被覆盖的乔木、灌木以及牲畜赖以为生的草地，成为游牧民族的理想放牧之地。河西走廊自东向西的高海拔地区，分别分布着天祝藏族、肃南裕固族、肃北蒙古族、阿克塞哈萨克族等游牧民族，形成了一个连绵不绝的游牧经济带。音乐标题、歌唱内容上，以反映牧业经济背景下，人们繁衍生息以及同牲畜、自然环境相互依凭的内容为主。

在音乐体裁和形态特征方面，在农－牧二分格局基础上，两个区域的音乐文化又有着更为细微的共性和差别。在共性方面，最主要的体现是在各牧业经济为主的少数民族地区，都有着广泛的吟唱调分布，这些吟唱调与各少数民族语言结合，同牧业生产生活共生共存。其音乐结构相对简单，旋律和唱词的抑扬顿挫紧密相关。虽然也有小调、山歌的分布，但这些体裁的音乐多是单句基础上发展而成的，旋律线多呈上拱形，音乐风格多有伤感意味。

在低海拔的农业生产区域，广泛流传着从内地汉族地区传来的民歌。明清时期陕西眉户的传入，很多民歌和小戏难分彼此，称呼也有不同，如在古浪叫《古浪老调》，在民勤叫《民勤小曲》，在凉州区叫《半台戏》，在敦煌叫《曲子戏》等；同高海拔地区号子十分稀少的情况形成对比，这里有较广泛的劳动号子流传；而山歌、小调及曲艺则体现出大西北普遍的音乐特征，如凉州贤孝、曲子戏，都受秦腔欢音、苦音的影响，在音乐语汇上，多有四、五度跳进、五声音阶之外使用"偏音"的现象，音乐多为上下呼应性结构基础上的两句体、二上一下或一上两下的三句体等。在整个低海拔区域，都有宝卷的流传，则是在明清时期民间宗教借助汉传佛教进行宣传的结果。

本文共分四章：第一章，在"走廊学"兴起背景下对"河西走廊"的概念界定以及地理、历史背景与当下音乐的关系做了简单梳理，是深层理解河西走廊音–地关系和音乐文化地域特点的基础。第二至四章，在梳理河西走廊三个流域自然地理特征的基础上，对流布其间的音乐内容、体裁分布、形态特征等进行了梳理和研讨。第二章为石羊河流域的音乐分布及特点，第三章为黑河流域的音乐分布及特点，第四章是疏勒河流域的音乐分布及特点。最后的结论，从河西走廊的气候条件、海拔高低、三个流域间环境差异和共性特征对音乐体裁、形态特征和风格的影响进行了探讨。

关键词：河西走廊；音–地关系；音乐特征

中国乐派学理研究

Study on Chinese Music School

作　　者：田　壮
导　　师：桑海波
学位年度：2021年

摘要：中国乐派是时任中国音乐学院校长王黎光教授于2016年提出的音乐概念，它包涵了中国音乐理论研究学派、中国音乐创作乐派和中国音乐表演流派所指的共同内涵与外延，与时俱进地成为新时期中国音乐发展的新理念。然而通过学理研究我们却不难发现，中国音乐从发生伊始至今，无论是从国学哲学道统中，还是在音乐学理论研究的视域下，都在观念、行为和结果的有机统一中延绵不断地呈现出中国乐派不可或缺的文化特质与不可替代的文明基因。因此，本文试图通过对中国乐派概念的界定、中国乐派观念的哲学基础、历史音乐学视域下的中国乐派和中国乐派的民族音乐学观照四个部分的学理研究，探究中国乐派理论研究应有的学术基础。具体如下：

第一章通过国际社会人文科学领域中常用的三观语境对乐派概念及中国乐派概念给予观照，通过乐派的概念界说对乐派的多元概念进行阐释与解读，再以此为基础界定中国乐派的概念，意在为中国乐派学理研究建立统一的语境及清晰的研究思路。

第二章通过阐释中国乐派哲学道统和价值道统的衍生与发展进而论述中国乐派在新时代的哲学架构，意在通过中国乐派独有的哲学道统及思想文化价值道统对中国乐派的哲学基础以及中国乐派的文化自信进行归纳与总结。

第三章通过历史音乐学的视域阐释中国乐派学统基因的衍生与传承，意在归纳中国乐派学统基因的构成及其传承的方式，并以此论述中国乐派学统基因的稳定特质和变异性。

第四章通过论述中华人民共和国成立后中国乐派的传播与传承、改革开放后中国乐派的文化缘由以及中国乐派与中国音乐学院的时代契合，意在阐释中国乐派作为文化概念在中国当代的观念意识、行为方式及行为结果的三者统一体，以及在民族音乐学语境的观照下中国乐派在文化变迁中的音乐文化阐释，旨在提炼中国乐派的思想文化精神标识。

很显然，上述对中国乐派学理探究的主要目的还在于想让大家明晰：中国乐派不仅是中国音乐未来发展的音乐观念，更是新时代国际音乐视野下，国家文化战略考量中的中国音乐学院建设本身的历史担当。同时，也为每一位中国音乐工作者指明了未来的发展方向。因此，本文在结语中也进一步地强调，中国乐派的提出与构建是中国音乐文化在新时代发展的历史必然，是每一位中国音乐人未来的使命担当。

关键词：中国乐派；学理研究；文化特质；文明基因；使命担当

长江中下游汉族民歌区域性特征研究

Research on the Regional Characteristics of Han Folk Songs in the Middle and Lower Reaches of the Yangtze River

作　　者：向清全
导　　师：李月红
学位年度：2021年

摘要：本文是以流传于长江中下游地区的汉族民歌为对象展开的区域性特征研究。在理论方法的运用上主要以流域人类学为引导、文化地理学为支撑，将中下游作为独立的地理单元，以江河的视角，力图打破以往偏重于政区为单位以及民歌品种间因政区划分造成的认知局限，并将该流域民歌与特定地理空间的分布状态、传播流变、自然生态、历史地理背景等联系起来，进行宏观整体性把握。全文以特征总结为主线，涉及该流域民歌的形成分布、标志性民歌品种田歌、民歌音乐文化、民歌音乐形态四大方面，具体分为五章。

第一章是对中下游民歌形成分布方面的探讨，主要论述了自然环境中的"水"因素影响着该流域大量民歌景观的形成及其分布，如沿江平原水田稻作文化中的田歌、沿江环湖与临海渔业文化中的渔歌、沿江航运文化中的船工/码头号子等，使得该流域民歌景观呈现出显著的流域性。本章还对该流域民歌景观的多点考察进行了文字性叙述，在叙述中将"各点"民歌景观进行系统性整合，最终形成以江河为主线的流域民歌景观整体性认知。

第二章则聚焦在贯穿于中下游的民歌品种田歌之上。平原水田和旱地（山地）是中下游地区主要的劳动场，这两种劳动场中产生的田歌有着各自不同的表现形式、表达模式及歌唱风格，而两种劳动场中田歌各方面差异的形成，又受到了该流域地理环境（自然与人文）以及劳动者不同程度的劳动实践等多方面的影响。因此，中下游地区田歌在两种劳动场中的各自呈现，及所反映出的"人–地"互动与"音–地"关联便是本章主要分析和讨论的内容。

第三章是对中下游民歌音乐文化特征的分析与总结。主要论述了中下游在吴、楚两大文化基底上于东、西部形成了两大民歌中心，两大中心的民歌有其自身特色，并以江河为扩散路径影响着周边地区。而从南北关系角度上看，中下游这条位于南方的民歌文化带，由于历代的北民南迁，又受到了以黄河流域为代表的北方音乐文化的影响。因此，中下游地区民歌音乐文化呈现出了多元交互的局面，而民歌音乐本体的对比分析则是本章论述多元文化交互影响的支撑。

第四章是对中下游民歌音乐形态特征的分析与总结。本章将长江、黄河两大流域音乐语言"南繁北简"的二元对立认知作为研究起点，在梳理和分析长江中下游民歌行腔、结构特色的基础上，通过实例论证中下游民歌音乐形态中呈现出的简繁交织状态。最后，进一步探究该流域民歌繁复外显形式的形成原因，并从两大流域的共有旋律现象及不同发展，对南北音乐文化及其互动进行审视。

第五章则是基于以上的研究对"流域–人–歌"三者互动关系的讨论，进一步揭示流域中自然、人文地理环境对于民歌及其文化的影响。在三者的互动关系中，本章还重点探讨了学界常关注的话题——"流域作为文化通道"，并指出流域中的河流对于音乐文化扩散有一定"阻碍"和"过滤"作用，以及"长江经济带建设与民歌文化带保护"等现实问题，以期为长江经济带的文化生态保护带来一定启示。

本文在以长江为经、沿江各县市为纬的田野考察基础上，从四大方面对中下游民歌区域性特征进行总结，并进一步探寻"流域–人–歌"的互动关系，力图丰富长江流域民歌系统性研究中沿江实地考察的民族志文本，在加深学界对于长江中下游民歌宏观整体性认识的同时，为新兴的流域（水域）音乐文化研究提供个案参考。

关键词：长江中下游；汉族民歌；区域性；流域；音地关系；多元文化；简繁交织

晋剧唱法及其风格研究

Study on singing method and style of Jin Opera

作　　者：樊凤龙
导　　师：樊祖荫
学位年度：2022年

摘要：本文是对晋剧唱法及其风格的研究。本文通过对晋剧历史与现状的调查，对相关演唱者现场演唱的听赏与学唱，对演唱录音录像的审听，以表演艺术家的传记、评介等相关文献资料作为实证的有效补充进行综合性的研究。晋剧突出的艺术特点是注重唱功。因此，研究工作主要围绕方言、发声、共鸣、运气、润腔等有关演唱方法的本体内容进行。

本文由绪论、结语与7章正文构成，主要包括唱法与风格两方面的内容。第一章是关于晋剧形成及方言的描述，以蒲剧的传入、班社及艺人、演唱风格的演变、祁太秧歌等平民文化的参与、晋商的影响等背景变化为参照，概括地梳理晋剧的形成及晋中方言语调对唱腔旋律的影响，借用声学知识，推断出相比普通话，方言声调与晋剧旋律有着更为密切的关系。第二章是音色，是对晋剧角色特征音色、各行当音色的调节及演唱表情音色的总体阐述。第三章至第五章是有关演唱技巧的本体研究，是依据行当音色特征，从具体层面分别论述各行当发声、共鸣、运气的总体规律，到因细微不同而产生的个体特征，以实验语音学知识来丰富充实三大行当的共鸣特点，推测须生共鸣腔较均匀，青衣以头腔共鸣为主，花脸以胸腔共鸣为主。第六章是关于演唱风格方面的润腔分析，分别选用须生、青衣、花脸3个传统经典唱段和青衣程、牛、王3派的同一剧目中的同一唱段为谱例，以音高润腔为主，归纳3个不同行当的润腔规律和区别，总结青衣不同流派的润腔特点。第七章是关于演唱晋剧谚语及声训的总结。谚语口诀中蕴含了深刻的演唱艺术理论；而声训则是培养演员基本功的基础训练，它是提高演员的演唱技巧和贯穿晋剧音乐风格的有力保障。

关键词：晋剧；唱法；须生；青衣；花脸；润腔；风格

京杭大运河文化带民歌流布研究

Research on the spread of folk songs in the cultural belt of the Beijing Hangzhou Grand Canal

作　　者：毕安琪
导　　师：李月红
学位年度：2022年

摘要： 本文是以流传于京杭大运河文化带的汉族民歌为对象展开的流布研究。在理论方法的运用上主要以音乐传播学为引导，文化地理学为支撑，将京杭大运河作为独立的地理单元，以水域音乐研究的视角，力图打破以往偏重于政区为单位以及民歌品种为单位造成的认知局限。并将该区域民歌与特定地理空间、自然生态、传播流变、历史文化背景等联系起来，宏观整体性把握京杭大运河对我国传统民歌传播交流的重要作用。全文以民歌的流布传播为主线，涉及该区域标志性民歌品种运河号子、田歌、小调的分布状态、总体流布特征、同宗民歌的流变四大方面，具体分为五章。

第一章是对京杭大运河文化带民歌的界定及传播生态的探讨，其中运河民歌的界定包含广义和狭义两种概念。广义是指运河沿岸地区流传的所有民歌，狭义则是指民歌的内容题材与运河事象有直接关联。所谓京杭大运河文化带民歌的传播生态是多种因素的集合，这些因素使得运河民歌文化得以产生，并促成其传播行为，影响其传播效果。具体论述了该区域内明清时期具有代表性的民歌传播地，移民、商贸、行艺三种传播途径及船工、艺妓等传播主体。正是在这样的传播生态下，最终形成具有开放性、包容性、融合性的京杭大运河文化带的民歌文化。

第二章则聚焦在运河文化带民歌景观的分布及三个流布特征之上。京杭大运河文化实则是漕运文化、商业文化及农业文化的集合体，漕运文化孕育下的运河号子、商业文化催生的小调是贯穿全域的民歌品种，田歌则分布在稻作文化背景深厚的江南运河河段。另外，本章结合该区域地理环境、人文背景、运河"文化通道"的作用，尝试对整个水域的流布特征进行归纳，其中流布特征之一"北曲含南腔"是以运河号子为基础进行论述，其含义是指某一河段的民歌在音乐风格、形态上包含其以南河段的部分特征。流布特征之二"因河而生，依河繁衍的水乡特色"主要是以田歌为基础进行论述。江南运河河段自古具有水乡风韵，是稻作文化的主要发源地，水田田歌是该文化类型中较为重要的表现形式。另外，运河是人工开凿项目，这一水系的建设改变了沿岸许多流经地区的水文环境，使得苏北淮安、鲁南台儿庄等北方地区都具有了依水而居的水乡特色，所以流传在该区域的民歌也相应有了水乡的烙印。流布特征之三"旧调新声，南北互动"是以小调为基础进行论述。京杭大运河是我国唯一一条南北走向的河流，其主要作用是便于南北物资运输，此外它也是南北文化传播交流的重要载体。明清时期民歌呈现出旧调新声、竞胜一时的繁荣景象，其以运河为载体，显露出南北互动、融合流变的显著特征。

第三章是对运河文化带民歌的动态性流变进行具体分析。主要从文献的角度论述明清时期民歌产生、南北合流、风格分野明显、与曲艺戏曲融合等不同发展阶段与运河通航状态、发展历程的关系。在此基础上，总结明清时期留存下来的以运河为载体的民歌，对其传播路径进行复原探究，并对同宗民歌进行形态分析，总结其流变规律。

第四章主要探讨运河文化带民歌在曲艺、戏曲中的存续与嬗变。前一章提到民歌在发展历程中经历了向曲艺、戏曲融合的阶段。这也是运河文化带民歌在流布过程中进行的自然性文化整合，所谓自然性即没有政府干预，是民众的自发性行为。在不同地域交往中，各种文化相互借鉴与吸收、分化与组合、解构与重构，音乐形式在保留自身特点的基础上不断调适、不断适应，以推动本地区社会的发展与文化变迁。本章以个案分析的形式对此整合现象进行探讨。

第五章是基于以上对民歌与运河互动关系的讨论，进一步概括运河文化带民歌在流布中产生的自然传播链及技术传播链。在分析流播过程中，还着重从当今传播媒介的角度出发，探讨运河文化带民歌的传播新路径，以及民歌文化对运河文化的重要性，并以期为"京杭大运河文化带建设"这一热点问题带来一定的启示。

本文在以京杭大运河文化带为"面"，沿河各县市为"点"的田野考察基础上，对其民歌的流布状态、流布现象、流变特征、传播链条等方面进行总结，从而得出京杭大运河的贯通对我国民歌的发展与流布是有深远影响的，它也将我国多样化的文化形式"点线结合"串联在一起，从而形成中华民族"多元一体"的格局。

关键词：京杭大运河文化带；民歌流布；同宗民歌；传播流变

森林文化的记忆及延续
——鄂温克族传统音乐文化的考察与研究

Memory and continuation of forest culture——A Study on Ewenki Traditional MusicCulture

作　　者：金祥婧
导　　师：樊祖荫
学位年度：2022年

摘要：本课题以主要分布于我国境内内蒙古自治区的鄂温克族使鹿、索伦、通古斯三支部落传统音乐为考察与研究对象。旨在将已有资料与田野实录互证，以梳理三部落传统音乐的现状，并进行对比。研究的重点是三部落传统音乐之比较。拟回答的问题，何为鄂温克族传统音乐的内核，森林文化的记忆生成、延续的具体例证与原因、影响因素。笔者运用民族音乐学、中国传统音乐学相关理论与方法，对鄂温克族三支部落主要聚居地进行了长期而较为细致的田野调查。通过已有资料与田野实录的互相比对，对鄂温克三支部落传统音乐的分类与传承现状进行梳理：主要聚居地位于内蒙古自治区呼伦贝尔根河市敖鲁古雅鄂温克民族乡的使鹿鄂温克人，虽已离开森林狩猎生活，以饲养驯鹿、林业及周边产业为主要生产方式，但是其传统音乐仍旧很好地保存了森林文化的痕迹。哈安（使鹿部民歌称谓）风格古朴自然，伊坎（使鹿部的"篝火舞"也称圆圈舞，圈舞）是由于狩猎时代集体围猎，围成圆圈驱赶猎物，而形成的圆圈舞。歌与舞中，崇拜万物之灵，与自然对话，将自己视为自然的一部分。聚居地跨越山地、平原和草原的索伦鄂温克人，主要聚居于内蒙古自治区呼伦贝尔鄂温克自治旗巴彦托海镇、辉苏木、伊敏苏木，内蒙古自治区呼伦贝尔市阿荣旗，扎兰屯市萨马街鄂温克民族乡，鄂伦春旗阿里河镇。生产方式分为林业及周边产业、农业、牧业三大类型。传统音乐的风格，也可概括为"一支部落、三种风格"：山区赞达勒，留有狩猎时代的遗风；农区赞达勒，兼有山区与农区的"混合风格"；牧区赞达勒，具有鲜明的"草原风格"。主要居住在内蒙古自治区呼伦贝尔市陈巴尔虎旗的通古斯鄂温克人，较早地开始了游牧与畜牧生活，道乌拉占（通古斯鄂温克民歌称谓）曲调悠长，风格优美，具有通古斯鄂温克自己的独特风格。通过对三部落传统音乐传承现状的田野调查，在此基础上，对鄂温克三部落传统民歌与舞蹈进行形态特征的分析，探究其共性与差异性。旨在寻找鄂温克传统民歌的"核心音调"。笔者在行文中，主要将已有的民歌资料，与笔者田野中所获的第一手资料进行对比和补充，选取仍在传唱的"活态"民歌为曲例进行分析。当然，在形态分析时，仍需选用一定数量的资料性曲例，确保结论的真实性。通过对鄂温克民间舞蹈的舞蹈动作、身体体势、动律特点等元素的分析，旨在寻找出鄂温克三部落民间舞蹈的共性与差异性。鄂温克三部落的舞蹈，主要分为"动物模仿类"舞蹈和"集体舞"两类。通过使鹿部与索伦部"动物模仿类"舞蹈的比较，寻找"同"与"不同"并说明原因。对比三部落集体舞蹈，以及集体舞蹈与舞蹈音乐的关系，分析和总结鄂温克舞蹈核心元素以及与音乐的关系。通过鄂温克三部落传统音乐的考察与研究，比较其"同与不同"，探寻其音乐内核，生成路径及承续机制，有助于全面地梳理、整合、新增鄂温克三部落传统音乐的相关资料，拓宽鄂温克传统音乐研究的理论视角与方法；对鄂温克传统音乐进行历时与共时的多维度探析，尝试补充鄂温克族三部落传统音乐系统性研究成果；通过田野中参与帮助本课题的当地学者与民间艺人的共同努力，唤醒更多的鄂温克同胞投身于鄂温克族传统音乐的保护与传承中。

关键词：鄂温克族传统音乐；比较研究；形态分析

清传本《太古传宗》曲谱研究

A Study of the Music score of "TaiguChuanzong" Published in the Qing Dynasty

作　　者：王晗君
导　　师：姚艺君
学位年度：2022年

摘要：清传本《太古传宗》曲谱是清汤彬和、顾俊德辑录的一部琵琶调弦索清唱谱，由元明以来在江南广为流传的弦索调配以元明杂剧、南戏、传奇戏文或者散曲歌词等编辑而成。也是迄今仅存的两种北曲弦索谱之一，刊行于清乾隆十四年（1749）。该书包含了三个部分的内容，分别为："琵琶调西厢记曲谱""琵琶调宫词曲谱"和"弦索调时剧新谱"，第一部分共上下二卷，收《西厢记》曲谱含楔子21套，合计单曲319首，曲词本于王实甫《北西厢》；第二部分上下二卷，收南北散曲、剧曲曲谱46套，合计单曲392首，后附《琵琶调阙文》36首；第三部分包括小曲、散曲和剧曲24套，合计单曲88首。全谱若以单曲计，共835首。清传本《太古传宗》是研究元明以来弦索音乐不可多得的善本，该书详注工尺、板眼、用竖行谱按琵琶弹奏花点记录，可以看到明代弦索弹唱的一些原貌。本文以清传本《太古传宗》曲谱为研究对象，主要内容包含以下四个部分：第一部分从文献学的研究视角，考述清传本《太古传宗》产生的社会政治、文化背景以及编纂者的编写动机。第二部分借鉴历史文献学"史源"学的研究方法，从唐宋元明诗词、宋金诸宫调、宋元南戏、明清传奇、元明杂剧、元明清散曲等方面考析《太古传宗》的曲牌渊源与流变。第三部分从乐律学的研究视角探讨《太古传宗》的宫调问题，对各宫调曲牌结音情况进行统计与分析，以考证在《太古传宗》琵琶调弦索弹唱的音乐实践中，其所保留的宫调调名系统是仅仅在形式上延续了宋代以来的俗乐调名，还是依然承载着部分燕乐宫调的乐学内涵。第四部分拟将《太古传宗》曲谱与《北西厢弦索谱》《九宫大成南北词宫谱》进行比较研究，通过对三种曲谱的编纂背景、谱式特点、同曲文曲牌等内容进行分析，考查它们之间的渊源关系。本文的研究意义在于：学理意义，北曲是构成元杂剧这一传统戏曲形式的重要组成部分，其所沿用的宫调调名承继于宋元以来的宫调系统，在近代昆曲北曲声腔中依然保留着部分北曲曲牌和宫调应用的痕迹。元代的宫调结构理论直接体现在北曲音乐的演唱及演奏实践中，而在历史的演变历程中，与唐宋燕乐体系一脉相承的元代宫调体系却在明清之际出现断裂，这与弦索调固定名宫调谱被首调唱名记谱取代有直接关系。近代以来，在围绕北曲的研究中，学界前辈一直致力于追溯近代北曲俗乐调名的实际调高是否还能彰显宋元俗乐宫调的乐学意义，是否还能从中考析出北曲元音。直到今天，这依然是一个处在持续探讨中的复杂课题。笔者通过对《太古传宗琵琶调宫词曲谱》曲牌煞音情况进行分析，认为这部流传于明清时期的北曲弦索谱，其宫调调名延续了宋元以来的宫调系统，而且承继了元杂剧管色指法，较好地保留了北曲原有的调高含义，虽然不能完整地反映出北曲宫调结构形态的总体特征，但对世人更好地了解北曲音乐仍具有重要价值。实践意义，将古谱搬演上舞台也是本课题研究的目的之一，从《太古传宗》琵琶调弦索谱的曲文内容来看，以弹唱爱情故事、英雄故事为主要题材，曲乐部分在弹唱宏大叙事题材时，不仅旋律在音域、调式等方面变化有致，板式也常常通过特定的曲牌联套来组织，尤其"尾声"部分的板式变化最为丰富。不论是婉转清丽的抒情性弹唱作品，还是带有说唱特点的叙事性弹唱作品，都能在《太古传宗》中找到优秀案例，从中可以感受到当时辑曲者收集曲谱"用以自私"的心情。希望通过笔者的努力，不久的将来能将其搬上舞台，感受古音缭绕，对本课题来讲也是一种圆满。

关键词：《太古传宗》；北曲；弦索调；琵琶调；元杂剧；时剧

滇西鼓吹乐曲牌研究

Study on the Qupai of DrumWindMusicin Western Yunnan

作　　者：张　丽
导　　师：傅利民
学位年度：2022 年

摘要： 本文以"滇西鼓吹乐曲牌"为研究对象，通过文献资料和田野调查的互补与互证，在中国传统音乐理论框架下，从滇西鼓吹乐的用乐群体、文化空间、表演实践、本体特征、文化属性等多重维度，探析其曲牌本体及其与滇西民族民间音乐文化要素之间的共生互渗、发展演变和形态特征。鼓吹乐作为全国性意义的乐种存在，在滇西白族、彝族、汉族、拉祜族、傣族、哈尼族等族群中广泛流传，在长期的发展过程中积累了大量的曲牌音乐，具有鲜明的民族性和地域性特征。作为一种活态的民间文化现象，鼓吹乐曲牌在不同用乐空间均是仪式音声的核心存在，具有音乐叙事和文化隐喻的功能，在各类民俗文化艺术表演中维护并结构着滇西民间各类仪式之仪程的发展，在此过程中无意识地传达着"地方性知识"内涵及族群认同构建的功能意义。因此，本文将回归历史语境，透析滇西鼓吹乐发展衍变的动态历史，而后将其置于"现实"的民族文化语境中，进入鼓吹乐曲牌的表演空间，分析其音乐思维，理解滇西民众对鼓吹乐曲牌的承传、创制与发展的观念与方法，进而达到对滇西鼓吹乐曲牌深层次的认知和把握。研究过程中始终以唯物史观为指导，将历史与田野接通，以中国传统乐学理论为核心，借鉴乐谱学、律学、乐器学、人类学、民族学等理论方法进行分析、理解与阐释。本文由导论、正文、结语三个部分组成,正文部分从"历史溯源""现状叙述""形态特征""文化属性"四个章节进行论述。第一章对滇西鼓吹乐的历史源流进行回溯。从滇西多民族共生发展的历史追溯、滇西鼓吹乐的历史流变及其繁荣发展的动因等问题进行梳理与分析,认为滇西鼓吹乐经历了不同的发展时期而具有了鲜明的民族性和地域性特征,其音乐样态受地理空间、民族结构、语言语族、民俗习惯、宗教信仰等多方面的影响。第二章依据"乐器为根本、乐律为内涵、艺人为承载"的思维逻辑,从乐器和乐队、曲牌存量、曲牌思维、曲牌的传承及分布、用乐群体、用乐特点等多方面对滇西鼓吹乐现状展开叙述。通过对白族、彝族、汉族、拉祜族等民族的婚仪、丧仪以及民间重要节庆活动的用乐曲牌进行整理,发现滇西鼓吹乐具有名称借贷、功能为先和内核稳固的特点。滇西鼓吹乐与仪式相依共存的本质使其与民间婚丧嫁娶、节日庆典、立柱公斋等活动之用乐联系紧密,并根据仪式目的、场合需要有着不同的用乐规范和用乐体系。第三章在中国传统乐学理论的基础上,将滇西各类文化场域中的鼓吹乐置于"本民族音乐语境"中进行表达,用音乐形态学之理论将滇西鼓吹乐作为民族文化共同体来看待。从音阶、调式、旋法特征、曲式结构多维度对滇西鼓吹乐曲牌进行深入而细致的分析,透析了滇西鼓吹乐丰富多彩的形态特征,认为在共时与历时的发展过程中,滇西鼓吹乐具有文化相通性、思维延续性和音乐共享性。第四章是对作为文化内涵中的滇西鼓吹乐曲牌之"多元一体"性进行阐释。在传播学理论视域下,通过滇西鼓吹乐曲牌的传播形式、"在地化"流传和内在互传来论证其"多元性"。在仪式音乐的概念下从文化认同和文化功能双重维度对滇西鼓吹乐曲牌的"一体化"进行探讨。认为滇西鼓吹乐"多元一体"的文化属性是在中华民族共同体意识的历史形塑过程中形成的,是中国传统文化在"中国一域"的一统观念下,中国传统音乐文化在边疆民族地区"共建""共享"的情感表达。

关键词:鼓吹乐曲牌;历史与现状;形态特征;文化属性

裕固族民歌云数据库的理论研究与应用实践
Theoretical Research and Application Practice of Cloud Database of Yugurs Folk Songs

作　　者：徐　龙
导　　师：黄　虎
学位年度：2023年

摘要：在传统音乐的研究中，资料收集一直以来都是研究者最重要的任务之一。然而在传统音乐文化赖以生存的文化土壤早已巨变的今天，包括曲目、传承人在内的民间音乐文化资源储备在不断地减少，已成为我们不得不面对的事实。对于传统音乐文化来讲，无疑是在时代的车轮碾压后的一场危机，特别是一些原本体量较小的音乐品种正在面临着这样的危机。然而，紧随时代并不意味着要抛弃过去，而是更好的面向未来。因此，时代的问题就需要在时代中化解，就像我们倡导的站在历史中看待历史一样，在不同时空中，对问题认知和解决问题的方式一定不同。

互联网同样是时代的产物，如今已经成为人们日常生活、工作和学习中必不可少的工具。数据库作为以信息为中心的计算机技术的衍生产品，在各行各业中已得到广泛应用。而云数据库则是在传统数据库的架构上与互联网技术高度融合并深度绑定的新型数字资源应用策略，通过云计算的方式，体现出资源共享、灵活部署、节约算力、节省成本等诸多优势，无疑是当下高效的生产力工具之一。因此，本文将传统音乐理论研究方法与云数据库技术相结合，以体量较小的裕固族民歌为样本，通过理论研究与应用实践的结合，探索传统音研究与当代互联网技术的契合点。并尝试建设一个以共享、共建、通用、易用为目的的云数据库平台模型，同时为其他传统音乐数据库平台提供参考。

本文以裕固族民歌云数据库为研究对象，共分为四个章节对裕固族民歌云数据库的建设中所涉及的内容研究与技术方法进行了研究与解析，并基于理论研究的基础，通过实践来实现裕固族民歌云数据库的理论与实践的互证。

第一章对本文研究对象进行了界定，其中包含的内容逻辑研究与系统技术研究两个部分，即裕固族民歌的信息数据化与云数据库系统技术。同时阐述了本文在研究过程中所运用的数据库技术的基础理论以及云数据库概念和服务模式。

第二章为裕固族民歌云数据库内容构成的研究。首先是梳理裕固族的历史、裕固族民歌的研究基础以及民歌所反映出的民族特征等基本概况。其次是样本内容的材料性研究，对样本材料的来源、种类、数量、内容等方面进行整理归纳。最后是阐述了样本的选择原则和最终选择样本的内容。同时以数据库思维对样本进行了信息特征的分析，为数据库的内容管理的逻辑设计提供了基础。

第三章为裕固族民歌云数据库的建设实践。分为逻辑内容结构与系统技术结构两个部分。首先讨论了元数据的概念，并对裕固族民歌本体中的可作为元数据信息的要素进行分析和提取，形成了元数据设计方案。其次设立了裕固族民歌云数据库中数字化资源的保存机制以及如何选择数字资源的格式标准。通过原型法进行云数据库系统的建模与开发。

第四章为裕固族民歌云数据库的特色模块化功能系统的设计与实践方案。以此验证了模块化功能系统设计理念和"非侵入"式功能模块的在木研究中应用的可行性，并对功能模块的设计与实现方案进行了流程演示。

本文的研究立足当代，试图在已有的研究基础之上通过结合互联网技术，提出创新性实践应用，并期待为中国传统音乐研究提供一些思维与方法上的新尝试。

关键词： 裕固族；裕固族民歌；云数据库；云计算

中国声乐作品形态特征研究

Research on the Morphological Characteristics of Chinese Vocal Music Compositions

作　　者：陈　媛
导　　师：桑海波
学位年度：2023年

摘要： 本文以中国声乐作品为研究对象，从音乐声音本体视域，对中国声乐作品声音文献形态的特征，予以了应有的学术观照。包括但不限于中国声乐作品的概念界定、文献形态类型以及形态特征的系列解读。并认为中国声乐作品形态特征具体体现在声乐作品声音本体的文献之中，其中，平面声音文献彰显的是中国声乐作品不可或缺的静态声音特点，立体声音文献彪炳的是中国声乐作品形态独有的不可替代的声音特征。

关键词： 中国声乐作品；声音文献形态；特征

北方汉语言说唱音乐传播流布研究

Research on the Communication of Storytelling Music in Northern Han Language region

作　　者：翟静婉
导　　师：姚艺君
学位年度：2023年

摘要：中国说唱音乐是一种口头文学与歌唱艺术紧密结合的特色表演。其音乐描述以叙事表达为主，具有十分独特的语言性旋律特征，是中国音乐中与语言结合最为紧密的传统表演艺术形式。当下，说唱音乐的研究工作呈现"弱态"倾向，音乐理论建设缺失严重，档案建设意识尚显薄弱、研究人才队伍极度匮乏、守正创新组织推进乏力、票房市场持续低迷……诸如此类的问题，既是当下曲艺研究的重大课题，也是亟待解决的攻关难题。长时间以来，说唱艺术的"源头"问题一直是业内的争议焦点。商周时期的"瞽者诵经"，战国荀子的"成相篇"以及周庄王的"击鼓化民"等，均是后人根据历史文献描述所做出的推论。笔者通过三个推论的综述，将"瞽""相""鼓"三条线索串连起来，阐释了现今所传的"鼓书"与先秦时期"瞽者"以"相"为乐器"击鼓"的相互关联，厘清了瞽词—鼓词—鼓儿词—大鼓书一脉相承的传续关系，以及鼓书体系与鼓子词体系的不同之处。进而根据曲种间的相互血缘关系，对说唱艺术各种曲唱表演形式进行相对合理的分类。我国北方地区，土地幅员辽阔、物产资源丰厚，亦是人口的聚集区。随着各类人才的不断涌入，不仅促进了地方经济发展，更助推了区域文化的兴盛繁荣。有鉴于此，说唱音乐亦随着艺人的徙居迁移、游走行艺而布撒于广袤土地之上。与此同时，由于受到地理环境和人文环境的影响，说唱音乐便呈现出了"因山而隔、因水而汇"的地域性色彩。地形的交隔形成了特有的方言语调，而语言又投映于音乐之中，以此便形成了说唱音乐以太行山、燕山为界所划分出的三个"书群文化带"形态。说唱音乐作为一种口头文学与歌唱艺术紧密结合的表演形式，与生俱来地带有一种"以文为脉、以曲成络"的艺术特点。唱词中的"显性文本"与"隐性文本"，分别存在于唱本的书面和艺人的心中。曲腔的固有"必定元素"与"不定元素"相互结合，随着时空的改换不断产生变化。回首历史，在中国几千年的农耕时代里，说唱音乐传播活动的主要载体一直都是依靠人的记忆与口口相传。这样的传承方式，呈现出"由人而传、由心而授"的传承特征。时至今日，世家、票友、职业演员、民间艺人等不同身份的艺术表演群体，通过拜师、坐科、院校等各类传播传承路径，使说唱艺术在流变中依旧延续着传统，并且得以世代相传。本研究以我国北方汉语言区域中的说唱音乐为主要关注对象，以艺术亲历者、传承者的口述文本与实践操作作为依据，以音乐学研究为出发点，对特定文化现象中的曲种、流派、名家、世家、个体、群体、作品、社会、历史、文化及诸种间的相互关系等进行客观描述，对北方地区汉语言说唱音乐的历史源流、发展脉络、曲种分类、传播规律开展梳理归纳和总结。同时亦对说唱音乐的传播符号、声音景观和传播链条等跨学科理论问题进行延展性探究，试将传统艺术形式还原到社会大环境中进行历史的观照与全新的认识。

关键词：北方；说唱音乐；传播流布；传承

作曲

音乐视野中的观念艺术研究

Research on conceptual art from the perspective of music

作　　者：温展力
导　　师：王　宁
学位年度：2010年

摘要：观念艺术探讨的是"艺术如何表达""艺术如何发生"等一系列议题的新艺术形式，其中所探讨的方向趋近于探讨艺术的本质，并给出与传统艺术完全不同的新解释。这与事先假定艺术媒介材料的传统艺术有着巨大的区别。而音乐视野中的观念艺术，则探讨"音乐如何表达""音乐如何发生"等一系列议题的新的音乐形式，其所探讨的方向同样趋近于探讨音乐的本质，并给出与传统音乐完全不同的新解释。本文在简要论述了观念艺术的特征、发展历史以及思想渊源、形式、情感、技术等内容的基础上，从音乐创作的角度出发，探讨了音乐如何从假定媒介材料的创作转向探讨"音乐如何表达""音乐如何发生"的创作，并通过这一转向的具体细节，结合视觉艺术领域对观念艺术的分类及出于时代变迁而导致的艺术表述方式的改变，归纳出迄今为止音乐视野中的观念艺术常见的几种表现形式，分门别类地从音乐史以及艺术史中梳理出相应的作品并逐一进行分析。

关键词：观念艺术；音乐；音乐创作

3首管弦乐作品中的旋律"音程向位"与和声"音程位"探究

Interval Direction and Size of Melody and Interval Size of Harmony in Three Orchestral Works

作　　者：魏　扬
导　　师：金　湘
学位年度：2011年

摘要：本文以现代作曲技法中的"音程向位"为研究对象，旨在对现代音乐作品旋律（特别是旋律特性动机）中音程的方向进行定向研究，对旋律音程及和声音程的距离进行定位研究，以找出"音程向位"的结构规律，进而达到全面、透彻地分析作品，指导音乐创作之目的。

"音程向位"分析法是现代作曲理论研究中的一种新兴分析方法，本文主要运用这种分析方法对武满彻、金湘、鲁托斯拉夫斯基等作曲家的3首管弦乐作品进行研究，旁及多种风格的现代音乐作品中"音程向位"的规律，从而进一步认识现代作曲家在音乐创作中所显现的"音程向位感"及"音程向位"式的创作手法，由此归理此类创作手法，期望为音乐分析与创作提供新的参考。

虽然目前国内外对"音程向位"的研究已经获得了初步成果，对音乐作品片段"音程向位"特征的研究也不难见到，但专题性及对大型管弦乐作品整体性的研究却尚未得见，所以，笔者尝试将其作一专题研究。

本文由绪论、8章正文和结语三部分组成。绪论部分阐释选题缘起及意义；

概述"音程向位"分析法的基本特征，包括旋律"音程向"、旋律"音程位"、旋律"音程向位"和声"音程位"等基本概念；并介绍目前国内外"音程向位"作曲技法特征研究的现状。正文部分共8章第一、第二章主要讨论"音程向位"在创作中的意义及其主要类型。第三、第四章是武满彻为单簧管与乐队而作的《诗篇幻想曲》分析，以回旋性的旋律"音程向位"与三维构架的和声"干程位"为主要特色。第五、第六章是金湘为琵琶与乐队而作的《琴瑟破》分析，以对比性的旋律"音程向位"与纯五度复合的和声"音程位"为主要特色。第七、第八章是鲁托斯拉夫斯基《第四交响曲》分析，以衍展性的旋律"音程向位"及和声"音程位"的对称与贯穿为主要特色。结语部分主要探讨作为结构力量化特征的"音程向位"作曲技法与作品风格之间的关系。

关键词：作曲；"音程向位"；"音程向"；"音程位"；旋律；和声；结构

陈怡3首协奏曲的创作技法研究

The study of Chenyi's three concertos

作　　者：任丹丹
导　　师：权吉浩
学位年度：2011年

摘要：陈怡是一位活跃在当今国际乐坛上的著名美籍华裔作曲家，她的作品数量众多，题材丰富，艺术性强，在中国当代音乐作品中占有重要地位。

本文选择了陈怡的3首协奏曲进行创作技术分析，分别为长笛协奏曲《金笛》《打击乐协奏曲》和小提琴协奏曲《德雷斯顿之春》。本文尽可能以创作思维的角度研究作品中的作曲技法，还原作品的创作过程。

本文共分为5章及结语，第一章为绪论，对陈怡音乐观的形成及她的协奏曲写作情况进行简要的介绍；第二章为结构分析，将每部作品按乐章顺序进行了结构分析；第三章为主题-动机发展，是本文的重点，笔者借鉴了勋伯格在他的《作曲基本原理》一书中所提的主题及动机的详解及写作手法，将主题和动机两个要素作为构成音乐作品的基本要素，观察它们是如何形成、发展、变奏、演绎、派生，并成长为具有一定规模的作品的；第四章为乐队的织体写作，观察陈怡在织体写作方面的特征；第五章为音色-音响-技法，观察陈怡对乐器及音色的使用以及对音响控制的整体把握。最后，通过以上几个方面进行具体分析，总结出作曲家3首协奏曲的总体创作特点。

关键词：陈怡；《金笛》；《德雷斯顿之春》；《打击乐协奏曲》；主题-动机；织体；音色-音响

原始与现代的邂逅
——3首交响乐之西南少数民族元素与现代作曲技法融合的研究

When "Primitive" Met "Modern"—Study on the fusion of South-West Minority Elements and Modern Composition Techniques in Three Symphony Works

作　　者：柳进军
导　　师：金　湘
学位年度：2012年

摘要：本文以3首现代交响乐作品谭盾为大提琴、声像记录和乐队而作的协奏曲《地图》、金湘作曲的《小交响曲——巫》、朱践耳作曲的《纳西一奇》中的西南少数民族元素与现代作曲技法融合的问题作为研究对象，总结所涉及作品中处理西南少数民族元素与现代作曲技法融合的特点，进而达到分析作品、为音乐创作提供借鉴之目的。

本文主要采用乐谱分析和音像分析的研究方法。绪论：阐述本文的立论依据、文献综述及研究内容。第一章：概述中国西南概貌及西南少数民族音乐。第二章至第四章：从"结构布局方面西南少数民族元素与现代作曲技法的融合、音高组织方面西南少数民族元素与现代作曲技法的融合、节奏形态方面西南少数民族元素与现代作曲技法的融合、音色特征方面西南少数民族音乐元素与现代作曲技法的融合"等方面出发，分别对谭盾的《地图》、金湘的《小交响曲——巫》、朱践耳的《纳西—奇》进行剖析。第五章：比较3首作品在"西南少数民族音乐元素与现代作曲技法的结合"方面的异同，重点从3首作品西南少数民族元素与现代作曲技法融合体现的美学上进行横向比较。

  本文与笔者的作品《云贵两章》中的《引子·赋格·傩》同期交叉进行。本文在最后的第六章里阐述了《引子·赋格·傩》中西南土家族元素与现代作曲技术的融合。本文总结了以上作品中西南少数民族元素与现代技法的融合，通过分析，并结合本人思考中的创作实践及实践中的思考，笔者意识到，一方面，西南少数民族音乐的"原始"中蕴含着"现代"的因素；另一方面，以上涉及西南少数民族因素的管弦乐作品，其"现代"中蕴含着"原始"的基因，"盾始"中衍生着"现代"的思维，它们是西南少数民族元素与现代作曲技法融合的产物。

  关键词：《纳西—奇》；《小交响曲——巫》；《地图》；民族音乐传统的3个层面；融合：西南少数民族元素；现代作曲技法；结构布局；音高组织；节奏形态；音色特征

许舒亚两部交响乐作品研究

The study on Shuya Xu's two symphonies

作　　者：江　雪
导　　师：权吉浩
学位年度：2013年

摘要：20世纪七八十年代以来，一批批中国作曲家，如谭盾、叶小刚、盛宗亮、陈怡、陈晓勇、朱世瑞、陈其钢、许舒亚等先后远赴美国、德国、法国等地留学，他们在音乐创作上都取得了令世界瞩目的傲人成绩。

在这股向西求学的浪潮里，许舒亚是赴法国的中国作曲家中，十分具有代表性的一位。出国以前，许舒亚在上海音乐学院就读本科，这期间他完成了《第一小提琴协奏曲》。在这部作品中，他运用了许多西方作曲技巧，同时吸收和借鉴了中国传统文化元素，初步显现出个人风格。1988年起，许舒亚公派留法。在留法学习、工作、生活的二十余年里，他的音乐创作融合了中西方文化的特点，吸取了中、法、德等多种音乐风格的滋养，逐步形成了自己独特的音乐语言。法国媒体称其为："在西方的，中国作曲家群体中的'诗人'。"他的音乐运用了很多西方作曲概念和技术，在不刻意追求表面化民族风格的同时，又能感受到很强烈的东方文化意蕴。"从西方追溯回东方文化，从两极汇合至东西方文化的交融点，是他作为一位优秀作曲家的秘密。"可见，他的音乐具有极为鲜明的个性特征，其风格在中国当代作曲家中独树一帜。

本文选取许舒亚的《夕阳·水晶》和《涅槃》两部交响乐作品作为研究对象，通过全面、细致的分析，重点研究两部作品的写作技巧。正文共5章，第一章为作品概述，包括两部交响乐作品简介、乐曲结构和乐队编制等内容；第二章为音高材料的组织与发展，重点分析主题材料的发展；第三章为纵横立体化织体形态，重点分析织体形态特征及线性对位技术；第四章为音色组合，重点分析局部音色处理与整体音色布局；第五章总结许舒亚两部交响乐作品的音乐发展逻辑，比较两部作品技术手法上的异同，并尝试归纳和提炼他的创作特征。

关键词：许舒亚；《夕阳·水晶》；《涅槃》；主题发展；织体；音色

音乐中的跨文化现象
——兼论新西兰作曲家杰克·波蒂的创作并以其新作《欲望的歌与舞》为例

The Cross Culture in Music—A Study of Jack Body's New Work from New Zealand

作　　者：贾　悦
导　　师：高为杰
学位年度：2014年

摘要： 杰克·波蒂（Jack Body）是新西兰著名的作曲家、教育家、民俗音乐家。杰克·波蒂的音乐追求简单和自然，他的诸多作品都与民间音乐、民俗文化有联系。他的音乐理念与20世纪下半叶出现的后现代思潮有着密切的联系，而这种思潮很大程度上依赖于不同文化领域中相互交融、相互阐释的跨文化现象。本文分为上、下两篇，每一篇分别由2章组成（共4章）。上篇中以各个时期中外作曲家的作品为例，对音乐中跨文化现象做一个大的背景介绍。上篇中将音乐跨步的历史区分为"前跨步"与"后跨步"两个时代；同时，还特别对中国新音乐创作中的跨文化现象做了历史的阐述。上篇的第二章对音乐中跨文化现象的类型做了分析与研究。下篇针对杰克·波蒂本人及其创作，特别是其新作《欲望的歌与舞》进行具体分析。第三章主要介绍杰克·波蒂的生平、主要作品，并从人文精神、对非西方艺术的关注及师承关系对其创作的影响做了审视。最后一章针对杰克·波蒂的剧场歌舞《欲望的歌与舞》做具体介绍，从作品的构思、内容、体裁、音乐材料的来源及跨步的特征与具体手法进行分析、研究。

在下篇结语部分，除对本文中涉及的诸多问题进行归纳与小结之外，着重表达了笔者对音乐中跨文化的取向，特别是杰克·波蒂创作中的成功经验给予我们的借鉴意义的思考。

关键词：跨文化；杰克·波蒂；改编；引用；移译（移植）；拼贴；混合媒介

中国、蒙古国蒙古族交响乐队作品创作研究

Research on the creation of Chinese and Mongolian symphonies

作　　者：贺西格图
导　　师：王　宁
学位年度：2014年

摘要：本文主要以中国蒙古族作曲家永儒布与蒙古国作曲家B.沙日布的5部交响乐作品为研究对象。本文由3个部分组成，共分8章，第一章为中国、蒙古国蒙古族交响乐创作的发展综述。上篇主要研究永儒布作品，由3章构成：作品音乐语言的研究、作品配器风格的研究、音乐形象与音乐思想。下篇主要研究B.沙日布作品，由4章构成：创作技法的研究、织体结构与特征、管弦乐法技术分析、创作思维初探。

上篇主要分析与研究永儒布3部交响乐作品《戈壁驼铃》《蜃潮》及《荒寺》的音乐语言及作曲技法特征，从主题的构成与发展、调式与调性、节奏与节拍、手法、复调技法的运用等方面进行分析，研究如何将民歌元素转化为交响乐创作素材，归纳分析其所运用的各种手法揭示其创作风格与特征。下篇重点研究作品中主体发展、调式调性、节奏及节拍的特征，配器手法、复调技法中的不同风格，通过对作品艺术风格与创作思维的研究，逐步揭示其鲜明的个性与深刻的音乐思想，尤其对蒙古族传统音乐的挖掘及作品创作中音乐形象的塑造等方面。他在创作中有意将欧洲印象派音乐色彩融入蒙古族交响乐中，从而形成了他独特的艺术风格。他的作品渗透着一种高尚的人文主义精神，成为我国蒙古族交响乐发展过程中的重要里程碑。

下篇研究蒙古国作曲家B.沙日布的作品《广阔的世界》与《第二交响曲》，这是两部具有鲜明风格特色的蒙古国当代交响乐作品，作品以蒙古历史文化为背景，以传统音乐为素材，其是运用西方现代技法创作的具有蒙古特色的交响乐作品。下篇主要研究作品的创作技法，如微复调技法及主要音技法，包括音色旋律、音块技法等手段，研究配器中的音色布局、音色对置、音色交替等技法，以及旋律、和声在纵向与横向结构中的进行，分析作品中所运用的声部模仿与对比、调性的转换与叠置、线性和声结构及多重织体结构等内容。从作品的深度与广度上看，蒙古国交响乐创作已具备了先进的技术手段和深厚的理论基础，同时散发着浓厚的民族文化气息，这一点足以说明蒙古国当代交响乐创作水平已进入国际化的层面。

关键词：蒙古族交响乐；音乐语言；创作技法；配器风格；创作思想

新浪漫主义音乐在中国
—— 金湘交响乐作品研究

Neo-Romanticism music in China—Research of Jin Xiang symphonic works

作　　者：吕　欣
导　　师：金　湘
学位年度：2014年

摘要： 20世纪已成为历史，在这百年历史中音乐的发展变迁可谓繁复缤纷。就西方音乐而言，音乐发展的格局也发生着翻天覆地的变化，打破了古典音乐天下一统的局面，出现分流与合流的浪潮，形成丰富多彩、纷繁汇聚的世界。就亚洲音乐而言，一批亚洲作曲家在学习掌握西方现代作曲技术的基础上，凭借自身的民族文化底蕴，跻身进入世界音乐舞台，为世界乐坛注入新的活力。

金湘正是生活在这样的背景之下，以其独特的创作理念、技法、风格及个性活跃于世界音乐舞台。金先生留学美国，见惯"现代音乐"的花哨与高傲却未迷失，用其本人的话说"走进去，走出来"，始终坚定其继承本民族传统，纵览西方音乐为我所用，表达内心的声音这条创作道路。他的作品音响颇具现代感，却又是鉴于五度相生基础上的东方范式音乐语言；他不苛求哪种技法、流派，却又流露出不同风格的影响与渗透，且具有新浪漫主义的音乐风范。

有鉴于此，本文从"新浪漫主义"音乐这个大的背景入手，以"跨文化"

为平台，选取金湘交响乐作品作为研究对象，对其具体的创作技术进行解构，从而对其音乐进行整体把握，梳理出金湘的个性化音乐道路。金湘的创作不排斥哪种形式和技法，也不吹捧哪种流派和风格，而是在音乐之本，艺术之本，自然自我之本。这种对"真"的追求使得金湘先生的创作表现出人文主义情怀，打破了传统与现代的隔阂，融入了炎黄子孙的血脉，走出了一条属于他自己的成功之路。

关键词：新浪漫主义；回归；旋律；和声；折衷

张千一器乐作品研究

Study of Instrumental Works by Composer Qianyi Zhang

作　　者：姜芷若
导　　师：施万春
学位年度：2015年

摘要：张千一是我国著名的作曲家。他创作了上百首体裁多样的音乐作品，涉及器乐作品、声乐作品、影视音乐、舞台剧音乐等众多领域，是国内为数不多的同时在多领域都能取得卓越成就的作曲家之一。他的作品经常在各大剧院上演，并多次获得音乐创作奖项。他在创作中，将中国传统文化、中国民族音乐素材与20世纪西方作曲技法相结合，并且在吸收西方作曲技法的基础上加以扩展和创新。

本文主要选取作曲家1983—1990年期间具有代表性的五部作品作为研究对象，分别是：室内乐作品《吟》、室内乐作品《别》、室内乐作品《为四把大提琴而作的乐曲》、室内乐作品《对称》《大提琴协奏曲》。本文通过全面、细致的分析，重点研究五部器乐作品的写作技巧。正文共分5章。第一章是对作品的题材与体裁结构的研究，重点对这一阶段的作品的曲式结构进行分析与研究。第二章是对作品中的音高材料的研究，其中分析了创作中对十二音序列技法的运用、中心音组技法的运用、和声的运用、音块的运用、微分音的运用；除此之外，还对作品中主题材料的发展进行了研究。第三章是对作品的节拍、节奏的研究。第四章是对作品中偶然音乐技法的研究。第五章是对作品的织体形态与音色处理的研究，其中重点对作品中线状织体形态、网状织体形态、块状织体形态进行分析，以及对3种织体形态的不同音色处理进行研究。最后，本文总结性地归纳和提炼了张千一在这一阶段中主要的创作特征与创作理念。

关键词：张千一；十二音；节拍；节奏；偶然音乐；织体音色

用音乐铸造的"悲剧精神"
——论王西麟的交响乐创作

The Tragic Spirit Casted By Music On Wang Xilin's symphonicWorks

作　　者：雒鹏翔
导　　师：赵季平
学位年度：2016 年

摘要：王西麟用交响乐音乐语言来诉说与反思苦难，并在创作中形成了他个性化的悲剧精神的美学思想。他的人生经历、精神内涵、美学思想是他音乐作品的灵魂、创作技术的根基。无论是他对民间音乐的创造性运用，还是他对西方作曲技术的借鉴，都是为了能够用民族化和交响化相融合的音乐语言来表达他的悲剧精神。通过对他在不同人生阶段中创作的五部重要的交响乐作品（两部协奏曲与三部交响曲），进行从形态技术到人文美学、从精神内涵到音乐音响、从宏观构思到微观创作等全方位的分析研究，总结出他用交响性思维以"形、神、意"3种不同的维度来改造与运用民间音乐的具体特点，以及他在交响乐创作的微观层面与宏观层面常用的长呼吸结构思维，来进一步理解他音乐作品中深刻的悲剧精神美学思想，从而形成一个统一的有机整体，以达到对作曲家精神世界与音乐语言之间相互关联的分析研究。

关键词：王西麟；悲剧精神；交响性思维；民族民间音乐；长呼吸；结构思维

唐建平的歌剧《这里的黎明静悄悄》音乐创作研究

Tang Jianping's Opera The Dawns Here are quiet Music Compositional Research

作　　者：朱婧燕
导　　师：高佳佳
学位年度：2017年

摘要：本文以唐建平作曲的歌剧《这里的黎明静悄悄》为研究对象，主要从剧本、整体音乐结构特点、人物形象塑造、音乐语言中的技术运用、音乐风格等方面展开分析，通过对这部歌剧音乐个案的深入研究，期盼能对中国"大歌剧"体裁的创作产生积极的推动意义。

本文共分为五章。第一章从《这里的黎明静悄悄》的原型小说和剧本改编进行论述，主要立足于剧本内涵、剧中人物性格及人物命运等戏剧情节的关系上，概括分析出"小说原型 — 同名影视戏剧 — 苏联版歌剧"创作的整体特点，并以此展现中国版同名歌剧剧本的重构方式与改编特点。第二章研究歌剧《这里的黎明静悄悄》整体的音乐喜剧结构，内容分四节，分别从音乐戏剧结构特点、"结构对位"思维在音乐戏剧铺陈中的运用、音乐中主要结构力及其表现方式、歌剧中高潮酝酿与生成手段等方面进行研究。第三章对歌剧中6位主人公的音乐形象塑造进行阐释，紧密围绕着技术手法的使用，对人物展现效果进行挖掘，解释了音乐对主人公塑造的成功突破。第四章分析了该剧音乐语言中的技术手法，内容分三节，分别从声乐的表现形式与特点、和声语言、器乐中的戏剧表现等方面进行研究，以展现音乐形式和内容之间的紧密关联。第五章探讨了该剧音乐风格的表现，分别从显性的俄罗斯音乐风格和表露深层诉求的风格内涵的审美两个方面进行表述。

结论部分总结了中国版歌剧《这里的黎明静悄悄》音乐创作的总体特点，并对这部歌剧音乐进行了总体评价与考量，以及对西体中用的美声"大歌剧"体裁的创作提出了一些思考。

关键词：唐建平；歌剧《这里的黎明静悄悄》；音乐创作

多元-复合-整体：彼得·米歇尔·哈默尔《第二交响曲》创作研究

Multi-elements-Compound-Wholeness: Study of Peter Michael Hamel's Symphony No.2

作　　者：杨一博
导　　师：赵季平
学位年度：2018年

摘要：论文以活跃于当今国际乐坛的德国作曲家彼得·米歇尔·哈默尔（Peter Michael Hamel）的第二交响曲《瓦解》（DIE AUFLOSUNG）为主要研究对象。通过深入分析音乐本体，挖掘其作品中运用的多元化作曲技法，剖析其所折射的复合创作观念，揭示其哲学审美来源以及美学观念的逐渐形成等。同时，论文对哈默尔音乐作品中所体现的东西方音乐语汇的碰撞、音乐创作中不同手法与多样风格的结合以及音乐语言与哲学思想融合为高度统一化的整体性等方面进行阐释，以凸显研究哈默尔音乐作品的现实意义。论文由绪论、正文和结语三个部分构成。在绪论中，首先对哈默尔的创作经历和艺术成就进行了简要介绍，其次对其创作风格形成具有巨大影响的审美来源做了简要的梳理和总结，最后论述了本文选题的依据和意义。

正文由五个章节构成，第一章主要对第二交响曲《瓦解》的创作背景、标题哲学内涵、各乐章的主题材料应用及各乐章音乐曲式结构等方面进行了详细论述；第二、三、四章以具体的技术性分析为主，分别从音高复合技法、结构组织形式、乐队音响构建等方面进行了详细的解析和论述；第五章论述了本文写作的中心主旨和哈默尔交响乐创作的美学认知，以及知觉意识结构、东方文化因素等影响哈默尔音乐创作的美学思维来源。

在结语中，总结了研究哈默尔交响音乐创作的现实意义，并由此引发了一系列相关问题的思考。

关键词：传统音乐；哈默尔；多元-复合-整体；后简约主义；知觉结构

基因视角下的中国当代民族室内乐创作研究

A Study on the Creation of Chinese Contemporary National Chamber Music from the Perspective of Gene

作　　者：董　芳
导　　师：姜万通
学位年度：2018年

摘要： 本文以我国20世纪七十年代末改革开放以来中国音乐创作整体中的一种体裁类别——民族室内乐作为切入点，借助生物遗传学的"基因"视角对其进行观察与分析，从而试图总结与归纳近四十来，我国当代民族室内乐的发展动态与未来路向。

论文选择生物学中的"基因"遗传概念（并非就其生物学本意做深入分析与研究），从"显性基因""中性基因""隐性基因"三个方面观察我国当代民族室内乐创作当中，中国传统音乐文化的内在"基因"遗传行为，以及西方音乐文化环境对"基因"的影响作用，探寻与概括民族室内乐创作的普适规律，以此推论出当代民族室内乐是融汇中西音乐文化特质的良好媒介这一观点。在此基础，进一步形成针对本文主体——中国当代民族室内乐研究的有效方法论，获取对此问题较为全面且客观的逻辑认知。

论文还运用史学研究方法，通过论文资料的大量搜集、整理与研究分析工作，对近四十年来我国当代民族室内乐的发展脉络做出了大致的划分与概述，运用"场"理论的研究方法，描述并展望以当代民族室内乐为核心，挖掘并开发民族音乐发展的无限潜能；运用比较学研究方法，将中西音乐的形态差异及文化内涵进行比较，意义在于能够深入理解中西音乐的内外差异，从而发挥对当代民族室内乐以及中国民族音乐发展的战略指导作用。此外，对音乐作品及相关文献资料的收集与利用也是本文的重要任务之一，为我国民族音乐的创作增添了坚实的资源储备。

关键词：当代民族室内乐；中国民族音乐；当代音乐创作基因视角

蒙古族长调元素在中国现代音乐创作中的体现

A Study on the Mongolian Long-tune Elements Reflected in the Composing Techniques of Contemporary Chinese Music

作　　者：包乐尔
导　　师：权吉浩
学位年度：2019年

摘要： 在当今世界文化汇流的时代背景下，如何在现代音乐创作中保留传统文化之精髓，弘扬中华民族文化，是我们为之努力探索的方向。笔者选取与"蒙古族长调"相关的现代作品进行研究，旨在挖掘蒙古族音乐与现代作曲技法之间的多种融合方式，从而在本土与西方文化水乳交融的发展现状下，思考世界文化汇流的多元路径。为了了解蒙古族现代音乐创作的发展情况，笔者对近三十年来产生的包含蒙古族"长调元素"的现代音乐作品进行整合性分析，最终以"唱腔元素""旋律元素""多声元素"与"节奏元素"四个角度切入，对相关作品进行了针对性剖析。在分析唱腔元素时，通过"润腔形态""甩腔形态""高腔的音色特征"三节对长调的内在特征进行深入讨论，阐明作曲家在创作中使用唱腔元素的多样化方式。在对"旋律元素"进行分析的过程中，笔者将该章节划分为形态元素与音高元素两节，其中，形态元素主要指通过原样呈现与变化呈现的方式对旋律音调进行呈示的过程，而音高元素则主要涉及传统音高"基因"的提取与大跳音程的折转调节方式，以抒发长调中的神韵。在论文第三章对"多声元素"的论述过程中，笔者以长调自身衍生出的多声特点为参考，通过持续伴低音、支声式多声、和音式多声与复调式多声四节对作品中出现的多声技术进行分析总结。最后,在"节奏元素"章节,将长调中个性化的节奏特征进行归类,通过"语调化的节奏观念"和"隐性与显性的节奏观念"两节概括现代作品中出现的节奏形态背后的传统归属。本论文的整体框架分为三个部分,第一部分为绪论,阐明文中的概念界定、选题意义、缘由,研究现状以及研究方法等内容。第二部分为论文的主体,由第一至第四章构成,每一章都通过长调中的一个相关元素作为切入点,对其在现代音乐作品中的体现方式进行深入分析,探讨作曲家在创作中使用的思维与技术手段。第三部分为本论文的结论,首先对各章节中所提到的技术手法进行总结,对不同作曲家在创作过程中的思维方式进行梳理。其次从理论层面归纳中国作曲家在创作相关作品时的成功经验,为未来的创作与学术研究提供参考。

关键词:长调;中国现代音乐;唱腔元素;旋律元素;多声元素;节奏元素

古斯塔夫·艾伦·佩特森《第七交响曲》创作研究

The Compositional Studies of the "Symphony No.7" by Gustav Allan Pettersson

作　　者：陈瑞昊
导　　师：施万春
学位年度：2021年

摘要： 古斯塔夫·艾伦·佩特森（Gustav Allan Pettersson，1912 — 1980）是20世纪瑞典最具代表性的作曲家之一，17部交响曲的创作在佩特森的艺术生涯中占据重要的地位。他的作品难以被归类于某一流派，具有传统与现代混融的多元化技术特征。

本文以佩特森的成名之作《第七交响曲》为研究对象，共分为四个章节。第一章为背景概述，首先介绍了佩特森的生平和学习经历，并对其交响曲的创作进行阶段性划分。其次对20世纪瑞典音乐创作情况进行梳理，结合瑞典、欧洲音乐的发展趋势来说明作曲家作品风格衍变的缘由。最后对《第七交响曲》所取得的成就进行汇总，并通过对其创作背景的梳理来分析《第七交响曲》成功的原因所在。

第二、三章是本论文的主体，对《第七交响曲》的作曲技术进行深入剖析，从音高组织、和声、结构、配器等作曲技术的角度探求作曲家个性化的音乐语言。分析表明，佩特森有意识的使用"动态"音乐材料与"静态"音乐材料进行对比，产生强烈戏剧性冲突和音响色彩的变化。《第七交响曲》以长达40分钟左右单乐章的结构规模打破了交响曲的传统曲式结构，是结合了变奏、奏鸣、再现原则的带有混合性质的多重性结构组织原则。性格迥异的动机直接进行对比和交替，各自独立发展最终又相互融合，形成《第七交响曲》宏观及微观结构的典型特征。

第四章作为最后一个章节，对佩特森《第七交响曲》中作曲技法展现出的风格特征进行梳理，并对其所体现出的创作特征及对20世纪音乐创作的价值定位进行归纳与总结。

关键词：古斯塔夫·艾伦·佩特森；瑞典音乐；《第七交响曲》；作曲技法

探究美籍华裔作曲家创作中"中国元素"的"隐性"与"显性"表现
——周文中、梁雷"笔墨"音乐创作研究

Chou wen-chung and Lei Liang's "brush and ink" music compositions

学　　生：张　姣
导　　师：权吉浩
学位年度：2021年

摘要：本文以美籍华裔作曲家周文中与梁雷受书法与绘画理论影响的"笔墨"创作为研究对象，基于周文中与梁雷建立于"笔墨"理论基础上的创作观念与美学理念，通过对周文中第一弦乐四重奏作品《浮云》与梁雷大型管弦乐队作品《千山万水》的创作技法研究，阐述书画艺术"笔墨"技法、"笔墨"理论、"笔墨"思想在二者创作观念中的个性化表达。

第一部分为绪论及第一、二章，主要论述选题依据、国内外研究现状及"笔墨"的创作定义，并对作曲家音乐生平及创作理念进行概述。第二章中，针对两位作曲家"笔墨"创作的来源、代表性技法在"笔墨"创作中的具体运用方式进行分述，阐述"笔墨"艺术对作曲家创作观念的重要影响。

第二部分为论文第三章至第六章，分别为《浮云》与《千山万水》的创作技法研究。在第三、四章中，针对周文中第一弦乐四重奏作品《浮云》中主题形态、"可变调式"理论构成、"笔墨"织体形态及音色音响组合方式等创作技法进行具体论述，并兼论书法艺术在周文中作品中的应用模式；第五、六章为

《千山万水》的创作研究，针对作品中音高结构、"笔墨"数控形态、"笔墨"织体形态、音色-音响组织模式与"山水"音响空间布局等作曲技法的探究，挖掘梁雷音响"笔墨"手法在作品中的全面渗透及黄宾虹画作艺术特征与《千山万水》的创作美学关联。

论文结论部分，针对周文中与梁雷"笔墨"音乐创作进行总结与回顾，从音高控制角度、序列运用角度、音乐创作观念与"笔墨"创作理念等角度钩沉索隐，探究"笔墨"艺术对作曲家创作的实际意义与创作观念、美学原则的深层影响。

关键词：周文中；梁雷；浮云；《千山万水》；音响"笔墨"；"可变调式"；序列音乐；黄宾虹

新疆民间音乐对中国当代作曲家创作的影响
—— 以新疆风格的器乐曲为研究对象

The Influence of Xinjiang Folk Music on the Creation of Chinese Contemporary Composers ——takes Xinjiang style instrumental music as the research object

作　　者：张嘉阳
导　　师：王　非
学位年度：2021年

摘要：论文以国内新疆风格作品中所使用的新疆民间音乐元素为切入点，从作曲技术理论的角度，对中国当代音乐创作在这一风格领域的探索与突破进行了归纳总结。着重对新疆民间音乐最基本原素 —— 调式、节奏节拍和旋法在新疆风格作品中的使用与创新以及相关作曲技术理论进行研究。

新疆少数民族民间音乐由于受到地理位置、生活环境以及宗教信仰等影响，其民间音乐形态与我国大部分地区民间音乐有所不同，主要表现为：（1）音阶的构成；（2）节奏形态及律动；（3）音乐旋法特征。而这3个特点也"深刻地"存在于当代新疆风格作品之中，成为其"地域性"风格的标志和体现。首先，新疆民间音乐中的调式、音阶非常丰富多样，其中以"四音列"结构为特点的波斯-阿拉伯乐系调式音阶最为有特点（以下简称"阿拉伯四音列"）。该调式音阶数量非常之多并可在演奏中频繁变化，其展现的音响效果给当代作曲家的创作提供了广阔的创新和想象空间。其次，新疆民间音乐中有着大量复杂而带有浓厚西域风格的节奏节拍，并含有"舞蹈性"特点，给我国当代作曲家在创作新疆风格作品时提供了丰富的素材。最后，我国大部分地区所说语言属于汉藏语系（比如汉族、藏族、回族和壮族等等），而新疆本地的大部分少数民族所说的语言则属于阿尔泰语系（比如维吾尔族和哈萨克族）和印欧语系（比如塔吉克族），因而在不同语系环境下，各个民族的民间音乐的旋法构成也各有特色，这一点在新疆风格作品中也有所体现。

我国作曲家在创作新疆风格作品时，为了使其能够体现出必要的个性化风格和时代气质，对西方作曲技法的借鉴与选择一直是不同作曲家所面临的课题。在和声音高的设计方面，大量作品的和声设计既要保持音乐的张力，同时也要带有"地域性"的音响色彩变化。目前新疆风格作品对和声的"民族化"探索，呈现出丰富、多样的形态：从同主音大小调到线性声部进行，从模仿新疆民间器乐音色到"七声纵合性设计"等。此外，在一些新疆民间音乐中，也含有我国其他地区民间音乐中所常见的"支声""模仿"和"紧拉慢唱"等特征，它们以不同的音乐材料同时发展而形成了多线条式的音乐形态。民间音乐中这些细微的音乐形态会打动前来新疆采风的作曲家们，使之耳目一新，他们将这些"原生态"的音乐素材运用于创作中并结合相应作曲技法进行深层次探索和尝试。

近年来，边疆地区的音乐文化越来越受到国内音乐工作者的青睐，尤其是国家对"一带一路"的倡导和重视，"古丝绸之路"的繁荣以及西域曾作为东西方文化交流的枢纽所产生的灿烂文化逐渐进入人们视野。随着交通的便利，大量作曲家、音乐学家们前往新疆采风，这让他们创作出许多不同体裁的新疆风格的音乐作品在全国乃至全世界上演。本论文所涉及的作品来自老、中、青几代中国作曲家，通过对其在作曲技法、和声、配器等方面的实践与创新进行分析和研究，试图找出一些规律性的东西和写作特点，并对此进行归纳、总结以填补我国在相关领域的研究和理论上的不足，同时为今后的创作、研究提供借鉴。

关键词：新疆民间音乐；新疆风格作品；民族化探索；四音列；支声

王世光歌剧音乐创作研究

Research on WangShiguang's Opera Music Creation

作　　者：陈思危
导　　师：阮昆申
学位年度：2022年

　　摘要：本文选择中国当代作曲家王世光先生的三部歌剧作品（《第一百个新娘》《马可·波罗》《山林之梦》）作为研究对象。从音乐戏剧结构特点、人物形象的"个性化"塑造、三部歌剧音乐语言的技术手段、声乐、器乐形式的创作与戏剧性功能方面展开深入分析，并在此基础上对王世光歌剧创作思想进行总结。论文共分为五个章节，第一章主要从音乐戏剧结构特点入手。首先，对三部歌剧剧本进行论述，力图厘清戏剧中的人物关系与戏剧情节的复杂关系。其次，由于剧本风格的不同，因此笔者将分别对三部歌剧中音乐与戏剧的整体结构、核心动机与主题进行剖析。人物形象的成功塑造是歌剧创作的重要环节。第二章笔者选取了三部歌剧中的十二位主人公并通过其咏叹调唱段进行分析，从而探究各剧中人物的内心情感与"个性化"的塑造。第三章为三部歌剧的音乐语言的技术手段。这三部歌剧作品虽创作于不同年代，但其创作上带有浓厚的个人风格与共性化创作思维。因此在这一章中，笔者通过对三部歌剧分别从和声语言、复调技法的运用以及歌剧乐队的作用三个方面进行研究探讨，来展现王世光三部歌剧音乐形式与内容两者之间的关联。第四章从咏叹调的创作、宣叙调的处理方式、重唱与合唱的戏剧性功能与器乐曲的戏剧性表现四个方面对三部歌剧做了较为详细的分析。以此探讨歌剧音乐形态的戏剧性呈现与表达。第五章对王世光歌剧创作思想分别从戏剧性的音乐表现、咏叹调中宣叙因素的表现、民族音乐元素的运用、对于歌剧全局的把控与歌剧音乐中的民族审美五个方面进行论述。最后总结王世光三部歌剧音乐的创作，并对三部歌剧的时代价值做出评判，以此说明本文研究王世光三部歌剧的重要意义。

关键词：王世光；歌剧;《第一百个新娘》;《马可·波罗》;《山林之梦》;音乐创作

歌剧《兰花花》分析研究

An Analysis of the Opera LanHuahua

作　　者：贺思阳
导　　师：张千一
学位年度：2022 年

摘要：歌剧《兰花花》是作曲家张千一受国家大剧院委约创作的一部原创歌剧，同时也是 2018 年国家艺术基金资助项目，于 2017 年 10 月在国家大剧院首演，并引起广泛关注。本文以该剧的音乐（包括音乐完成后所形成的剧本）为主要研究对象，通过对作品的音高构成、结构布局、复调思维、配器手法等作曲技术的运用进行音乐文本分析，从而在更深层面探讨了音乐与戏剧的关系。作曲家从"音乐承载戏剧"的创作理念出发，着重于音乐与戏剧的结合、音乐与人物的结合以及音乐与语言的结合，将西方创作手法与中国音乐元素完美地融入歌剧之中。这部歌剧也因此在中国当代歌剧发展史中有其独特的艺术审美及学术价值。本文共包括绪论、正文及结论三部分。绪论主要阐述选题的缘由、研究现状、研究思路及方法，并简要介绍了中国歌剧的发展历程、作曲家的生平与创作。正文第一章介绍了歌剧《兰花花》的创作背景。第二章研究了歌剧中的音乐结构布局以及音乐对于人物形象塑造的作用，通过分析音乐结构与人物形象，对音乐与戏剧的结合点进行了论证。第三章主要探究西方作曲技法在歌剧中的运用，包含了对音高组织、复调思维、配器手法三个主要方面的论述。第四章主要研究民族元素在歌剧中的运用，包括腔词关系、民乐器与民歌三部分。

关键词：歌剧；张千一；音乐与戏剧；音高组织；复调思维；腔词关系

马尔科姆·阿诺德的管弦乐创作研究

Research of Malcolm Arnold'sorchestral composition

作　　者：宋佳林
导　　师：金　平
学位年度：2022年

摘要：英国作曲家马尔科姆·阿诺德（1921 — 2006）是20世纪英国学派代表作曲家之一，其管弦乐作品至今仍然有着广泛的传播力和重要的影响力。1950 — 1968年前后是其创作的黄金期，在这一时期他创作了大量体现其艺术水准和创作理念同时奠定其影响力的作品。本文以阿诺德这一时期管弦乐中最具代表性的几部不同类型的作品进行深入分析，阐述阿诺德管弦乐作品中的技术与观念。本文以对阿诺德创作有着深刻影响的英国音乐复兴运动为历史背景，以作品中最具特点的节奏运用、和声语言、配器技术和音乐风格为核心技术进行深入剖析，阐述其管弦乐中所体现出的民族元素、传统原则和现代技术互相融合和平衡后形成的个性化音乐语言。另一方面，阿诺德作为一个被看作是20世纪保守派英国作曲家，其在创作理念和美学观念上体现出许多与德奥先锋派音乐的艺术特点，通过本文对阿诺德管弦乐创作中的技术分析可以看出其对于现代音乐理念并不排除，而是广泛吸收和借鉴。阿诺德所做的是在调性音乐的美感、民间音乐的动力和现代音乐的新音响特点中获得平衡，最终形成了具有代表性的阿诺德风格。同时，在阿诺德的背后有着众多与阿诺德有着相同创作理念和美学观念的作曲家、理论家和指挥家，他们以阿诺德为代表的这类作品进行广泛的推广，使其在英国以及世界各地至今仍然有极高的上演率，在听众和乐手之间广受欢迎。本文所重点研究的《四首苏格兰舞曲》（1956，Op.59）、《四首康沃尔舞曲》（1966，Op.91）是典型的民族风格舞曲；《第六交响曲》（1968，Op.95）是其对爵士风格元素的运用；管弦乐序曲《塔姆·奥尚特》（1955，Op.51）是体现其复风格特点的作品。而文中提到的《桂河大桥》（1957）和《微风轻哨》（1961）则体现出其电影音乐中的和声语言特征；《第七交响曲》（1973，Op.113）则体现出对现代音乐新的作曲手法的实验。这些作品中所体现的对元素的吸收、对风格的借鉴和对技术的运用都是成就其作品艺术水准的保证。

关键词：马尔科姆·阿诺德；英国音乐复兴；民族风格；爵士乐；复风格

苏格兰作曲家麦克米兰创作研究

A Research on the Composition of Scottish Composer James Macmillan

作　　者：王亚明
导　　师：高为杰
学位年度：2022 年

摘要：詹姆斯·麦克米兰是活跃于 20 世纪中后期至今的苏格兰作曲家、指挥家。在这音乐思潮风靡云蒸，艺术主张百家争鸣的世纪之交里，麦克米兰以其别具一格的音乐陈述方式闯入西方现代音乐的语境之中。他的创作深深植根于本土民间音乐语言，苏格兰盖尔民族风俗性特征如"乡音"般处处洋溢在他的陈述方式中；对世界各地、各个时代的辉煌文明，他不带偏见地开放接纳，以当代作曲技术手段将其转化为蕴藏在作品中的内涵；他的天主教信仰反而使他更重视现实的和谐与和平，并用音乐将宗教人文世界与自然社会环境架起一座交融的桥梁。麦克米兰将各种文化的"基因"以现代音乐技法组织起来，使其创作具有独树一帜的吸引力和丰富充足的学术研究价值。本课题试图穿梭于麦克米兰浩如烟海的各类题材与体裁的音乐作品，以"融合"为线索，观察他对材料的联结处理，传统与现代的技术打通；以"转化"为头绪，挖掘其现代主义作品中的民族民间音乐表现手法，将各类文明内涵投射到音乐表达的创作路径。全文分为上下两篇：上篇对作曲家处于不同社会角色时期的审美趋向简要整理，并将全文线索与头绪以论点的形式提出思考，对其音乐语言中最独树一帜的特征体现进行梳理，对各种元素的取舍和使用方法进行归纳；下篇根据音高、复调、配器、节奏及结构五个方面的作曲技术为脉络,分析麦克米兰的投射在创作手法上的匠心独运;最终对这位作曲家音乐主张和重要手法带给现代创作的研究意义进行解读和总结。

关键词:苏格兰;盖尔传统;素材引用;转化;融合

施万春音乐作品研究

A study of composer Shi Wanchun's music works

作　　者：王子鸣
导　　师：禹永一
学位年度：2022年

摘要： 施万春，我国著名作曲家、音乐教育家，河北省青县人，自幼受到家庭熏陶，学习了多种民间乐器，后考入中央音乐学院作曲系，1961年毕业后留校任教；20世纪70年代初期调任到中央乐团（现中国交响乐团）担任驻团作曲，于1984年调任至中国音乐学院并任作曲系系主任。近50年的创作经历中，他的诸多作品如管弦乐曲《节日序曲》、参与创作的芭蕾舞剧《红色娘子军》、艺术歌曲《送上我心头的思念》等作品已经成为中国当代音乐作品中的经典。而在影视剧音乐创作方面，施先生通过数十年的创作实践，不仅产生了像电影《青松岭》插曲"沿着社会主义大道奔前方"流行于全国的作品，同时也成为一名深受大众喜爱的作曲家。他的音乐作品不仅家喻户晓，且具有很高的学术价值和审美意识。本文将对施万春先生创作的音乐进行全面的梳理与总结，比对分类后进行分析，并将其一生的创作划分为三个阶段，再次进行横向的风格分析。

关键词： 施万春；声乐作品；影视音乐配乐；中国传统文化

音乐作品分析

中国传统音乐的音高元素在现代音乐创作中的继承与创新

Inheritance and Innovation of Chinese Traditional Music Pitch Elements in Contemporary Music

作　者：赵冬梅
导　师：李西安
学位年度：2010年

摘要：本文从中国现代音乐创作与中国传统音乐的诸多元素中选择"音高元素"为切入点，从作曲技术理论的角度，对近三十年来中国现代音乐创作在这方面的探索及成功的经验进行归纳总结。本文着重从构成音乐的最小细胞——单个音、横向线条中的传统旋律及其构成要素和纵向多声织体3个方面——对中国传统音乐的音高元素在现代音乐创作中的继承与创新进行研究。

纵向多声写法是专业音乐创作中重要的作曲技术，由于中国音乐在20世纪初期与西方音乐的第一次交汇之前没有真正进入复音体制，也没有深入研究民间音乐中的多声现象。因此，在吸收外来现代音乐观念和作曲技术的同时，怎样才能使它与中国固有的传统音高元素在纵向写法上相互适应并有机融合，就成为必须要解决的全新问题。中国现代作曲家一方面从中国传统音乐中重新发现了民间多声，另一方面在延续对西方古典作曲技术的本土化改造的同时，从西方现代作曲技术中寻找与中国音乐风格相适应的多声语言，使以往仅限于借鉴西方古典大小调体系和声时难以协调的音乐纵横关系问题产生了质的飞跃。

本文从作曲技术理论的角度深入探求中国传统音乐的音高元素与现代音乐观念和作曲技术之间的内在联系及其相互结合的多种可能性，不仅对于中国传统音乐的音高元素在传统音乐中的具体表现进行梳理和归纳，还特别对其在现代音乐创作中被重新发现和在作品中的表现意义进行了重点剖析。本文涉及的作品来自老、中、青几代中国作曲家，所选作品的时间跨度基本涵盖了中国现代音乐创作的不同时期。

关键词：中国现代音乐；中国传统元素；单个音；传统旋律；纵向多声

20世纪上半叶的奏鸣曲式研究

Research on Sonata Form of the first half of the 20th Century

作　　者：张忠平
导　　师：张筠青
学位年度：2012年

摘要：在横跨20世纪上半叶的五十年间，作为西方音乐曲式结构之精髓——奏鸣曲式——发生了颠覆性的变化。我们在对这些音乐巨著"惊呼"的同时，也不免产生疑问：在调性解体之后，奏鸣曲式中新的"调性"布局如何构建；主题中的民族元素如何植入与融合；第二次世界大战、社会经济危机对曲式如何影响以及新古典主义、新民族主义、社会主义、现实主义如何影响曲式风格的缔造等。上述现代奏鸣曲式领域的诸多未解之谜，给予笔者探索和解决问题的广阔研究空间。

正是基于浓厚的兴趣和探求的目的，笔者着手进行本文的研究。本文以20世纪上半叶的奏鸣曲式为研究对象，通过对一系列具有代表性的奏鸣曲式作品进行系统的分析与论述，以展示奏鸣曲式在新的历史阶段所体现出的形态特征，并且通过对发生在奏鸣曲式主题与结构等方面的变异现象进行分析和解读，以及对其文化与美学层面的诠释，从而最终形成对现代奏鸣曲式的更为精深、全息式的理解。

本文共分5章，第一章以时间与风格流派为线索，梳理20世纪上半叶奏鸣曲式创作概貌与时代背景。第二章至第四章隶属技术领域的分析，针对奏鸣曲式的主题、调性和声、结构进行系统研究。第五章为奏鸣曲式作品的个案分析。在结语部分,笔者针对20世纪奏鸣曲式的风格与审美特性做出概括性的归纳和总结,并提出了自己的观点。

  本文通过上述各章对20世纪上半叶奏鸣曲式的创作技法进行了深入的探索,以期能为音乐分析学的研究展现新的视角和提供理论数据支持,同时笔者也希望对于本文的研究,能够有更多的学者对此给予关注并深入地研讨,进而为本文的后续研究提出宝贵的建议和拓宽思路。

  关键词: 奏鸣曲式;20世纪;结构;主题;变异;无调性;音乐内涵

吉雅·坎切利交响曲研究

A Research on Giya Kancheli's Symphony

作　　者：边　中
导　　师：高佳佳
学位年度：2013年

摘要：吉雅·坎切利（Giya Kancheli）是成长并成熟于苏联格鲁吉亚联邦的作曲家。20世纪70年代在西方世界崭露头角。至今，其作品在国际舞台上常演不衰。他的作品既有西方传统音乐的美学与作曲技法基础，又表现出对新的美学、技法、音乐语言的探索，并且无形中受到格鲁吉亚传统民间音乐的影响。坎切利最初以电影与舞台表演创作音乐开始职业生涯。其影视音乐及舞台音乐作品受到多方面的关注与鼓励。其后，其创作了7部交响曲与若干大型管弦乐作品。20世纪90年代后期，其又开始向室内乐创作倾斜。

本文将研究视角锁定于吉雅·坎切利创作于20世纪70年代初至80年代中期的5部交响曲（第三至第七交响曲），试图通过对作曲家的美学思想、创作技法等方面的观察分析，对他的交响曲创作进行研究，并讨论吉雅·坎切利的创作特点。本文主要分为4章。

第一章专论吉雅·坎切利交响曲的主题材料构成、陈述结构与材料的展开方式，讨论并陈述结构概念与内涵的变化，对坎切利交响曲主题的特殊组织形式及呈现主题材料的特殊陈述结构进行了剖析。

第二章从音高组织关系方面讨论了吉雅·坎切利常用的调式语言与阐明调性的手法。这是坎切利交响曲整体结构上调性布局及音高组织框架的基础。

第三章主要讨论了坎切利交响曲整体结构上存在的结构原则、次级结构构成的方式，以及结构划分中多种音乐参数所起的作用。

第四章从整体上分析了第三至第七交响曲的曲式结构，并列出了5首交响曲曲式结构的图表；通过对作品整体结构的分析讨论了坎切利交响曲结构上的循环性特征及奏鸣曲式结构某些方面的体现。

关键词：吉雅·坎切利；交响曲；研究

西洋艺术歌曲曲式结构研究

Study on the form structure of western art songs

作　　者：左　佳
导　　师：高为杰
学位年度：2014年

摘要：艺术歌曲作为声乐艺术的重要体裁之一，是作曲家将诗歌、人声、琴声三位一体化构思的产物。其产生、发展和创作的文学性、融合性、互动性、专业性、艺术性，以及纵横交错的立体音乐构思，使得这一体裁独具品格。在艺术歌曲中，由于诗词的介入，形成了词、曲、乐三方面的融合。诗歌艺术与声乐艺术表达方式的不同、声乐与器乐陈述方式与表现手法的不同，都必将产生出千变万化的曲式结构形态。声乐曲的音乐陈述方式与器乐曲有相同之处，也有不同之处。歌曲曲式与器乐曲式虽在音乐结构的基本思维原则上有很多共同点，但其结构形态往往有自身的特点，有其一定的特殊性。同样的曲式、程式在声乐曲和器乐曲里，表现出来的样式可能是不一样的。

本文以艺术歌曲这一声乐体裁为出发点，参考前辈们对于音乐作品曲式结构的论述，站在技术分析的立场，使用音乐学分析的方法，对18世纪末到20世纪初西洋艺术歌曲的曲式结构特征，进行较为全面、客观、系统的分析与研究。本文首先从艺术歌曲体裁的界定、特点及风格类型入手，对世界各国艺术歌曲以及声乐套曲的特点做了详细描述；然后对艺术歌曲中诗词与音乐、声乐与器乐的关系进行了深入的探讨，并对影响歌曲整体结构的各种因素进行了综合分析；在此基础上，对一些常见的艺术歌曲曲式结构形态及其在音乐历史时期的演化过程,进行了梳理、论述与分类;最后从不同国家、不同作曲家、不同题材类型、不同时期、不同风格、不同曲式结构的艺术歌曲中选取了8首具有代表性的作品,进行了详细的分析与解读。本文力图通过这些个案范例的分析、研究与论述,能引起音乐学术界对艺术歌曲研究和创作的兴趣与关注,为艺术歌曲的表演提供一些理论支持,同时能催生新的思路与新的发现,为艺术歌曲在中国的再度繁荣和发展做出贡献。

关键词:艺术歌曲;体裁;诗歌;声乐;器乐;曲式;结构;作品分析

广西壮族南北路八音套曲音乐形态特征研究

Study on the Musical Morphological Features of the Bayin of the South and North Roads of the Zhuang Nationality in Guangxi

作　　者：覃锋达
导　　师：高为杰
学位年度：2020年

摘要："广西八音"是"八桂"大地各民族世代习用和相传的重要"礼乐"，至今有三百年以上的历史，其中以壮族八音最具有代表性。广西壮族八音包含壮族南路八音和壮族北路八音两种形式，两者以丰富的曲目曲牌、完美的宫调体系、独特的表演形式、多样而严谨的曲式结构，并荟萃了民族民间音乐的精华，流传于广西各地盛久不衰。作为壮族民间音乐的乐种之一，其历史悠久、曲目丰富、体裁多样、唱韵独特、风格浓郁、编制多样，套曲形式独特，本文将通过对广西壮族南北路八音套曲音乐形态特征的研究，挖掘其作为中国传统音乐形式的艺术价值。

论文共分为七章：第一章是对壮族南北路八音套曲结构特征进行梳理和详细论述。第二章至第六章分别对壮族南北路八音套曲音乐形态特征进行研究。本论文所考察的南路八音音乐对象是以壮族"八音本牌""八音丝弦牌""贺礼八仙"和"八仙贺寿"套曲（即"仪式性套曲"和"集成性套曲"）中的曲目，以及笔者采风调研中所采录到的一些传统八音古曲和近现代民间八音艺人所创作的曲目为主；考察的北路八音音乐对象是以北路八音乐曲合集（即"集成性套曲"），以及笔者采风调研中所采录到的一些传统八音古曲为主。在具体的分析中，笔者以壮族南北路八音音乐的存在的客观规律为依据，以实体音乐语境为参考，重点从音乐语言陈述的形态特点、音乐发展的技术手法以及乐曲曲式的结构特征三方面进行详细研究论述。第七章对壮族南北路八音套曲音乐所彰显的体裁形式与音乐语言进行比较汇总研究。

本论文旨在以壮族传统民族民间八音器乐曲的音乐形态分析作为最终研究目的，注重其艺术的客观性与规律性探求，发现其音乐构成的秘密。并以作曲技术理论框架构想与思路作为指导，以音乐学分析、民族音乐学分析以及民族民间器乐乐种学作为辅助研究视角，探索并总结壮族南北路八音套曲音乐的形态学特征。在掌握这一独特艺术形式和本质特征的基础上，进一步阐释壮族南北路八音的艺术价值与文化内涵。

关键词：壮族八音；套曲结构；音乐语言；音乐发展手法；音乐曲式结构

当代民族管弦乐创作研究
——以中国音乐学院作曲系教师的创作实践为例

A study on the contemporary Chinese National Orchestral works: Taking the works by teachers of Composition Department of China Conservatory of Music as an example

作　　者：刘　喆
导　　师：高佳佳
学位年度：2020年

摘要：中国民族管弦乐是极具中国特色的音乐艺术形式。它植根于中国传统音乐之中，并在中国文化的滋养中成长起来。在近十年来民族管弦乐得到了快速的发展，从而被越来越多的作曲家们所重视，投身于民族管弦乐的创作之中。在当代，已产生了一大批具有影响的民族管弦乐作品。这些作品不仅具有时代感，而且也带着中国音乐风格的烙印。因此，及时梳理当代民族管弦乐的创作特点对我国民族管弦乐创作的发展有着重要的意义。本文从当代民族管弦乐作品的作曲技术分析入手，对中国音乐学院作曲系教师创作的部分作品进行研究，观察这些创作在继承与发扬中国音乐文化方面所做的积极尝试。

本文由六个章节组成。

第一章介绍民族管弦乐的发展脉络以及中国音乐学院在民族管弦乐创作方面所做的探索。中国的器乐合奏历史悠久，例如秦代的"钟磬之乐"与"房中乐"、汉魏时期的"鼓吹乐"、隋唐时期的"燕乐"等都是中国古代各个时期器乐合奏的重要形式。到了近代，器乐合奏逐渐从宫廷转向民间，产生了弦索乐、丝竹乐、鼓吹乐、吹打乐等重要乐种。这些民间器乐的组合形式是近代民族管弦乐形成的基础。

第二章主要研究当代民族管弦乐创作中的旋律与音高语言。在调式方面，五声调式是中国传统音乐中最主要的调式手法之一，也是当代民族管弦乐创作中的主要调式手段，它在创作中有显性与隐性两种呈现形式：显性层面是将五声调式直接用于作品的主题之中，而隐性层面是指主题的音高材料具有五声性特点，即五声调式的特征隐藏在主题的音高材料之中。除了对于五声调式的直接或间接运用外，一些地区的民歌、戏曲中的调式变音手法也为作曲家们所关注，这些变音的广泛运用丰富了五声调式的音响效果。在和声方面，当代民族管弦乐创作将中国风格和声写作的探索置于首位，特别是对于五声纵合化和声以及和声的平行进行等手法的实践已有更深入的拓展。在复调方面，支声复调这一中国传统多声部手法得到了充分的运用；西方音乐中的对比复调与模仿复调技术与中国的紧打慢唱等手法巧妙结合，使其带有中国音乐风格的特点。此外，紧接模仿、微复调等较为现代的复调技术也在当代民族管弦乐创作有大量的运用，使得民族管弦乐这一中国传统的艺术形式与时俱进，不断获得新的发展风貌。

第三章主要研究民族管弦乐创作中的节奏语言，主要从韵律性节拍、"催""撤"的手法、弹性律动、紧打慢唱四个方面展开论述。韵律性节拍是中国音乐所特有的一种节拍规则，李吉提将其解释为："是节奏的长与短、轻与重的特定组合……它要比散节奏具有规范性，但又比机械的等分节奏运动和规范化的节拍重音循环运动要相对自由，也更富于弹性。"这种节拍手法在当代民族管弦乐创作中有着丰富的表现形式。"催"与"撤"是中国音乐中板式变化的主要手法，也是当代民族管弦乐创作中主题发展的重要手段；弹性律动是带有伸缩的节拍、节奏或速度变化，中国传统音乐中的散板是其最重要的表现形式，它在民族管弦乐创作中呈现出多样化的形态；紧打慢唱是中国戏曲音乐中的一种独特的板式类型，体现出了中国音乐的独特的律动思维，在当代创作中也有大量运用。

第四章主要研究民族管弦乐的配器手法。中国的民族器乐有着丰富的演奏技法，特别是各类乐器的特殊演奏法，给当代作曲家们带来很多的启发。此外，中国传统器乐中"嵌挡让路"的音色组合方式也在当代民族管弦乐创作中广为运用，成为组织音色的重要手段。同时，当代民族管弦乐创作也在进一步借鉴西方配器法中的融合、统一的理念，特别是混合音色的运用、局部染色、音色转移等手法的运用进一步丰富了民族器乐的音色技术，同时也拓展了民族管弦乐在音色上的表现力。

第五章主要研究民族管弦乐创作中的音乐结构。本章主要从四个方面来探讨，首先是中国传统音乐中的音乐发展手法，包括"鱼咬尾""连环扣""叠""拆头""过板掏"等，它们在当代民族管弦乐创作中也是音乐结构发展的重要手段。其次是音乐陈述结构，列举了当代民族管弦乐创作中主题的主要结构形态，包括一句结构、两乐句乐段结构、多乐句乐段结构以及乐节、乐汇的组群形态等，其中一句结构简洁而直接，是中国音乐中朴实风格的体现；两乐句乐段与多乐句乐段结构的主题常以连环扣、过板掏作为乐句之间的呼应；而组群形态往往与"垛"相结合，成为具有中国音乐特色的一种结构模式。再次是中国传统音乐类型的运用，其中包括汉、唐歌舞大曲结构和中国音乐中的套曲结构，前者以"散序""中序"和"破"三阶段运动为框架，并在速度上呈现出"慢、中、快"的运动特点；后者是以"曲牌"为单位所构成的"头、身、尾"的三部性结构，曲牌在其中发挥了重要作用，它以连缀或变奏的手法贯穿于套曲之中，形成了独特的结构形态。这两种中国音乐的结构类型在当代民族管弦乐创作中都有深入的应用。本章的最后谈到了对西方曲式原则的借鉴，并以罗麦朔琵琶协奏曲《天梯》以及杨青《苍》为例分析了奏鸣曲式原则在这两部作品中的运用。

第六章研究少数民族音乐语言在当代民族管弦乐中的运用。我国有55个少数民族，少数民族人口占全国人口总量的8.49%，各民族自治地区之和占全国总面积的60%以上。少数民族的音乐文化是中国音乐中的一大特色，在当代民族管弦乐的创作中得到了越来越多的关注。本文主要围绕少数民族调式、节奏与音乐结构进行研究，其中一些创作如权吉浩《乐之舞》对于朝鲜调式的运用、朱琳《侗乡》中对于侗族歌舞节奏的运用、节奏的运用以及木卡姆套曲结构的借鉴等都是以少数民族音乐风格进行民族管弦乐创作的成功实践。

关键词：中国民族管弦乐；作曲技术；音乐分析；中国音乐学院

中国当代音乐创作中融合侗族音乐元素的研究

A Research on the Fusion of Dong MusicElements in Chinese Contemporary MusicComposition

作　　者：郭鸿斌
导　　师：高佳佳
学位年度：2022年

摘要：本论文以中国当代作曲家创作的六部作品为研究对象，以融合侗族音乐元素为研究角度和线索。这六部作品分别是：朱践耳的交响组曲《黔岭素描》（1982），谭盾为大提琴、声像记录和管弦乐队而作的协奏曲《地图》（2003），史付红为侗族大歌演唱者和混合室内乐队而作的《归去来兮》（2011），朱琳的民族管弦乐《侗乡》（2017），王建民为大型民族管弦乐队而作的《大歌》（2017），郝维亚为女声合唱与管弦乐队而作的《你在我们的歌声里》（2020）。论文首先围绕六部作品中对于侗族音乐元素多角度、多层次的融合进行全面分析，探索作曲家对于侗族音乐元素的借鉴和创造性运用。从多元化的创作路径入手，进而深入分析作曲家独特的风格和个性化的音乐语言。

论文分为四章：第一章分为两个部分，第一部分主要对所选六部作品进行简要介绍。第二部分着重对六部作品中运用侗族音乐元素进行概述和梳理。通过本章的梳理发现，作曲家对于侗族音乐元素的运用个性鲜明且极具创造性，丰富多彩的侗族民间音乐为作曲家的创作提供了宝贵的声音和文化素材。

第二章主要是对侗族与侗族音乐作系统的阐述，首先着重指出了由于地理和文化的差异而形成的南北分化的侗族语言，进而介绍了侗族音乐的历史以及侗族音乐与民俗的关系，对侗族民间音乐的分类做了比较系统的学术研究综述。本章的核心是对侗族大歌的研究，内容涵盖了侗族大歌的历史、分布、分类和形态特征等，并将本论文中"侗族音乐元素"的范畴限定于南部侗族音乐体系内，为后续章节的研究奠定基础。

第三章围绕六部作品中对于侗族音乐元素的运用进行分析，分六节作分类研究，分别是音高元素的融合、调式调性的运用、节拍与节奏素材的使用、多声形态的借鉴、结构思维的渗透、保留原始声音与合唱素材的运用等。作曲家对于侗族民间音乐素材的使用因涉及音乐体裁、内容表达等因素，所以呈现出个性鲜明的特征，在此基础上进一步研究了作曲家在融合侗族音乐元素上的创造性思维。

第四章着重研究的是作曲家在借鉴侗族音乐素材的基础上所进行的具有创新意识的探索，侧重对于作曲家个性化音乐语言的研究。研究角度包括主题的结构与形塑功能，多声思维的建构与表达，音响音色的布局，多元文化的对话与交融，结构布局中情与理的平衡等，探讨作曲家多元化的创作路径和个性化的音乐语言，将民间元素的"融合"引向更深层次。论文的结论分三点进行阐述：一是传统与当代。从传统声音的当代表达与当代表达的传统声音两个方面提炼了当代作曲家在创作中所呈现出的不同的表达方式。二是民族音乐元素与现代作曲技术的融合性与创造性。我们对于民族音乐元素与现代作曲技法"融合"的研究不应仅仅停留在表层的"用了什么元素"，而应更加深入地研究"元素的内化形式"和作曲家个性化的风格。三是启示与思考，作为中国当代作曲家，在学习借鉴西方现代作曲技术的同时，应根植于中国深厚的民族民间音乐土壤，在音乐作品中既体现出民族性风格又兼具时代性特征。

关键词：当代音乐创作；融合；侗族音乐元素；研究

《神奇秘谱乐诠》代表性作品的音乐分析

The Musical Analysis of "Shen Qi Mi Pu Yue Quan" As a RepresentativeWork

作　　者：田佳慧
导　　师：赵冬梅
学位年度：2022年

摘要：论文在中国传统音乐之树的诸多果实中选择以古琴音乐为切入点，从作曲技术理论的角度，对古琴音乐进行了初步的、不同于以往研究路径的分析探索，对所选取的代表性琴曲进行了实例分析，并将其所呈现出的共性规律进行归纳总结。在"中国传统旋律与曲式系列理论丛书"宽广的学术视野下，将古琴音乐按不同技法分类，着重从古琴音乐的中国传统文化根基、减字谱与古琴音乐、古琴音乐的构成要素以及古琴音乐表现手段这几个方面对琴曲进行综合分析，探寻其共性表达规律。多年来，受西方音乐教育体系下成长起来的我们对中国传统音乐产生了既熟悉又陌生的距离。以何种视角深入解读中国传统音乐是我们当今共同面临的问题。无论是以西式视角，还是中式视角，用单独任何一点来说都是不够恰当的。中西方文明有共通的特性，中西方音乐也有共通的规律，在面临选择时，我们要以多元的视角对其进行探索，只有这样才能做到不偏不倚。古琴历史悠久，在漫长的历史长河中屡经打磨，虽曾遭遇过危机，却幸而未被埋没。她有历代的文献、手卷以及大量刊印的琴谱，她被历代如此完整的保存，代代相传下来的不仅仅是琴曲本身，还有她所承递着的中国传统音乐的精髓。古琴音乐在以往的研究中多处于有关其地域、流派、风格等史学、美学范畴的研究，古琴音乐也一直被赋予其深于琴曲本身的一种精神象征。这些因素将古琴音乐本体的艺术规律层层缠绕，使得其愈发"神秘""说不清"。那么，古琴音乐就真的是复杂无解的么？古琴音乐留给我们听觉感知的就是"美"和"神秘"么？大型琴曲是如何组织发展的呢？琴曲中的逻辑线索是什么呢？这些问题该以什么样的视角进行探索呢？古琴音乐是纯粹的旋律音乐，研究古琴音乐的思维方式要在旋律学的视野下进行探索。本课题立足于古琴音乐本体的研究，以现存最早琴谱《神奇秘谱》为蓝本，借助吴文光先生打谱、译谱《神奇秘谱乐诠》为主要琴谱来源，通过多角度综合分析探索，立足于中国传统文化的土壤，并结合西方的已有成熟经验，中西合璧，以包容广阔的视角对其进行分析探索。

关键词：古琴音乐；减字谱；单个音；核心材料

华人作曲家音乐创作中的文人审美取向
—— 以四部作品为例

Literati Aesthetics in Music Composition by Chinese Composers: A Case Study of Four Works

作　　者：贺予则
导　　师：赵冬梅
学位年度：2023年

摘要：本文以三位华人作曲家的四部音乐作品为研究对象，即陈其钢的《静音》与《江城子》、陈晓勇的《暗、晰、逸》、梁雷的《竖琴协奏曲》，首先从音乐本体出发，对每首作品进行较为全面、详尽的创作分析，之后再对作品创作中与文人审美的联系并结合文人的琴、书、画、诗词作讨论。

正文共分为四章，每一首作品为独立的一章。第一章首先对《静音》的音高、节奏与节拍、音色与音响、音乐的结构及过程做了分析。之后，再从"音乐材料与文人琴曲的滚、拂音型""'虚''实'音色布局及音响表现""自由、自然之境""空白之美"这四个方面对作品中与文人审美取向的联系做了讨论。

第二章首先对《竖琴协奏曲》的音高、节奏律动、音色与音响、"点""线"形态、独奏乐器与室内乐队的声部结合、音乐的结构及过程做了分析。之后，再从"竖琴中的古琴指法及音色音响表现""生动的线条""自由、自然之境""简洁、凝练之美""空、静之美"这五个方面对作品中与文人审美取向的联系做了讨论。

第三章首先对《暗、晰、逸》的文本及处理与表现、中西乐器混合编制与音响、音高、"线"形态、节奏与速度、音乐的结构及过程做了分析。之后，再从"浑然一体""大音希声""含蓄的表达""逸之态"这四个方面对作品中与文人审美取向的联系做了讨论。

第四章首先对《江城子》的主题、音高、节奏律动、人声及词的处理、音色音响与织体、音乐的结构及过程做了分析。之后，再从"返璞归真""静谧之音""自由、自然之境""虚实结合"这四个方面对作品中与文人审美取向的联系做了讨论。

众多华人作曲家并没有因为身处海外，在异文化背景下就选择简单的"服从"拥有绝对话语权的以欧、美为中心的西方，他们也没有在"异"文化中迷失方向、随波逐流，而是一方面冷静、充满智慧的取其之精华，另一方面从世界的角度审视、发掘丰厚博大的中国优秀传统文化，并以此为根基，结合现代音乐语言、表达，最终在多元文化中找到了自己的文化归属。他们对中国传统文化如此的珍重、有这样情怀正是后辈们学习的榜样！

关键词：华人作曲家；音乐创作；文人审美取向

和声

武满彻和声技法研究
—— 和声

A Study of Takemitsu's Harmonic Techniques

作　者：王　萃
导　师：樊祖荫
学位年度：2008年

摘要： 武满彻是20世纪中期以来，亚洲最具代表性的作曲家之一。作为一位日本作曲家，武满彻跨越了东西方两种音乐文化传统，走出了一条属于自己的"个性之路"。对其独树一帜的音乐语言的研究，特别是对其和声技法的研究，无疑是对武满彻作曲技法进行深入研究的重要内容之一，也将会对中国当代音乐的创作理论和实践提供有益的启示。

本文分上、中、下三篇，上篇对武满彻的音高组织材料（音列、音阶）的使用、和弦构成、和声序进以及和声在色彩与张力上的处理方法等方面，进行了系统性的梳理与归纳。通过对武满彻代表性作品和声技法的分析，力图揭示他的音乐作品如何在现代与传统的融汇中，在东、西方的对话与融合的时代背景下，形成独具个性的和声语言。中篇对武满彻不同时期的三首作品进行了综合性分析和研究。下篇在和声音响的协和与不协和的相对性、和声紧张度的控制、和声色彩的个性追求、声部序进的非理性运动、和声逻辑脱离开功能和声后的结构布局等方面，对20世纪和声技法进行了总体阐述；进一步探索武满彻的音乐创作与东西方音乐传统之间，以及同时代其他作曲家之间的联系；更加深入地认识武满彻和声技法的传承性和独创性。总之，通过对武满彻和声技法本体的分析及相关的比较研究，旨在说明武满彻如何在多元的文化背景下，走出地域、民族的局限而融入世界音乐的先端；如何在纷纭浩瀚的音乐流派中，找到作曲家音乐创作的"个性坐标"。

关键词：武满彻；现代和声技法；传统与现代；音列；和弦结构；和声序进

里曼与新里曼

Riemann and Neo-Riemannian

作　　者：杨家林
导　　师：杨通八
学位年度：2013年

摘要：本文包括两部分：上篇——里曼和声理论拾遗；下篇——新里曼转化理论研究，其中的核心议题包括两方面，首先是里曼的和声功能理论，其次是20世纪80年代末兴起于美国的新里曼转化理论。

本文的上篇试图通过对里曼和声理论的研究，向国内读者介绍里曼和声理论的真实面目，进而梳理出一条里曼和声功能理论发展的轨迹，力求让国内读者更加准确地了解里曼的和声功能理论。

上篇的主要内容有：研究了对里曼的和声功能理论形成具有重要意义的概念、观念；介绍了里曼早期对于和声学的科学基础所作的探索与研究以及和声二元论；研究了里曼在1893年正式提出"功能"概念之前的二元论和声理论；系统地介绍了这一时期里曼和声理论的概念以及标记符号，还有里曼旨在探索调性功能理论而进行的和弦关系研究；研究了1893年里曼正式提出的和声功能理论。

本文的下篇论述了新里曼转化理论在调性音乐和声分析以及无调性音乐音高结构组织分析方面的原理、作用；主要介绍了戴维德·卢因的转化理论，并结合艾伦·福特的音级集合理论介绍了两者在研究对象、方法上的不同。

下篇的主要内容有：介绍了20世纪80年代末美国的新里曼思潮对于里曼

和声理论的挖掘、继承与发展，梳理了新里曼转化理论与里曼和声理论之间的关系；对于和声二元论观念的复兴与运用也有所涉及；介绍了新里曼转化理论将如何继承里曼的"转化观念"并将其与艾伦·福特的音级集合观念相结合，运用于调性音乐音高材料的分析，包括音程与三和弦的转化；论述了这些转化观念与传统功能观念之间的异同点，对于转化理论在调性和声分析中的实用价值做了论述；介绍了戴维德·卢因的转化理论在音级集合理论中的运用，总结了戴维德·卢因提出的音程函数与艾伦·福特的音级集合理论在研究对象、方法上的不同。

关键词：里曼；和声功能理论；和声二元论；里曼转化理论；广义音程空间；音程函数；嵌入函数；单映射函数

中国"和声民族化"问题研究

Research of Issues Relating to Nationalization of Harmony in China

作　　者：邓　波
导　　师：杨通八
学位年度：2020 年

摘要：学堂乐歌运动以来，中国音乐走向了西乐东渐的发展路向。在中国新音乐一百多年来的发展过程中，集体歌唱的歌曲艺术形式得到了长足发展。其中，在以演唱中国歌词为主的旋律中如何配以西洋和声的问题上，产生了和声民族风格问题。关注和声民族风格，探究五声性调式与西洋多声技术相结合的问题，在专业音乐创作及理论研究中不断走向深入。数代音乐家沿着这条道路砥砺前行，其成果可圈可点，但也遗留着有待总结的诸多问题。

笔者在收集和研读 22 部五声性调式和声理论著作及分析部分代表性音乐作品的基础上，对近百年来我国音乐理论家探索和声的民族风格的历程分为三个阶段进行梳理：20 世纪上半叶为和声民族风格的探索时期，以赵元任、萧友梅、黄白、王震亚、江定仙、丁善德等音乐家在和声民族风格的实践探索与理论思考为代表。20 世纪 50 年代中期至 70 年代末，为"和声民族化"鼎盛时期，以黎英海、赵宋光、黄源洛、张肖虎、桑桐、刘烈武、吴式锴等作曲家、理论家在五声性调式和声方面的探索为代表。改革开放之后，随着西方现代作曲技法全方位地传入、理论上对民族风格认识的拓展和深化，我国作曲家进入个性写作的历史阶段，产生了一批具有现代作曲技术特点亦不失民族风格的音乐作品。音乐的民族风格迎来了多元发展的新时期，曾风行一时的"和声民族化"有了一定程度地消解。

本文通过回顾与反思我国"和声民族化"实践与理论研究的历史，得到的主要结论如下：（1）音乐民族风格是多义的、发展的，它取决于律制、调式、音阶、旋律、节奏、音色、结构等多方面因素，和声只是这些因素当中的一个方面。音乐的民族风格不等于和声民族风格；探索和声的民族风格，不能摈弃西洋和声中的科学成分。（2）五声性旋律与和音的包容性很宽泛，只要逻辑合理、织体得当，并不排斥西方的各种多声技法，无论是传统的还是现代的，均可与五声性调式相结合以为我所用。（3）通过考察中外五声性调式和声发展的历史进程不难发现，五声性调式和声是一种风格，不是一个体系。我国音乐理论家探索中国五声性调式和声只是西方调式和声实践在中国的传承与发展。那种以建立"中国和声体系"为目标的"和声民族化"体系，实际上难以实现。（4）在我国"和声民族化"的教学实践中，那种将大小调和声与五声性调式和声相结合、中西音乐并举的混合教学模式行不通，民族风格的和声写作应另立课程研究。探索和声民族风格的积极意义不容置疑。然而，在我国"和声民族化"的发展过程中也留下了一些消极的影响。客观地了解这段历史中的经验与教训，以史为鉴，将能对今后的中国"和声民族化"实践与理论探索提供进一步发展的动力。

关键词：五声音阶和音；中国和声体系；"民族化"；和声的民族风格

陈怡作品和声研究
——以合唱作品为例

The Research on Chen Yi's Compositions and Harmonies—A Case Study of her Chorus Works

作　　者：高　缨
导　　师：樊祖荫
学位年度：2020年

摘要：陈怡作为当代华人女作曲家，她的音乐创作及其主张，受到世界广泛关注与认同。她的音乐创作为中国音乐带来新的生命和活力，一方面是因为她的作品能够冲破历史的屏障，开阔视野；另一方面敢于摆脱既定规范的制约，获得了个性发展的广阔天地；更重要的是她的创作牢牢地植根于中国传统音乐文化，并超越了传统的思维模式，用一种崭新的音乐语言创造了当代中国音乐创作的新风格，在国际乐坛备受瞩目。陈怡的音乐创作涉及类型广泛，是一位多产的作曲家。

本文以陈怡合唱作品为例，以和声研究为重点，按照个案、技法、观念三个方面，共分为五章来对陈怡合唱作品的和声语言展开研究工作。陈怡合唱作品的和声语言具有多元化特点。第一章着重分析陈怡创作的《中国民歌十首》，论述陈怡如何巧妙地借用原民歌本身的特点，从中萃取基本元素，形成和声语言，进行创新性地运用。第二章分析两部合唱作品，《中国古诗五首》和《唐诗四首》。通过对作品调式、音高组织手法、古诗词的意境表达、音响造型等方面的论述，阐明作曲家是如何用声音与诗歌相配合，将中国诗词文学的寓意以音乐为载体进行中国文化的传播。第三章《中国神话大合唱》作为交响合唱的体裁，更多借用乐队的丰富色彩，塑造宏大的故事情节，体现其更为复杂的和声语言。这四套合唱作品虽然都是中国声音的表达，但是在作曲技术方面，却又有着很大的差别。第四章完全从技术的层面进行完整梳理，总结陈怡创作中和声语言的特点。第五章则从作曲家的创作经历与创作思想勾勒出其创作轨迹，探求其创作理念。

本文结语中，进一步强调并说明了陈怡合唱作品中和声写作技法有别于他人的创作特征，不仅可以认知作曲家的音乐语言及其风格，而且对了解当代和声技法的发展与理论研究，总结新的和声语汇有着直接意义，以此窥见整个这一代作曲家在时代变迁中，如何看待传统与现代、东方与西方在文化意识上的冲突与融合，如何发现与创造自我，这对中国现代音乐创作有着借鉴和启示的意义。

关键词：陈怡；合唱作品；和声技法；五声性调式和声；传承与创新

复调专业

对位变奏思维及模式研究

Research on thinking and mode of counterpoint variation

作　　者：徐　婧
导　　师：张韵璇
学位年度：2015年

摘要： 对位变奏（countrapuntal variations）是对位技法和变奏技法交叉形成的一种创作手段，它在不同时期、不同风格的音乐创作中均有广泛的应用价值。本文从对位变奏思维的角度动态地研究对位变奏的运行，解读作曲家的创作意图，明晰作曲家的逻辑思索，揭示对位变奏的技法真谛。

本文分为上下两篇。

上篇"理论探索"根据思维的4种基本属性（内隐性、依附性、指向性、规律性）及思维模式的3种类型（求异式、求同式、复合式），结合音乐创作思维必须以音乐材料为中介，而音乐材料又必然关联诸多表现要素综合运用等特殊性问题，对对位变奏的概念、对位变奏思维的特征进行了界定和探究。本文在尽量贴近作曲家创作构思过程去感悟对位变奏思维自身特点的同时，通过对诸多音乐文献的分析和考证，最终提炼出对位变奏思维的5种基本模式，即"增减式""更替式""置换式""间插式""复合式"。这5种模式既是作曲家在进行对位变奏音乐构思和写作中的技术支撑，也是分析这种音乐的理论工具。

下篇"案例分析"以两部20世纪不同体裁、不同演奏载体的作品（肖斯塔科维奇钢琴曲集《24首前奏曲与赋格》之第24首《D小调赋格》和欣德米特交响曲《世界和谐》之第三乐章"天体音乐"）作为案例，从解读作曲家创作立意出发，根据乐曲整体或阶段性结构的要求，结合音乐的多种表现要素并关注所有的变奏因素，考量各变奏单元的结构功能和技术特征，以获得对作曲家创意做出尽可能符合实际的解读。分析结果表明，作曲家在各自的音乐中，他们可以创造新的风格、探索新的形式，甚至建立新的技术规范，而通过历史沉淀后的思维模式将潜移默化地影响着他们的创作意识。

关键词：对位；变奏；对位变奏；思维；思维模式

音乐声学

音乐信息可视化研究
Study on Music Information Visualization

作　　者：梁晓晶
导　　师：韩宝强
学位年度：2019年

摘要：音乐信息可视化，即依据音乐声学原理，将音乐信息通过视觉方式呈现出来使其可供直观，以消除音乐音响的模糊性在音乐教育和音乐研究中产生的弊端提高音乐信息传达的准确性和有效性。音乐信息可视化以音乐声学为基础，融合心理学、数学、物理学等基础科学，结合人机交互、计算机信息技术、传感与控制技术等现代工程技术，通过将多种音乐信息进行抽象、提取以及统计、数学建模，采用视觉方式展现出来，最终可运用于音乐创作、音乐表演、音乐教育以及音乐研究等领域。

本文综合采用了文献分析、实验研究、定量与定性相结合的方法进行研究。在第一章中首先总的介绍了听觉与视觉信息相互关联的物理及心理学基础，探究音乐信息可视化背后的原理性科学依据。在第二章至第六章中，按照在人类历史中出现及发展至较为稳定状态的时间顺序，分别以作为乐谱、物理振动、声光类交互系统、影像与动画、统计图与数学模型的音乐信息可视化为视角，结合历史发展过程，以映射为视觉信息的具体音乐信息为线索，探索音乐信息可视化的发展历程，技术原理以及应用。

在本文的第三、第四及第六章中，穿插有实际研究和设计案例。在第三章中，以笔筒坝为例进行了三维物理振动的建模；第四章中，探讨了歌唱信息可视化的设计思路，并运用PureData和Processing进行了技术上的初步实现；第六章中运用实验心理学的方法对中国民族乐器主观听觉属性进行了定量的研究，可为中国民族乐器的声学特征研究和配器法研究提供一定的理论参考。

在最后一章中，对音乐信息可视化的听觉与视觉映射线索进行归纳总结，并结合艺术审美的变迁及音乐在不同时期扮演的社会角色，以及当下音乐技术发展的趋势，对音乐信息可视化的未来发展进行了展望。

关键词：音乐信息；可视化；人机交互物理振动；图形化乐谱

声音艺术的技术类型研究

Research on the Technical Types of Sound Art

作　　者：刘志晟
导　　师：韩宝强
学位年度：2020年

摘要： 声音艺术是以声音为主要媒介，通过信息认知，进而获得审美体验的多样化艺术实践。声音艺术是一个当代艺术概念，作为公共艺术主题之一，已被大众广泛地认知和接受。声音艺术自身没有特定的艺术形式，它多用于声音装置、声音雕塑的指代，但也可用于实地录音、声响艺术、声景作曲、声音步行等的描述。作为实践的主旨，声音艺术通过"声音信息艺术化"将这些艺术样式联系起来，成为声音艺术的不同实践土壤。

作为一个新兴的艺术门类，声音艺术的理论体系仍待完善。从声音艺术兴起到今天，其历史还比较短暂。它从听觉角度以各种新奇形式不断吸引着公众的注意。然而在丰富的艺术活动和实践背后，可应用于指导实践的艺术理论尚缺乏。如何将技术与艺术有效的融合、呈现，一直是声音艺术实践首要考虑的问题。有效的声音艺术技术分类有助于为声音艺术实践提供清晰的思路，从而实现技术手段的艺术化。本文期望通过大量的案例分析，对声音艺术技术进行梳理、总结及分类，并进一步为创作提供探讨的方向和可行的路径。

实现声音的艺术化呈现有三条技术路径，而声音艺术的技术是实现"声音"艺术化呈现的重要环节。本文所做的研究是在实现声音艺术化呈现的技术路径中，对每一个部分（声音动力源、介质、声音信息、艺术化呈现）进行分类研究。无论哪一条路径都能显示出"控制"这一技术的重要性，并将控制技术指向了声音信息和声音艺术化的呈现。因此，文章的重点集中于对声音艺术控制技术的研究。路径中的每个部分之间不是割裂的，它们有着不同程度的制约关系，而这些制约关系恰恰使这些部分形成了完整的实践通道。但最终的目的是能够在实现艺术化呈现的路径中，更准确的将声音艺术"技术"研究与其他因素的联系相剥离、牵引，最终形成较完整的分类体系。

本文以声音动力源对介质的控制关系为声音艺术技术分类总原则。前三章是对声音艺术的概念、现象和科技应用的总结（第一章是围绕声音艺术技术展开的概念总结，为之后的技术分类做铺垫；第二章是声音信息与艺术化呈现，总结了声音信息进行艺术化呈现的现象；第三章是声音艺术常用科技手段的解析，为第四、五、六章谈论控制技术做铺垫）的基础上逐步建立分类体系的。第四章以声音动力源的类型为标准，对声音动力源的控制技术进行分类及研究；第五章以介质类型为标准，对介质控制技术进行分类及研究；第六章建立在第四、五章分类基础上，是以声音动力源对介质控制关系为标准，对控制技术路径的分类及研究。这三章分类的目的是对声音艺术化呈现路径中各个环节关系的剖析，探讨了控制声音信息产生的多样化手段（第四章）；探讨了控制视觉因素的多样化手段（第五章）；探讨了声音信息（听）、视觉因素（视）之间的控制关系（第六章）。

特别要提到的是，在第四、七章的结论中，笔者分析了声音动力源控制技术与声音信息之间的关系，阐明了声音动力源控制技术对声音信息生成的多样化特征的决定性作用。另外，第六、七章的结论中探讨了声音动力源控制技术与介质之间的控制关系类型，同时归纳了三种实现艺术化呈现的路径，说明声音动力源控制技术对视觉的动、静状态起决定性作用。

关键词：声音艺术；音乐声学；音乐科技；实验音乐；声音装置；声音雕塑

中国民族管弦乐队音响特性研究

Study on Acoustical Characteristics of Chinese Traditional Orchestra

作　　者：黄司祺
导　　师：付晓东
学位年度：2021 年

摘要：中国民族管弦乐队是我国大型乐器组合形式，是以西洋管弦乐队编制结构为模板，填充以中国传统乐器的民族乐队。本文对中国民族管弦乐队的音响特性进行了全面系统的声学测量及分析，并结合实验数据针对中国民族管弦乐队的诸多实践领域进行了探讨。

第一章与第二章为理论研究部分。其中第一章以民族乐器为对象，介绍了管弦乐队分类法以外的几种典型的乐器分类法，兼涉古今中外，并进一步阐释了乐器的基本声学结构。此外，分析了乐器音响主观感知特征（音高、音强、音长、音色以及声音的空间信息）与物理声学各参量之间的离散或连续关联。结合西洋管弦乐队成熟的声学研究经验，为本课题明确了研究思路，大体分为频域特征、时域特征与空间指向性特征三部分，进而确立了每个部分所涉及的声学参量。第二章进而阐释了本文所涉及的每种声学参量的方法论，其中频域特征包含谐音列、共振峰、动态范围、噪声成分与频谱质心这五个参量；时域特征主要关注了 ADSR 包络中 Attack 与 Release 阶段；空间指向特征关注了录音环境的混响时间与乐器的声音指向性两个特征。最后介绍了实验准备工作，即各部分实验所使用音频样本、数据的采录过程与预处理过程。

第三章至第五章为实验研究部分。本文基于 H·S 分类法将民族管弦乐队乐器分为弦鸣、气鸣与体、膜鸣乐器。再以各类乐器音响特性相似度为原则进行进一步的乐器分类，结合各类乐器不同的声学结构揭示了它们的发声机理。按照第二章所确立的本文实验所涉及的声学参量，对民族管弦乐队中三十件常规编制乐器展开了系统的声学测量实验并得出数据。运用统计学方法对各类数据进行分析，从而揭示了客观数据与主观听感之间的联系。

在第六章中，结合前文实验结论，对民族管弦乐队的创作实践、表演实践、乐改实践三个方面展开讨论。基于声学客观数据分别针对民族管弦乐配器、乐队演出席位、乐改现状提出了新观点。

关键词：中国民族管弦乐队；民族乐器；音响特性；音乐声学

北京中轴线声景漫步：缘起、现状和前景

The Soundwalking on the Central Axis of Beijing: Origin, Current Situation and Prospect

作　　者：黄一伦
导　　师：付晓东
学位年度：2022 年

摘要：北京中轴线是北京城建筑布局和城市规划参考和遵循的中心轴线，拥有悠长的发展历史和丰富的文化底蕴。以声景学的研究视角，对北京中轴线区域进行全面系统的声环境信息采录、声学测量、问卷调查和数据分析，并结合数据结果和声音感知对北京中轴线的声景现状进行阐释和评价。

第一章为理论研究部分。分析了声景学科代表性研究的目的、思路和实验手段，对研究对象的特点和难点进行解读，提出适合本课题的研究构想，并对声源分类以及采取的研究方法和具体内容进行概述。

第二章梳理了完整的实验流程，对研究的区域和范围进行了规划，对各实验环节需要采用的工艺和技能进行了充分翔实的论证，其中特别关注了音视频素材采录和声学参数测量时的技术细节和注意事项，通过合理的调控手段和规范的操作方式确保数据的质量和效力，从而提升实验结果的准确性和说服力。

第三章至第六章为具体的实验和调查阶段，按照地理尺度对钟楼至地安门、景山至紫禁城、前门至永定门以及奥林匹克公园四个区段进行采录和测量，通过提取客观参数、声波图表和频谱成分等方式，揭示人耳主观听感和客观声学数据的关联，并对其进行描述和解释。

第七章为总结和讨论部分,对问卷反馈和数据样本进行整理和比对,针对前文研究成果进行讨论,对研究过程中的局限性和不足进行总结,提出北京中轴线声景保护、提升和后续研究的构想。

关键词:北京中轴线;声音漫步

自然与文化生态对东西方弹拨乐器形制与音色的影响
——以阿拉伯乌德为参照

The influence of nature and culturalecology on the shaping and tone quality eastern and Western plucked stringed instruments —— Taking Araboudasareference

作　　者：石宇加
导　　师：韩宝强
学位年度：2022年

摘要：本文基于生态音乐学（Ecomusicology）视角，以阿拉伯乌德琴作为参照，运用乐器材料学、乐器工艺学、音乐声学和民族音乐学的相关研究方法和技术，探讨了不同的自然和文化生态对东西方弹拨乐器形制与音色方面的影响。以自然生态与文化生态为研究对象，阐述影响东西方弹拨乐器形制与音色的原因。以世界文明发源地之一的两河流域为起始点，论述首先问世的阿拉伯乌德琴这种弹拨乐器的诞生与发展，继而追溯乌德琴向东向西演变的过程。通过研究东西方弹拨乐器的制作过程和对东西方弹拨乐器频谱的分析，归纳出东西方的自然生态和文化生态的特点，运用自然生态和文化生态的属性，来解释形成东西方弹拨乐器形制与音色的原因所在。

第一章、第二章介绍了西亚最具代表性的弹拨乐器乌德琴的形成与发展、西亚地区的自然与文化生态以及乌德琴的制作工艺与频谱分析。通过对乌德琴制作材料和频谱的分析，对形制结构的研究与考证、对制作工艺的研究，揭示了西亚地区的自然与文化生态对乌德琴形制与音色影响的关键所在。

第三章、第四章、第五章为乌德琴传到东亚，详细介绍了琵琶、三弦、热瓦普的形成与发展，中国地区的自然与文化生态的特点。通过对琵琶、三弦、热瓦普制作材料和制作工艺的研究与频谱分析，得出自然与文化生态的哪些因素影响了中国弹拨乐器的形制与音色。

第六章、第七章为乌德琴传到西方，介绍了琉特琴、吉他的形成与发展，西方地区的自然与文化生态特点。通过对琉特琴、吉他制作材料和制作工艺的研究与频谱分析，得出影响西方弹拨乐器形制与音色的关键所在。

第八章、第九章介绍了南亚地区的自然与文化生态、西塔尔琴与维纳琴的种类、历史与发展。通过对西塔尔琴与维纳琴制作材料和制作工艺的研究与频谱分析，得出印度地区的自然与文化生态在哪些方面影响了印度弹拨乐器的形制与音色。

第十章为第一章至第九章的内容做了综述，对比在自然与文化生态影响下，东西方弹拨乐器形制与音色的差异。

第十一章对八种弹拨乐器的音色差异作出测量与描述。

关键词：自然生态；文化生态；东西方；弹拨乐器；形制与音色

中国风格交响乐作品音响特征研究

Research on the Acoustic Characteristics of Chinese Style Symphony Works

作　　者：石丰恺
导　　师：韩宝强
学位年度：2023年

摘要：20世纪20年代以来，西方交响乐的概念和形式逐渐被中国各阶层认知和接受。中国的专业音乐家们基于18、19世纪欧洲交响乐模式，对构成交响乐的一系列备选约束条件进行适应性筛选和模式重构后，创作出大量多声部单乐章或多乐章音乐作品，统称为中国风格交响乐作品。文章回顾了近百年来中国交响乐的发展历程，在参考大量涉及中国交响乐作品的材料和文献基础上整理编制了《1916—2016年间创作的中国风格交响乐代表性作品编目》，从作品数量、题材、年代分布等方面对其进行了统计分析。

文章探讨了音响在音乐沟通链中的重要作用。作为表演者和听众、表演者和作曲家之间对话的框架，音响是音乐风格概念获得的重要实例来源。在音乐学中，音响特征是指音乐声所具有的可供听觉识别的属性，其中最为显著的属性是音色。音色语义属性是指用于传达声音音色印象的大量词汇所表明的关于音色感知的性质特征。音色空间感知维度是用于描述声音音色在空间中位置关系的属性或特征组合，可表征不同音色的相对位置。

文章基于跨学科研究的视角，综合运用音乐声学、心理物理学、计算音乐学等学科的理论和方法，以音色语义属性与音色空间感知维度为主要考察点。

首先以《中国风格交响乐代表性作品编目》曲目为基础，制成了"中国风格交响乐代表性作品音频文件集合"，并利用音频分割与结构化技术，从中提取出符合"主观评估声音质量方法"通用标准的"中国风格交响乐代表性作品音频样本集"；其次从大量涉及中国交响乐的评论文献中整理得出"中国交响乐作品音色评价术语集"；最后进行了基于强制选择标度以及基于语义差异的音响主观评价实验，从度量距离、音色特性轮廓、多维标度、信度、层次聚类、相关性、音色空间等角度，对实验数据进行了分析，从音色语义属性与音色空间感知维度两个方面揭示了中国风格交响乐作品的音响特征。

关键词：中国风格交响乐作品；音响特征；音色语义属性；音色空间感知维度；音乐

音乐教育学

全球化背景下贵州苗族音乐传播研究

On the Communication of Miao nationality music in Guizhou Province under the Globalization Background

作　者：张应华
导　师：管建华
学位年度：2012年

摘要：本文研究的问题来源于当代贵州苗族音乐的传播实践，研究起点是其传承策略的封闭性和传播策略的现代性。研究的构想与基本思路是：在田野调查的基础上，运用多学科综合分析的方法，全面梳理贵州苗族音乐当代传播的现状，并深刻揭示其现代性特征。同时，通过对不同群体不同观点的深度访谈和问卷调查，揭示其关于贵州苗族音乐传播的不同价值观，以此进一步提出全球化背景下贵州苗族音乐传播的文化策略和行动策略。本文主要的理论来源包括文化全球化理论、后现代文化、文化传播、文化生态、人类学、教育学、文化产业、苗族文化研究等。

本文主要包括以下几章。

第一章简要地梳理了贵州苗族音乐的文化空间结构及其研究历程，对传承与传播两个概念进行了较为详细的比较与辨析，并在此基础上提出了全球化背景下贵州苗族音乐传播研究的几个主要问题。

第二章主要研究全球化背景下贵州苗族音乐的民间自然传播，包括"民间自然传播的历时性梳理和功用概述""苗族音乐'代际传播'的行为方式与个案调查""苗族音乐'族际传播'的行为观念与个案调查"以及"贵州苗族音乐民间自然传播的挑战"4个部分。

第三章主要研究全球化背景下贵州苗族音乐的现代媒介传播包括"贵州苗族音乐创作传播及个案分析""贵州苗族音乐表演传播及个案分析""贵州苗族音乐文化原生态推介"以及"贵州苗族音乐现代媒介传播的价值与现代性症结"4个部分。

第四章主要研究全球化背景下贵州苗族音乐的学校教育传播，包括"20世纪下半叶贵州苗族音乐学校教育传播""21世纪以来贵州苗族音乐学校教育传播""贵州苗族音乐学校教育传播的现代性悖论"3个部分。

第五章主要采用文献研究、问卷调查和个别访谈的方法梳理和探讨贵州苗族音乐传播的地方策略和社会舆论，包括"贵州苗族音乐传播的地方策略与新闻导向""青年学生群体社会舆论的问卷调查""文化学者群体社会舆论的深度访谈"3个部分。

第六章为全球化背景下贵州苗族音乐传播的文化策略和行动策略的探析。其中文化策略包括"价值判断的文化自觉观""研究策略的文化全球观""信源策略的文化主体观""信道策略的多层分级观""解读策略的文化相对观""交流策略的主体间性观""产业策略的文化生态观"。行动策略则主要研究了以下5个方面：①以"合目的、合规律"的生产实践维护贵州苗族音乐文化生态；②从"元素型"转向"文化型"的贵州苗族音乐创演传播；③回归民间主体性行为，重构贵州苗族音乐的"原生态"推介；④以"交往理性"重构贵州苗族音乐当代教育传播体系；⑤以"主体选择"策略重构贵州苗族音乐保护体制。

关键词：全球化语境；贵州苗族音乐；民间自然传播；现代媒介传播；学校教育传播

蒙古族音乐数据库的设计与制作

The Design and Implementation of The Mongolian Music Database

作　　者：滕　腾
导　　师：谢嘉幸
学位年度：2013年

摘要：在数据库技术飞速发展的今天，如何使数据库更有效地服务于音乐的研究、教学以及其他广泛应用，已成为一个必须正视的问题。如何从传统、当代以及发展的视野来看待一个特定民族音乐文化的生态，以期使数据库包容更多的内容，具备更有效的途径与更简捷的方法，也被研究者日益关注。本文选择蒙古族音乐文化生态为研究对象，涵盖蒙古族原生、次生与再生音乐的生态景观，包含广泛多样性的图、文、音像等资源，力图构建一个面向专业研究者和普通音乐爱好者的大规模音乐数字化公共服务的规范化、标准化平台，这构成了本文审视的整体内容。

本文分为文本论述与数据库展示两部分内容。文本论述主要包括宏观阐释、资源分类、资源采集、设计与制作、功能展示等五部分内容。第一章、第二章主要对所涉及的概念、已有数据库存在的问题、蒙古族音乐的分类等内容做了论述。在蒙古族音乐的分类中，笔者借鉴了文化生态学学科的研究方法，将蒙古族音乐划分为原生态、次生态、再生态蒙古族音乐3种类型；基于前人对蒙古族传统音乐的分类方法，对现有的蒙古族创作音乐也进行了划分；试图通过蒙古族传统音乐与创作音乐来研究蒙古族音乐的整体内容。第三章对蒙古族音乐的文本、音频、视频、图像资源的采集流程做了阐释。第四章是本文的技术支持部分，在技术架构方面，通过使用语义网技术、关联技术应用的关联数据集、知识图谱和音乐本体的构建、软件的选用等进行设计与制作。第五章是本数据库的功能展示部分，主要对"存取与分类""浏览与搜索""特色功能"以及"学术社交"等其他功能做了介绍。数据库展示部分参见"蒙古族音乐数据库"，网址：www.mmdb.cn。

本文可谓是一次音乐研究者与信息技术工作者的深度对话，是一篇以蒙古族音乐为案例，侧重方法论的博士学位论文。该数据库打破了当前传统单一、老套的观念和认知，进行全新探索，做到了集采录、分类、分析、研究、教学、描述等多功能为一体，有效地解决了教学与科研工作开展的应用性、系统性、科学性等多方面的问题，通过多维的视角共同阐述蒙古族音乐整体，为国内外专家学者提供学术参考。

关键词：蒙古族音乐；数据库；传统音乐；创作音乐；文化生态；音乐本体

关于伦纳德·伯恩斯坦音乐教育实践的研究

A Research on Leonard Bernstein about His Music Education Practice

作　者：张　烁
导　师：谢嘉幸
学位年度：2013年

摘要：伦纳德·伯恩斯坦是20世纪著名的音乐大师，他集作曲家、指挥家、演奏家、教育家以及社会活动家等多重身份于一身。多年来，由于其在指挥事业方面的辉煌，致使人们对其另外身份的忽视，尤其是教育者的身份。从伯恩斯坦身上，我们看到了一个问题——音乐教学与音乐创作乃至表演是矛盾的还是互动的？在教育者的身上能否体现对于音乐艺术的热情与执着？

伯恩斯坦从20世纪50年代中期开始借助公共传媒工具针对不同年龄、不同身份的人们开展了形式迥异的音乐教育活动。本文从历时性的角度进行叙述。第一章在回顾伯恩斯坦教育背景的同时从宏观上对其教育理念进行概括，着重提出伯恩斯坦后来的很多教育方式和思想与其早年的教育经历有着密不可分的联系。从第二章开始到第五章，依次论述从20世纪50年代至80年代伯恩斯坦具体的教育活动，每十年为一个时间段落，且每一段有着不同的教育形式，从"公共汽车"到"青少年音乐会"，从"诺顿演讲"到"晚期讲座"，这些教育活动很多不为国内的读者所熟知，实为遗憾。笔者从教育学的角度出发，在论述事件过程的同时进行教育学角度的分析，并总结其得失。第六章对伯恩斯坦一生的教育活动进行总结，从教学理念、教学目的、教学形式以及教学手段等方面提出对于中国的经验和教训。

纵观伯恩斯坦的一生,其一方面对音乐有着狂热的追求;另一方面对教育也有着由衷的热爱,两者紧密结合成了一个不可分割的整体。笔者认为,伯恩斯坦在进行作曲和指挥事业的同时,其对音乐教育的关注是一种必然,当然在这其中也有偶然的因素,究其根本原因是由他的个性和所处的环境决定的。从伯恩斯坦的身上可以看出,音乐教学并不仅仅是单纯的输出性劳动,教学与表演完全可以成为水乳交融的艺术,音乐家无论从事教学活动还是创作活动,都在追求音乐的激情,这也是伯恩斯坦给予后辈音乐人最珍贵的礼物。

关键词:伦纳德·伯恩斯坦;音乐教育;实践形式;大众传媒

中国少数民族音乐课程的文化理解范式建构
Constructing Cultural-Understanding Paradigm of Chinese Minorities Music Curriculum

作　　者：尚建科
导　　师：管建华
学位年度：2014年

摘要：本文的核心论题是高等院校的中国少数民族音乐课程范式问题。本文研究的主要内容是，通过对高等院校中国少数民族音乐课程的历史和现状进行分析，在总结其基本经验和反思成败得失的基础上，提出中国少数民族音乐课程的文化理解范式。

本文认为，中国少数民族音乐课程的文化理解范式主要着眼于本土文化的内在发展和个体能力的整体发展，其基本内涵主要体现为知识、社会、人3个维度的课程价值观革新与重建。从课程知识观的角度来看，本文强调将中国少数民族音乐作为一种有机的文化整体来把握。从课程与社会的关系角度来看，本文强调以文化认同为目标的中国少数民族音乐及其课程的内在发展。从课程与人的关系角度来看，本文强调课程回归学生生活世界，实现"整体的人"的发展。

本文共分5章。第一章立足不同历史时期的社会文化语境，归纳和分析了中国少数民族音乐课程范式的基本类型、基本特征和发展症候；第二章立足哲学诠释学视域，提出了中国少数民族音乐课程的文化理解范式；第三章立足本土文化语境和当代学术语境，对中国少数民族音乐课程的知识观进行了考辨和重构；第四章在课程知识观的基础上，论证了中国少数民族音乐课程的文本观；第五章主要论述了中国少数民族音乐课程的实施策略。

理解是人文学科在对待人的精神世界时的一种独特观察方式。将文化理解作为构建中国少数民族音乐课程范式的价值坐标，反映了课程顺应当代人文学科精神的理论品格与实践走向，也是中国少数民族音乐课程在当代教育改革语境中得以创新发展的必由之路。

关键词：中国少数民族音乐课程范式；文化理解；自主性发展；文化认同

中小学音乐创造力教学的理论研究与实践探索

The theory study and the practical exploration of the music creativity teaching of the primary and secondary school

作　　者：喻　意
导　　师：谢嘉幸
学位年度：2015年

摘要：半个世纪以前，西方已经对创造力进行了较为深入的探索。近十年来，有关音乐创造力研究的著作相继在美国、英国出版，世界上许多国家把音乐创造力教学纳入普通音乐教育中并作为重要教学内容。21世纪，中国关于音乐创造力的研究也在不断升温。本文梳理国内外音乐创造力理论，结合我国中小学音乐创造力教学现状，建构了"5C"音乐创造力教学模式，并通过实验教学验证了这一模式的合理性和有效性。

本文首先全面梳理国内外音乐创造力研究的相关成果，包括音乐创造力的内涵、影响因素和测评方法，以及音乐创造力教学的构成要素、教学内容、教学方法和教学策略。采用量化、质化结合的研究方法，本文还分析了中国国家音乐课程标准和教材，调查了北京市120位中小学音乐教师，访谈了8位教师并观察他们的课堂，以全面调研我国中小学音乐创造力教学的政策制定、教材编写情况和北京市中小学音乐教师的音乐创造力教育观念与实际教学现状。

本文结合前人的研究成果与我国当前的教学状况，构建我国中小学"5C"音乐创造力教学模式。此模式共由5个部分构成：创造型学生（creative student）、创造型教师（creative teacher）、创造型环境（creative environment）、创造型行为（creative acting）和创造的过程（creative process）。最后，本文运用"5C"模式进行教学实践，实践课程包括即兴创作、创编、改编、创意聆听和创造性表演，实验结束后对教学效果进行分析与反思，总结音乐创造力教学的经验和规律。实验研究结果表明，本文构建的"5C"音乐创造力教学模式是合理有效的。

在此教学模式的教学实践过程中，学生们在创造力技能发展（创造性思维、创造性人格）、音乐知识的学习及音乐产品创造能力方面均得到了不同程度的提高。

关键词：音乐创造力；音乐创造力教学；中小学音乐教育；教学模式

基督教仪式音乐的教化功能研究
——以崇文门堂教会仪式为例

A Study on the Cultivation Functions of Christian Ritual Music—A case study of church service in ChongWenMen Church

作　　者：赵美荣
导　　师：谢嘉幸
学位年度：2017年

摘要： 孔子早在2500年前就提出"兴于《诗》，立于礼，成于乐"的音乐教化思想，蔡元培亦提出了"以美育代宗教"的设想，但由于近代以来众多历史的波折，音乐教育迷失了其教化本意。本文以"音乐教育的教化意义何在"为研究问题，从宗教要素结构理论的视角，运用文献研究、田野调查、访谈、统计等研究方法，对北京市基督教会崇文门堂的教会仪式及信徒的信仰生活进行了观察与分析，解答了基督教仪式音乐的教化功能及实现教化的内在机制问题。

全文由绪论及9章正文内容构成。绪论包括选题缘起、相关研究、研究意义、研究问题、对象、方法及理论视角等。第一章对北京基督教会崇文门堂的相关情况进行了介绍。第二章对崇文门堂的礼拜仪式、聚会仪式、婚礼仪式、葬礼仪式4种仪式进行了观察与记录。第三章至第四章叙述了笔者与崇文门堂信徒的交流访谈，并介绍了崇文门堂信徒的信仰生活。第五章至第七章分别探讨了崇文门堂教会仪式音乐的审美教化功能、教义教化功能、伦理教化功能。

第八章以崇文门堂"主立圣餐日礼拜仪式"为具体语境，分析了基督教仪式音乐实施教化的过程。第九章是结论与讨论部分。本文得出的结论是：基督教仪式音乐具有审美教化、教义教化、伦理教化三大教化功能。基督教仪式音乐之所以能够产生教化功能，作用于信徒以"爱"为核心的伦理行为，原因有以下几点。首先，基督教仪式音乐在形式上符合基督教的神学美学要求，在内容上体现了基督教的信仰内涵。其次，基督教仪式音乐与仪式中的其他程序相互作用，全方位地对其信仰内涵进行阐释，坚固信徒的宗教信仰。最后，信徒在仪式过程中建立起来的宗教信仰与信徒的生活相结合，作用于信徒的伦理行为，实现教化。需要说明的是：基督教仪式音乐是实施教化的有效媒介，它作用于人的感情，使"神"变成可以感知的存在，从而使信徒从内心深处"崇拜神"，服从"神的旨意"，践行"爱神"与"爱人如己"的伦理要求。

"教化"是社会人文科学领域的核心概念之一。音乐教育作为实施教化的重要途径之一，在音乐的审美活动过程中培养人的道德情操，从而促进人类社会的和谐与发展。因此，探讨音乐的教化功能问题涉及音乐教育的学科本质及价值问题。而基督教的仪式语境不仅提供了丰富且有效的解释音乐教化功能的情境，同时也对我国优秀传统文化教育具有借鉴意义。

关键词：基督教仪式音乐；审美教化；教义教化；伦理教化；音乐教育；中华优秀传统文化教育

吟诵的音乐性研究

Studies on the Musicality of Chinese Traditional Chanting

作　　者：任咪咪
导　　师：谢嘉幸
学位年度：2020年

摘要：吟诵是我国古代文化中一种集语言、音乐、文学于一体的诵读传统，亦可称为一门艺术。它以吟诵者为主体，声音为载体，通过一种具有音乐性的即兴诵读方式，对不同文体进行表达。近年来随着传统文化热潮的兴起，吟诵作为一种蕴含音乐特性的诵读方式，又开始受到学界重视。然而，吟诵的音乐性是否仅仅是语言音调的即兴发挥，还是与我国传统音乐有着密切的联系？吟诵的音乐性是否蕴含着我国传统音乐之本源？"言之不足则长言之，长言之不足则嗟叹之"真的是吟诵音乐性生发的根源吗？吟诵与中国传统戏曲的韵白与唱腔又是何种关系？这些是吟诵研究必须要回答的问题。本文以"吟诵的音乐性"为题，就相关文献进行了梳理，对大量的吟诵音频进行记谱和分析，总结出吟诵音乐性的主要构成，即旋律性、节奏性与即兴性。吟诵以即兴性为前提，旋律性与节奏性互为吟诵"成腔行调"的基础，三者缺一不可且相互联系。本文对吟诵中"腔""调""节奏""即兴"概念以及它们之间的关系等问题从音乐性角度进行论述。

本文除绪论与结论外，分四章进行论述。

第一章"什么是吟诵的音乐性"。本章首先对"吟诵的音乐性"做了基本阐释，在分析学界对"吟诵"的不同理解与界定的基础上，参考已有的传统吟诵划分方式，从音乐性的角度将吟诵分为"吟读""吟诵"与"吟唱"三种不同类型，对吟诵的音乐性及其构成进行了重点分析，在吟诵的即兴性基础上，吟诵的旋律性、节奏性共同构成了吟诵行为的发生。

第二章"吟诵的旋律性"。本章是吟诵"神韵"之所在，也是吟诵音乐性最为重要的组成部分之一。吟诵的旋律性是由吟诵的字调、吟诵的"腔"与吟诵的"调子"三部分构成。吟诵的"字调"是吟诵行腔成调的基础；吟诵的"腔"具有独特性（它不同于戏曲、民歌中的"腔"），其包含"字腔"与"腔音"两个部分，在"字调"与吟诵"调子"之间起到调整、连接、协调、辅助和美化的作用；吟诵的"调子"是由吟诵者通过其"头脑中的音乐"以"字调"为基础，通过"依字行腔""字正腔圆""依义行调"等规则所形成的一种曲调。吟诵的"腔"与"调子"是最能够体现吟诵风格的两个方面。

第三章"吟诵的节奏性"节奏是吟诵音乐性的主要特征之一，也是吟诵的"根骨"之所在。吟诵的节奏以吟诵文本为基础，以文本的诵读节奏为参考，依据吟诵者的理解，按照一定的平仄规则形成。吟诵的节奏分为"外部节奏"与"内部节奏"两种节奏类型，其中"外部节奏"由吟读性节奏、吟诵性节奏与吟唱性节奏组成，而"内部节奏"则由"意义节奏"与"情绪节奏"构成。这两种节奏类型始终贯穿于吟读、吟诵与吟唱之中，既有区别又有相同点。吟诵的节奏性对旋律性所起到的是一种辅助与限制的作用，目的是在能突出文意的同时，增强不同吟诵风格类型之间的"界限"感。

第四章"吟诵的即兴性"。即兴是贯穿吟诵行为始终的一种特殊的音乐性特点，也是吟诵的传承之"魂"。可以说吟诵的即兴性是吟诵能够发生以及流传的一个重要因素。本章从音乐性的角度，将吟诵的即兴性分成"即兴发挥"与"即兴创作"，其中"即兴发挥"所指的是吟诵过程中一种短暂的即兴行为，它所产生的即兴效果具有多变性；"即兴创作"所指的是一种持续时间相对较长，同时其整体结构在短时间内不会发生改变的具有相对稳定性的一种即兴行为。在吟诵的即兴活动中，吟诵者的乐感最为重要。一方面，吟诵者所熟悉的音乐会直接影响其吟诵的风格；另一方面，吟诵者的音乐素养越高，在继承不同吟诵风格的效果上也会更加完整。吟诵的即兴活动对吟诵在家族传承、师徒传承、自然传承等不同模式的传承中也起着重要的作用。

本文的结论是：第一，吟诵的音乐性所指的是吟诵在呈现过程中体现出的音乐性特点，由吟诵的旋律性、节奏性与即兴性三个方面构成。第二，吟诵的"腔""调"与戏曲中所指的"腔调"两者在概念上有相似之处，但"腔""调"的呈现的状态存在明显差异，吟诵的"腔"与"调"是吟诵"成腔行调"的关键，同时也是一种能够对吟诵内部对不同类型进行区分的参考项。第三，吟诵的音乐性不仅仅是语言音调的即兴发挥，它还与吟诵者的音乐素养相关，其与中国传统音乐也有着密切的关系，尤其是中国传统音乐有着密切的关系。第四，吟诵者在吟诵中为主体地位，并且在教育与传承中发挥着主导的作用。

关键词：吟诵；音乐性；旋律性；节奏性；即兴性

评剧旦角"白派""新派""花派"的传承与创新

Inheritance and Innovation of "Bai School", "Xin School" and "Hua School" in Female Role of Pingju

作　者：王　莉
导　师：谢嘉幸
学位年度：2020年

摘要：针对当前戏曲音乐的传承在中国大陆受众群体日渐萎缩的现状，以及学校教育对传统艺术的呼唤，很多评剧名角出于对传统评剧的责任感，普遍感觉到评剧当下传承的重要性和紧迫性，特别是如何在当下继续培养评剧流派传人和观众群体，她们做了大量的实践和探索，如"新派"传人罗慧琴的评剧"三进工程"、"韩花筱"传人冯玉萍的"冯玉萍艺术工作室"等，这些探索和实践对于评剧的当下的传承和发展效果如何？评剧在当下的社会环境下如何能更好的传承？

本研究选取新中国成立以后流传最广的评剧旦角"白派""新派""花派"，将流派的创始人及亲传弟子作为研究对象，在整理了评剧艺术在新中国成立以前及新中国成立以后，特别是戏曲教育纳入国民教育体系之后的传承与创新的基础上，以对当代评剧名家冯玉萍、罗慧琴的访谈为主，并深入相关学校和社区进行调查研究，以口述史的研究角度较为系统地梳理了评剧传承与创新的历史、探讨评剧主要流派在当下传承与创新的模式、研究学校教育体系如何引进优秀的传统文化资源。

绪论部分主要为对研究问题的阐释及相关研究基础，包括研究问题及意义、主要内容及研究方法、相关的文献综述、创新点及研究局限。

第一章对评剧传承与创新的历史沿袭进行了简要的概述，从评剧早期发展的四个历史时期论述早期的名角在传承和创新的过程中是如何发展起来的。

第二章论述了评剧"白派"的创始人白玉霜、"白派"的亲传弟子小白玉霜、"白派"的第三代代表传人刘萍的评剧艺术，探究评剧"白派"的创立过程和"白派"在唱腔、表演和剧目上的特点，并论述了"白派"如何从白玉霜、小白玉霜，再到刘萍及其弟子的传承发展，在传承的过程中对"白派"艺术又有哪些新的丰富和发展，以及不同的时代环境对"白派"发展状况的影响。

第三章论述了评剧"新派"的创始人新凤霞、"新派"的亲传弟子罗慧琴的评剧艺术，探究评剧"新派"的创立过程和"新派"在唱腔、表演和剧目上的特点，论述了"新派"如何从新凤霞到罗慧琴及其弟子的传承发展，在传承的过程中"新派"艺术又有了哪些新的丰富和发展，以及不同的时代环境对"新派"发展状况的影响。

第四章论述了评剧"花派"的创始人花淑兰、"花派"的亲传弟子冯玉萍、探究评剧"花派"的创立过程和"花派"在唱腔、表演和剧目上的特点，并论述了"花派"如何从花淑兰到冯玉萍及其弟子的传承发展，在传承的过程中对"花派"艺术又有哪些新的丰富和发展，以及在不同的时代环境对"花派"发展状况的影响。

第五章首先论述评剧传承创新的相关理论：文化多样性和当前"非遗"传承的四种生态环境，在此理论基础上从三个方面对于"白派""新派""花派"的传承与创新进行对比分析。从不同的社会生态环境来看，评剧名角深受时代环境对艺术风格和创作的影响，从新中国成立以前、新中国成立以后、改革开放以来，到21世纪以来，处在不同时代环境中的评剧名角在评剧艺术的风格上有着明显的不同。从评剧名角的学艺经历和传艺经历来看，他们在新中国成立以前的传承模式有：家族传承、师徒传承和班社传承三种类型。新中国成立后，评剧教育纳入了国民教育体系中，评剧团和艺校创办了不同形式的培训班，学校成为培养当前评剧人才的主要传承基地。在评剧各流派艺术风格的传承与创新上，评剧"白派"的创始人白玉霜在继承"李派""大口落子"的唱腔基础上，吸收了评剧"刘派""喜派""爱派"和京剧"程派"的唱腔艺术，开创了评剧走低腔的唱法，开创了普通话的评剧唱白；评剧"白派"的亲传弟子小白玉霜在继承"白派"偷气、低腔的唱工技巧，根据自己的嗓音条件扩展了"白派"的音域和音色，丰富了"白派"唱腔的表现风格；评剧"白派"的第三代传人刘萍进一步继承评剧"白派"的演唱风格、传统剧目，并进一步丰富了评剧"白派"的剧目。评剧"新派"的创始人新凤霞，从评剧的各个流派及各艺术门类，还学习了5年西洋唱法技巧，开创评剧饱满并放松的唱工技巧，创造了"疙瘩腔"为代表的新的唱腔风格。评剧"花派"的创始人花淑兰向评剧"刘派""爱派"学习，并学习西洋唱法，创造了"三高"的唱工技巧，以及"真假声结合"的评剧唱腔。评剧"新派"的亲传弟子罗慧琴和"花派"的亲传弟子冯玉萍也是紧跟时代的脚步，在继承传统的基础上，在评剧传统唱腔上追求创新，她们从唱工技巧以及现代音乐的风格上赋予评剧唱腔新的内涵。无论是"白派""新派""花派"的创始人和亲传弟子都是在传承的基础上不断推陈出新，创出新的艺术风格，这也是评剧艺术发展的动力和源泉。

  结论部分围绕以上三个方面探讨评剧在当下的传承与创新：（1）根据前文对评剧名角的研究，各流派的评剧传承与创新都是以杰出的评剧艺术家为核心，不论是流派创新还是艺术传承，评剧名角对于评剧的传承创新都起着至关重要的作用，探讨评剧名角的培养模式，以及青年评剧人才的培养，提出学校教育体系，特别是高等教育体系与师徒传承相结合的培养模式；（2）根据前文对各评剧流派艺术风格的论述，提出传承首先要全面地继承和学习评剧的传统，其次才是借鉴其他艺术风格的创新，坚持二者的统一，评剧才可能得到真正的发展；（3）根据前文对不同时期评剧流派传承与创新变化的研究，针对评剧在当下社区生态环境的营造、评剧旅游生态环境的营造，以及评剧校园生态环境的营造。

  关键词：评剧；流派；传承；创新

生态视野下开封传统音乐的传承与传播

The Inheritance and Dissemination of Kaifeng Traditional Music from the Perspective of Cultural Ecology

作　　者：尚永娜
导　　师：管建华　谢嘉幸
学位年度：2020年

摘要： 本文的研究问题来源于笔者对开封传统音乐当代传承与传播的实地考察和教学实践，研究的起点是其传承模式的封闭性和传播策略的现代性。本研究的基本思路是：在田野调查的基础上，运用多学科综合分析的方法，全面梳理开封传统音乐的传承与传播现状。通过对高校教育界、基础教育界、开封文化界、地方戏曲界、政府管理界等不同群体、不同行业、不同专业领域人士的深度访谈和问卷调查，揭示他们关于开封传统音乐传承与传播的各自观点，以此进一步提出文化生态视野下开封传统音乐传承与传播的文化策略与行动建议。

本文主要包括以下几个部分：

绪论部分阐明了研究的缘起、文献综述、研究方法、研究思路及概念界定，本文主要采用了文献研究、质化研究和量化研究相结合的研究方法，理论来源包括文化生态学、音乐教育学、音乐人类学、音乐传播学、后现代文化、区域文化研究等。

第一章首先梳理了开封的自然和人文生态环境，点明开封是中国传统音乐文化的重要起源地，开封的方言与传统音乐文化有着密切的联系；其次介绍了开封的传统音乐，分为民间音乐、宫廷音乐、文人音乐、宗教音乐等四大类；最后列出了开封传统音乐的民间传承、社区传承、学校传承、旅游传播和网络传播等五种主要传承与传播途径。

第二章以开封二夹弦、豫剧祥符调、宋词乐舞、开封盘鼓和大相国寺梵乐为例概述了开封传统音乐的民间传承，分节论述了这五种传统音乐的传承源流和当代发展状况。

第三章介绍了社区音乐教育的内涵和开封传统音乐的社区文化生态，将开封传统音乐的社区传承分为五个部分，包括官方组织的大型传统文化艺术节、庆祝传统节日的演出、开封市文化馆组织的惠民演出、各级各类省内外传统音乐交流活动以及社区居民自娱自乐的传统音乐演出等，分别阐述了它们各自的丰富内涵。

第四章论述了开封传统音乐的学校传承。首先介绍了开封市中小学"戏曲进校园"活动概况，通过问卷调查了解了学校师生及家长对于"戏曲进校园"的基本观点和态度，进一步阐明了"戏曲进校园"的文化价值、存在问题和实施对策。其次介绍了开封传统音乐在河南大学的教学实践，从戏曲专业教学、音乐师资培养、戏曲表演人才专项培训等三个部分论述了河南大学戏曲专业及中小学戏曲师资培养的问题，并提出了在高校中建立传统音乐课程体系的建议。

第五章论述了开封传统音乐的旅游传播，对开封两场宋代文化主题的演出《大宋·东京梦华》和《千回大宋》进行了评析，描述了宋词乐舞研究会和大宋戏曲茶楼的经营现状，并对开封传统音乐的旅游传播提出了意见和建议。

第六章论述了传播媒体发展的三个时代，以及网络时代的三种新型传播媒介，包括微信传播、网络社群传播、网络直播等；介绍了开封"新民歌"的创作与传播状况；提出了重视开封传统音乐传承的七种力量、实施多方联动的传统音乐文化生态发展策略等可持续发展建议。

关键词：开封；传统音乐；传承；传播；文化生态

人生的"另类"依托
——北京公园合唱研究

The "alternative" support of life —— Research on chorus in Beijing parks

作　　者：夏侯晓昱
导　　师：谢嘉幸
学位年度：2021年

摘要："社区音乐"（Community Music）作为音乐教育学重要的研究领域之一，以"音乐为了每一个人"（Music for Everybody）作为最根本的标识，以社区退休老年人等弱势群体为其关注与研究对象。改革开放以来，我国的社区音乐活动日趋活跃，公园合唱正是其最典型的代表。那么，作为大众参与度与接受度最高的公园合唱活动给参与者带来了什么？引发这一现象的社会现实是什么？现象本身有何文化意义？本文从社区音乐的视域切入，以北京6个公园合唱团中的10名参与者为研究对象，在对国内外社区音乐文献梳理的基础上，采用质性研究方法，以期了解参与者的行为、感受参与者的内心并对参与者的行为进行意义解释。在资料分析策略上，本文采用了"扎根理论"，从"田野"中归纳出"依托""参与""认同""陪伴""博弈"五个本土概念，并据此发展出两个扎根理论：其一，共同的身份与经历对参与公园合唱活动具有定向作用；其二，公园合唱活动对老龄化群体成员的社会交往具有建构功能。这两个理论进一步统摄在"社区音乐对老年人生活的建构"这一主题下。

本文的主要内容如下：第一章在对社区与社区音乐概念源起与演变进行学术梳理的基础上，描述了全球化背景下国外社区音乐研究的历史与现状；阐述了社区音乐国际组织——国际音乐教育学会社区音乐活动委员会，对全球社区音乐所做的贡献、发挥的作用以及产生的影响；回顾了我国的社区音乐研究，并指出今后的研究方向。以此为北京公园合唱研究提供了宏观的学术语境。第二章以"依托"作为第一个本土概念，讲述了一位北京公园合唱团团长的故事。他的故事在本研究的所有样本中既具有典型性，又贯穿了后面各章所要讨论的主题。该个案生动的人生经历与参与者共同建构了公园合唱团在当下社会的使命。第三章对公园合唱的基本形态"参与"进行了阐释。首先从北京公园合唱参与者的视角，对"参与"概念进行了厘清；其次对参与者们"参与"公园合唱的因素进行了分析。第四章阐述了北京公园合唱参与者对公园合唱基本原则"认同"的重视，以及在参与者们的活动中所呈现出的隐性与显性认同。第五章探讨了"陪伴"作为公园合唱活动的心理倾向的内在感受、外在表现以及核心意义。第六章以"博弈"为引导，分析了北京公园合唱当下所处的生存状态。结论与讨论部分对北京公园合唱活动给参与者们带来了什么进行了总结。

本研究的意义在于：理论层面，分析了催生公园合唱这一现象的历史、现实与社会原因，总结了公园合唱现象所体现的文化意义。实践层面，一方面"自下而上"的建构了一个观察中国当代老年人退休生活的窗口；另一方面为寻求中国老龄化社会精神赡养问题解决方案提供了一个典型案例。本研究的不足之处在于：第一，对北京公园合唱的讨论主要集中在对公园合唱"共性"特征的讨论，还缺少对其"个性"特征的探讨。第二，对"认同"的分析主要集中在参与者的文化与身份方面，欠缺对其行为与场域认同的分析。第三，对现有条件下音乐教育者如何介入公园合唱活动，实现互动与双赢，将是下一步要探讨的问题。

关键词：公园合唱；依托；参与；认同；陪伴

文化传承实践中的中国音乐人类学与音乐教育学的学科融合研究

Research on the Disciplinary Integration of Chinese Ethnomusicology and Music Pedagogy in the Practice of Cultural Inheritance

作　　者：李小雷
导　　师：谢嘉幸
学位年度：2021年

摘要：在新文科的大背景下，音乐学科融合已经成为音乐学术界进行跨学科研究不可回避的问题。不同音乐学科之融合是否必然？融合基于什么前提？过程如何？又将产生什么结果？针对这一系列问题，本研究通过对音乐人类学与音乐教育学在文化传承实践中融合发展对具体案例的考察，厘清了一条从"分立"到"渗透"再到走向"交叉"的学科融合路径。从而得出以下结论：学科融合是在社会实践需求的大背景上发生，学科融合不仅为原有学科提供创新性成果，还各自借助其视角开拓新的研究内容。学科融合一方面需要克服自身学科壁垒，同时也不能迷失学科本位。从学科融合的结果来看，音乐人类学与音乐教育学一方面在相互借鉴和渗透的基础上继续深化，另一方面音乐教育人类学的出现将会提供一种新的交叉模式，为解决传承实践在当下传承、教育的困境提供知识体系的架构。

本研究共分为六章。第一章是有关学科融合研究的基础，探讨了学科融合的基本理论、学科融合的动力分析以及音乐人类学与音乐教育学学科融合的历史阶段等问题。第二章描述了在"分立"的阶段中,音乐人类学与音乐教育学各自生发的学科图式,讨论了两门学科初期的学术问题,阐释了在"集成"背景下两门学科对传承实践问题的不同关注。第三章主要以两次重要的会议作为学科间"渗透"的对象,以"主体性问题"为焦点,阐释了音乐人类学是如何通过"母语音乐教育"介入音乐教育学,以及音乐教育学的"人类学取向"的过程。第四章阐释了"交叉"时期两门学科是如何实现从"知识"到价值的转变再到以"人"为核心的学科融合。同时,借助"非遗"的背景阐释所带来的对整个中华优秀传统文化教育的价值追求,在这样的背景中音乐人类学与音乐教育学展开了学科性的交互。第五章主要通过高校传承实践中存在的两个典型案例作为呈现,意在说明和强调在传承实践过程中,要将音乐人类学与音乐教育学学科互相并置,使之融会贯通,从而更好地为传承实践服务,更好地推动传统音乐文化的传承。第六章主要是本研究的结果和结论。通过对"借鉴"和"交叉"两种学科融合的结果性透视,结合学科融合不同阶段的特点,总结出"三种形式"和"三种层次"的学科融合,以此回答本研究提出的核心问题。同时,面对传承实践仍然未解决的问题,也为我们指引了一条音乐教育人类学的新思路。本研究有助于我们突破学科间知识性的壁垒,树立起跨学科的思想观念,从而进一步拓宽音乐学科的学术研究空间,激发更多学者参与跨学科研究。

关键词:学科融合;传承实践;音乐人类学;音乐教育学;跨学科

改革开放四十年中小学音乐课程美育观念演变研究

Research on evolution of aesthetic education concepts of music curriculum in primary and secondary schools during the forty years of reform and opening up

作　　者：鲍明伟
导　　师：谢嘉幸
学位年度：2022年

摘要：近年来，随着党和国家一系列文件出台，美育成为学校音乐教育关注的热点。关于学校美育的认识普遍存在两种倾向，一种倾向为把美育直接嫁接到道德规训的德育，另一种倾向为把美育简单视为知识技能化的艺术教育。在"以美育人"教育方针引领下的中小学音乐课程要如何认识美育？如何看待当代中小学音乐课程美育观念发展中存在的两种倾向？美育观照下的中小学音乐课程如何育人？本文在梳理我国近现代中小学音乐课程美育观念的基础上，以改革开放四十年（1979 — 2019）中小学音乐课程美育观念及其实践为研究对象，通过相关文献研究与当事人访谈，即运用历史、统计、访谈等方法归纳、总结和分析改革开放四十年三个时段，即"双基"时期、"以审美为核心"时期、"以美育人"时期的中小学音乐课程美育观念演进。本文认为，当代中小学音乐课程可在"成人"的美育观念统摄下，将"双基""审美""育人"等各时期美育观进行有机整合，并探索出一条可行的实践路径。

本论文由五章组成，具体内容简述如下：

第一章我国近代以来中小学音乐课程美育观念缘起。从代表人物的音乐美育思想和音乐教育政策两方面梳理我国近代以来中小学音乐课程美育观念发展脉络。第一节通过梳理九位代表人物的音乐美育思想，发现近现代的音乐美育观念均受到传统乐教思想和西方美育思想的影响。第二节简要梳理近现代中小学音乐课程相关政策文件，总结出美育视域下中小学音乐课程的内容要素，即：音乐知识技能、音乐审美、道德思想，为本论文研究提供了历史依据。

第二章"双基"时期中小学音乐课程美育观（1979—2000）。"双基"时期的中小学音乐美育观念分三个阶段：第一阶段（1979—1985）美育独立性尚未确立，围绕为何要开展音乐美育展开讨论，以审美功能论为主导；第二阶段（1986—1992）美育的独立性初步确立，围绕如何开展音乐美育展开讨论，音乐双基论认为良好的音乐审美能力需要以音乐知识技能为基础，成为这一阶段主流的美育观念；第三阶段（1993—2000）素质教育改革拉开序幕，审美核心论随之快速发展，审美核心论认为中小学音乐课程应以审美体验为核心。从教学实践层面看，"双基"时期的中小学音乐课程实践注重音乐知识技能训练和道德情操养成，学生的审美能力没有得到充分发展。

第三章"以审美为核心"时期中小学音乐课程美育观（2001—2010）。在素质教育改革背景下，音乐双基论被视为应试教育思想在音乐课程中的具体表现而被边缘化，审美核心论被视为素质教育在音乐课程中的具体表现得到长足发展。多元文化论、母语审美论从文化学理论视角拓展了音乐课程美育观念的维度。从教学实践层面看，"以审美为核心"时期的中小学音乐课程淡化了双基教学内容，以审美核心论为主导。

第四章"以美育人"时期中小学音乐课程美育观（2011—2019）。在"立德树人""核心素养"课程改革引领下，审美核心论主导的音乐课程过于忽视音乐双基而导致音乐教学少，音乐的局限性逐渐显现，中西方多种音乐教育观念在中华文化语境中逐步融合，以美育人论逐渐发展为主流观念。从教学实践层面看，"以美育人"时期的中小学音乐课程恢复了双基教学内容，呈现出通过带有音乐双基的审美体验陶养人格的教学逻辑。

第五章总结。第一节总结不同时期中小学音乐课程的育人指向，即："双基"时期强调音乐知识技能训练，"以审美为核心"时期强调审美体验，"以美育人"时期注重人格养成，从双基到审美再到育人，中小学音乐课程逐步确立了的成人意识和成人目标。第二节对六种音乐美育观进行总结与反思。第三节总结出美育视域下的音乐课程内容三要素，即双基、审美、道德，并对三者的关系进行辨析。第四节在传统儒家"兴于诗，立于礼，成于乐"美育思想的基础上，提出中小学音乐课程的三种教学形式：游戏、角色、仪式，明确了中小学音乐课程的成人路径。

　　本论文通过梳理改革开放四十年中小学音乐课程美育观念发展脉络，厘清几种美育观念的合理性与局限性，明确美育观照下中小学音乐课程的成人意识、成人目标和成人路径，对新时代的中小学音乐课程改革有积极意义。本论文亦有不足之处，对美育观照下的中小学音乐课程改革论述并不详尽，有待进一步研究。

　　关键词：改革开放四十年；美育观念；中小学音乐课程

音乐心理学

音乐短时记忆的组块研究
——从音乐短时记忆形成的本体因素到音乐偏好发生的认知心理基础

Chunk Research on Short-term Memory of Music From Music Ontological Factors in Formation of the Musical Short-term Memory to the Cognitive Psychological Foundation about the Generation of Music Preference

作　者：任　恺
导　师：刘　沛
学位年度：2010年

摘要：音乐认知和音乐情感反应研究一直是音乐心理学所关注的重要课题。然而，影响音乐短时记忆形成的音乐本体因素、音乐偏好产生的认知心理基础以及它们之间的关系是所属领域较少涉及但又十分重要的问题。本文以音乐短时记忆的组块研究为切入点，回顾了音乐记忆和音乐偏好领域内最具代表性的研究，在文献综述的基础上，获得从思路、方法到操作层面的启示。

在本文中，确立了音乐心理学的音乐本体研究范式，采取了定性和定量研究相结合的方式，通过3种类型的问卷调查和基于搜索量的网络调查研究等新手段，找寻人们音乐生活中与音乐认知和情感反应有关的"事实"，同时，依据这些音乐生活中的现象，以组块理论为突破口，通过实验的方式，系统研究了组块感、组块的长短、组块的速度、组块系列位置效应下的重复以及组块内部的复杂性这5个方面对音乐短时记忆及音乐偏好的影响。测试音乐在保证基本材料和长度不变的情况下，通过以上5个方面的变化和处理，造成同一材料下不同的组块特性，并通过由移调、分心任务、"测试音乐顺序设计"构成的"三重过滤体系"，将短时间内可能形成的熟悉度降到最低，在保证材料属性和特点不变的情况下，有效地抑制了近似材料反复出现可能引起的实验误差，在变量的"变"与"不变"间找到平衡。

首先，研究的结果以及对结果的图表和统计学分析显示，实验假设基本成立。组块感、组块的长短、组块的速度、组块系列位置效应下的重复以及组块内部的复杂性变化构成了音乐本体的常规变化，并引发了不同的短时记忆效果和音乐偏好程度，由此表明，音乐短时记忆除了受到被试的主观因素——认知因素的影响外，还受到音乐本体因素的影响。其次，在随后的研究中，通过统计学的方式，研究发现了音乐短时记忆的效果与音乐偏好程度间存在较高的正相关性，这表明了人的认知加工与情感判断之间有着密切的关系。这成为音乐偏好理论除熟悉度等理论之外的新解释，是音乐偏好产生的重要认知心理基础。最后，研究结果还显示，音乐专业被试和非音乐专业被试之间，无论是在音乐短时记忆的效果上，还是在音乐偏好程度的属性和变化趋势的判断上，存在较高的一致性，只是程度上的不同而已。研究结论为音乐教育、音乐治疗、音乐创作、音乐产业的发展打开新的思考空间，具备理论上的创新和实践上的意义。

关键词：音乐短时记忆；组块研究；音乐偏好；本体因素；认知心理

音乐意义形成的脑机制
——基于音乐、语言、语义学的事件相关电位研究

The Brain Mechanism of Music Meaning Processing A Study Based on Music, Language, and Semantics with Event-related Potentials Evidence

作　者：吴　珍
导　师：刘　沛
学位年度：2014年

摘要：音乐意义的问题一直受到古今中外音乐学者的高度关注，对这一问题的研究发端于音乐美学领域，后逐渐融入心理学等学科的理论，这丰富并拓展了音乐意义问题的研究。21世纪以来，伴随脑科学研究技术的发展和日趋成熟，研究人员开始尝试使用事件相关电位（Event-Related Potentials，ERP）等脑电实验技术手段探索这一经典的音乐问题。

本文在尝试实现研究方法转变、学科融合、科技与人文并重的指导思想之下，对音乐意义研究中音乐美学领域的经典理论、心理学角度的思考和认知神经科学的研究趋势及代表性实验进行系统的回顾和梳理，厘清音乐意义这一问题在不同学科之间的研究视角和主要观点。

在实验研究中，采用事件相关电位技术，以音乐和语言意义的比较为依托，从中国音乐美学经典著作《溪山琴况》中甄选语言文字材料，并选取了

数百段中外不同时期的音乐材料，展开脑电实验研究。共有12名音乐专业被试和12名非音乐专业被试参与了本次研究，通过对研究中两个脑电实验的行为数据、主观评价、脑电数据的结果进行分析，证实在以音乐材料作为启动刺激，以文字材料作为目标刺激时，音乐专业组与非音乐专业组被试均在目标刺激后产生了代表语义处理的脑电成分N400；在以文字材料作为启动刺激，以音乐材料作为目标刺激时，音乐专业组被试在音乐材料出现后同样产生了N400成分，而在非音乐专业组被试之中未能诱发产生语义处理脑电成分。由此说明音乐可以启动大脑中的语义处理功能，并且音乐专业组被试在聆听音乐的过程中也能够产生语义处理的脑电成分，从认知神经科学的角度说明音乐是具有语义性的。研究结果同时说明了音乐意义在大脑中形成的基本过程，被试在音乐和语言意义处理上的异同，以及不同被试群体在音乐意义理解问题上的共性和差异，证实了通过社会音乐环境的影响可以习得对音乐意义感知的基本能力，专业的音乐学习经历对音乐意义理解的程度有着重要的影响。

  研究结论进一步充实了已有的音乐意义问题研究成果，为社会音乐文化环境的营造、音乐学习方式的思考，以及人们更好地理解人与音乐之间的关系提供了实践指导意义。

  关键词：音乐意义；语言；语义学；事件相关电位；N400

音乐感知能力与音乐工作记忆的相关研究

A Corelational Study on Music Perception and Music Working Memory Based on the Evidence of ERP Data

作　者：哈　筝
导　师：刘　沛
学位年度：2014年

摘要：本文旨在探索音乐专业学生群体中所存在的音乐感知能力差异，通过对差异性的比较以及对差异产生原因的进一步分析，试图寻找到影响音乐感知能力的相关因素。

本文的研究以音乐工作记忆研究为切入点，采用延迟样本匹配实验范式（Delayed Matching-to-Sample, DMS），运用事件相关电位技术（Event-Related Potentials, ERP），对音乐感知过程中音乐工作记忆的加工机制进行实时精确的脑电记录。根据实验范式，笔者初始选取218条音乐刺激材料，通过评定，最终选出熟悉度低的"逻辑"与"非逻辑"音乐刺激片段各60条进行改编制作。运用Sonar8.5软件对每一条音乐刺激材料进行3次改编，改编均在原材料的2.5秒处开始。改编后的材料，3条为一组，作为一个任务环节中的编码阶段，编码阶段结束后为保持阶段，随后随机出现编码阶段其中的一条，作为再认阶段的任务提取，与编码阶段的材料进行匹配选择。

整个研究分为3个实验进行，最开始从行为水平入手，即实验一，对音乐专业学生进行音乐感知能力差异的研究；实验二，对入组的被试进行综合认知能力的研究，通过以上两个实验对60名音乐专业学生进行筛选，最终选出30

名学生入组实验三；实验三，在注意实验条件下，对音乐感知能力的工作记忆的加工机制进行2（音乐感知能力较强，音乐感知能力较弱）×2（较逻辑性的音乐材料，较非逻辑性的音乐材料）×3（3条类似的音乐材料，均在2.5秒处进行了变化）混合实验的事件相关电位研究。

  本文的研究运用了相对前沿的研究手段，对音乐感知研究领域从实证角度做了进一步的充实与尝试。此外，本文通过行为数据和脑电数据较充分地证实了音乐专业群体中确实存在并不明显的音乐感知能力的差异。通过对差异的进一步分析，找到差异产生的原因与脑机制，对音乐教育、音乐创作、音乐欣赏等音乐相关领域的发展提供可行性的方案和可借鉴的基础。

  关键词：音乐感知能力；音乐工作记忆；综合认知能力；事件相关电位；右前额叶

中西方音乐文化认知差异的实证研究

An Empirical Research on Cognitive Difference between Chinese and Western Musical Culture

作　者：彭　珂
导　师：刘　沛
学位年度：2018年

摘要：有关音乐文化的"中西关系"问题，一直是我国音乐学界长期讨论的热点。但是，采用心理学及认知神经科学的实证研究方法对其展开探索的研究却并不多见。本研究主要由两大板块构成，其一是中国传统文化及中西方音乐文化认知熟悉度的调查研究；其二是中西方音乐文化认知差异的神经科学研究。以两种不同的研究方法，在两个维度上共同论证了我国当今音乐专业大学生对于中西方音乐文化的认知差异。

在调查研究部分，笔者采取整群抽样的方式，在全国88所设有音乐专业的高校共收集了6584份调查问卷，首次全面考察了我国音乐专业在校生对中国传统文化以及中西方音乐文化的认知状况。通过对研究对象的性别、年龄、就读高校属性、专业方向、高校所处地域、学生生源地和学历层次七个方面的统计学分析，结果发现，被调查者对中国传统文化产生认知差异的主要影响因素是其性别和专业方向，而导致被试在中西方音乐文化认知上产生差异的主要因素有年龄、专业方向、高校所处地域和学生生源地。通过对统计数据的进一步挖掘，发现受访者对于中国传统文化和中西方音乐文化的认知表现出了感性与理性同在、认知与情感并存的特点。从受访者对中国传统文化的认知现状来看，他们对我国"非物质文化遗产"和中国古代文学典籍的认知熟悉度普遍较低；从受访者对中西方音乐文化的认知现状来看，他们对于西方音乐文化的认知熟悉度普遍高于对中国音乐文化的了解。

在认知神经科学研究部分，笔者以功能性磁共振成像技术为主要研究手段，重点考察了在我国音乐文化教育背景下成长起来的被试是如何感知中西方不同文化风格的音乐的。本实验共招募了60名被试，其中民乐组、西洋乐组和非音乐专业组各20名，实验刺激材料为中西方音乐片段各10段。后经磁共振扫描发现，在相同实验条件下，民乐组与西洋乐组被试的大脑神经机制并未表现出明显的差异。无论是民乐组还是西洋乐组被试，聆听中国传统音乐时，额内侧回显示出了显著的激活；无论被试是否具有音乐专业背景，聆听西方音乐时，额中回和顶叶（BA 7）的激活水平更为显著，研究结果进一步表明了西方音乐文化至今仍对我国音乐文化的影响较深。

研究结论不仅证明了中西方音乐文化的认知差异，拓宽了音乐学研究的视野，也为音乐教育、音乐创作、音乐传播等方面提供了有益的启示，从而进一步为弘扬中国优秀传统文化，增强文化自信，实现中国音乐文化在新时代的创新性发展提供了良好的借鉴。

关键词：中西音乐文化；认知差异；文化符号；功能性磁共振成像；文化自信

来华留学生的跨文化适应与对中国音乐的学习动机研究

Research on the Cross-cultural Adaptation and the Chinese Music Learning Motivation of International Students in China

作　　者：冯钰荃
导　　师：刘　沛
学位年度：2019 年

摘要：本文的研究对象为高校中参与中国音乐课程学习的本科来华留学生，旨在探析来华留学生对中国音乐的学习动机与跨文化适应程度及其相关维度的现状、关系和人口学变量上的差异，并根据数据与信息的反馈设计和实施相关的跨文化培训课程。

本研究主要分为五个部分：文献研究、量化研究、质性研究、行动研究与总结讨论。其中文献研究部分主要为相关理论基础、研究方法与工具的梳理与收集，包含三个方面的内容：其一，对音乐学习动机、学业自我效能感、音乐学习压力、社会支持与心理韧性的相关理论、研究现状、方法与测量工具作出梳理；其二，梳理与跨文化适应、跨文化压力、跨文化能力、跨文化策略、感知文化距离和自评抑郁相关的理论、研究现状、方法和测量工具；其三，梳理与跨文化培训相关的理论、以往经验与研究现状。量化研究为本文相关研究工具的信效度检验以及数据的分析部分，主要分为三个方面的内容：其一，现状分析，得出来华留学生对于中国音乐的学习动机以及跨文化适应程度处于中等水平，且离散度较高；来华留学生在中国感知到的社会支持水平不高；来华时间较短的留学生在跨文化适应程度及其相关维度上均水平不高等结果。其二，关系分析，得出来华留学生的跨文化适应程度、感知社会支持、音乐学业自我效能感对中国音乐学习动机有着显著的正向影响作用；音乐学习压力与自评抑郁水平对中国音乐学习动机有着显著的负向影响作用；跨文化能力与跨文化策略对跨文化适应程度有着显著的正向影响作用；跨文化压力与自评抑郁程度对跨文化适应有着显著的负向影响作用；跨文化压力在音乐学习压力与中国音乐学习动机的关系中起着中介效应的作用；跨文化压力在自评抑郁与中国音乐学习动机的关系中起着中介效应的作用；感知文化距离在学业自我效能感与中国音乐学习动机的关系中起着中介效应的作用；跨文化能力在学业自我效能感与中国音乐学习动机的关系中起着中介效应作用；跨文化能力在自评社会支持与中国音乐学习动机的关系中起着中介效应作用等结果。其三，差异分析，得出是否参与当地音乐团体以及不同来华时间的留学生在中国音乐的学习动机与跨文化适应程度上有显著差异。质性研究部分旨在为数据结果的归因分析收集相关信息，主要分为两个部分：其一，关于中国音乐学习动机的访谈研究，根据反馈总结出价值评估、信念、归因方式与自我效能感摘要等相关维度；其二，关于跨文化适应的访谈研究，根据反馈总结出跨文化影响因素、心理适应、应对方式与主观适应度等相关维度。行动研究部分旨在根据量化与质性研究的反馈，为来华留学生设计并实施跨文化培训课程，主要包括三个方面的内容：其一，课程设计，包括课程框架的圈定，课程内容的设置以及课程模式、方法与评估方式的选择；其二，课程实施，包括课程内容、实施的时间、场地与人员等相关因素的安排；其三，课程评估，包括教学成效与教学方法的评估与讨论。总结与讨论部分旨在对全文的主要结论与观点加以讨论，主要包括三个方面：其一，对主要结论的归因分析；其二，给予国内高校留学生音乐选修课程的相关建议；其三，对来华留学生实施跨文化培训课程的可行性与实际操作加以讨论并给予相关建议。

关键词：跨文化培训；中国音乐学习动机；学业自我效能感；音乐学习压力；跨文化适应；来华留学生

蒙古族普通高中音乐课堂教学现状研究
——以内蒙古两市五校为例

Study on the current situation of music classroom teaching in Mongolian high school—A case study of five schools in two cities of Inner Mongolia

作　　者：乌日瀚
导　　师：刘　沛
学位年度：2020年

摘要：教育的本质是育人，其职责是培养社会所需的人才，其教学内容应当是根据社会发展需求，基于生活经验，应用于社会实践的知识及能力。而当今教学内容则存在与生活、社会、实践脱节的现象，导致教与学枯燥乏味，学生不知现今为何而学，今后用于何处，乃至不清楚所学内容，尤其是民族传统文化在课堂中的教学，对此国家在相关政策文件中曾多次提出需要加强民族传统文化教育，进而提升民族文化自信，可见其重视程度。就此本文围绕教育心理学的情境认知理论对内蒙古地区蒙古语授课普通高中音乐教育展开了相关研究，因而将问题聚焦在：音乐课堂教学是否具有情境性、实用性、民族性，师生如何互动，学生是否主动参与，所授内容是否与知识产出的背景文化有关联，教学内容是否与生活、实践有所脱离，是否开展实践教学，是否涉及情境教学，民族传统文化传承情况如何等，由此了解音乐课堂教学中是否存在上述问题及其原因。另一方面，学校教育与家庭及社会有着密不可分且相辅相成的联系，因此通过个案研究即质性访谈部分，展现家庭及社会教育情况，了解在不同年代人们是如何有效传承民族音乐传统文化，并采用质性分析对其进行阐释及归纳，从中为现今音乐课堂教学找寻可借鉴之路。

本论文采用课堂观察、问卷调查、质性访谈等方法展开了纵向（时间点：即两代人的质性访谈）横向（范围面：即蒙古族普通高中音乐教学现状调研及高中生评价音乐课堂教学效果调查）两个方向的相关研究。整体走向为先"从外到内"再"从内到外再回归到整体"。首先，课堂观察采用观察、访谈、问卷等三种手段，试从三个角色视角展现结果，调查最终历时4个月，在内蒙古自治区H市、X盟、D旗等三个地区5所中学的15个班级进行了30次课堂观察，采访教师9人，收回有效问卷675份。调查结果发现，课堂教学中确实存在上述诸多问题。其次，笔者采用整体抽样的原则在内蒙古自治区12个地区的蒙古语授课普通高中发放1022份教学效果调查问卷，结果为内蒙古地区蒙古语授课普通高中生对音乐课堂教学效果的评价整体满意度为中等，并存在上述问题，还发现学生对民族音乐文化了解不深，对其喜欢程度不高。最后，通过访谈两组蒙古族受访者了解到他们之所以喜爱民族音乐，主要是因为受到家庭教育及生活环境的影响，并在实践中学习，通过实践历练自我。在谈及当今教学现象时认为，学生对民族音乐文化缺乏兴趣是由于民族传统文化赖以生存的大环境的变化以及一味的追求文化课成绩的结果，导致学习只为考试，教学内容与民俗生活有所脱离的现象，而上述现象是在生活、家庭、社会、语言、教学等环境的影响下造成的，最终研究发现存在上述问题的根本原因在于未能将民族音乐文化、学校教学（人）、生活、实践之间的点进行有效联结所致。由此笔者从课程内容与教学设计；课程教材与评价系统；学生与教师方面；学校与家庭、社会方面等四个方面提出了相关研究对策，如借鉴传统传承方式，探索"教学+"模式；与多学科整合教学，建立多元一体化教学体系，培养整体思维；三点连成线，将"三"化为"圆"；家庭、社会、学校三方教育联合一体化等建议，并希望对内蒙古地区蒙古族高中音乐教学有所帮助。

关键词：蒙古族高中音乐课堂教学；情境认知理论；民族传统音乐文化的传承教育

音乐治疗学专业

蒙古族音乐治疗研究
——以科尔沁萨满治疗为例

Exploring Mongol Music Therapy—A Case Study of Shamanic Healing in Horqin

作　　者：王连福
导　　师：张鸿懿
学位年度：2016年

摘要：科尔沁萨满治疗是蒙古民族运用音乐治疗疾病的古老传统中的典型代表。本文通过大量、深入的田野调查和文献研究工作，从音乐治疗学宏观的理论视角，将科尔沁萨满音乐治疗置于蒙古族萨满文化的深厚土壤和科尔沁萨满区域文化的背景中，观察、寻找隐于其中的音乐治疗脉络，根据以内蒙古自治区科尔沁萨满音乐、舞蹈3位传承人为核心展开的共150多名患者的调查以及采访资料的整理、分析，揭示出科尔沁萨满运用音乐进行治疗的"旭特恩·索呼"及"索力雅·嘎拉珠"（当地称"疯病"）两种病症的总体特点。本文对科尔沁萨满治疗的疾病观、治疗程序、治疗音乐、患者对音乐的生理与心理反应等问题做了较为深入的探讨，研究了其音乐治疗模式，进而揭开了科尔沁萨满音乐治疗的神秘面纱。

在上述研究的基础上，结论部分从治疗师、治疗适应证、治疗音乐及其方法技术、传承方式、治疗理论基础等方面，对科尔沁萨满音乐治疗与现代音乐治疗进行了比较，得出科尔沁萨满是古老的音乐治疗形式而非现代音乐治疗形式的结论。同时本文提出萨满师之谜、"旭特恩"及附体之谜、萨满治疗音乐之谜、音乐作用之谜，将笔者的观察体悟和国内外学者的论述并置，试图以"未解之谜"引起学界的重视和兴趣，从而使更多的学者参与并做进一步的探索，以迎接新世纪对人的意识研究的新突破的到来。

关键词：蒙古族；科尔沁萨满；音乐治疗

正念音乐治疗的模式基于福流与正念的临床研究

The Model of Mindfulness Music Therapy—A Clinical Study Based on Flow and Mindfulness

作　　者：马夕然
导　　师：张鸿懿
学位年度：2017年

摘要： 本课题希望在秉承中国传统文化、遵循中医哲学的基础之上，同时借鉴与融合中、西音乐治疗方法，建立一种具有临床实践可行性，探究福流与正念互为关联，形成中国特色风格的促进身心疗愈的正念音乐治疗模式。

本文共5个部分。第一部分阐述选题缘由、价值、意义、方法、思路、界定。第二部分从中国文化角度、心理学角度、借鉴国外技术方法角度回顾了与之相关的文献理论和实践意义。中国文化角度包含道之自然与"无"、《易经》之动静互涵、中医哲学之整体观、中国文化之和合。概述中国文化哲学与中医是正念音乐治疗的理论根基来源，有启迪智慧的价值。在心理学角度，围绕积极心理学与超个人心理学而展开，指出积极心理学的福流与正念是正念音乐治疗的心理动力基础，超个人心理学理念是其心理学的哲学观点。借鉴的国外技术方法有德国奥尔夫音乐治疗与美国治疗性鼓圈，提出两种技术方法对整合正念音乐治疗模式具备临床实践指导意义。第三部分对正念音乐治疗模式设想进行全面实证，经近百位的被试对象的亲身体会，验证其临床价值与可行性。结论如下：正念水平在活动之后比之前有明显的提高，并且在差异性统计中得出：活动后可以显著提高大学生正念的"觉知地行动"和"不判断"得分。显而易见地证实了正念水平的提高、福流产生的高度专注是正念音乐治疗的前提，而正念的产生则刺激福流的持续。第四部分透彻完整地陈述了正念音乐治疗的模式程序。其中主体部分由自我解放、建立人员关系、建立旋律、呼应与回应、音乐支柱、音乐即兴组成，之后进一步陈述了正念音乐治疗的不同音乐形式（节奏、体裁、曲式、多声、色彩）。第五部分提出笔者对本文研究的讨论与展望。从音乐治疗概念的反思出发，着眼于5个关键词——治疗师、治疗过程、治疗目标（健康）、治疗方法、治疗关系，提出音乐治疗应该积极地从人性角度对人的本源状态做出更多的理解，进而在传统文化的熏染下，完成中国现有音乐治疗理论的文化延伸。

正念音乐治疗模式的探索，是在中国传统文化的历史中寻找探源有价值、有意义的疗愈思想。对已有的中、西临床经验给予更高价值的整合，以图原创性正念音乐治疗模式的临床实现。这是一条具有无限潜力、可持续前行、不断发展的中国音乐治疗之路。

关键词：音乐治疗；正念；福流；音乐治疗模式；临床研究

探寻音乐心理剧中的萨满治疗基因
——以科尔沁蒙古族萨满治疗仪式为例

Exploring shamanic healing genes in musical psychodrama A case study of shamanic healing rituals of Mongolian people in Horqin

作　　者：傅　聪
导　　师：张鸿懿
学位年度：2022年

摘要：本文通过选择音乐心理剧与蒙古族萨满治疗仪式作为具体的研究事象，从找寻现代音乐治疗中的萨满治疗基因开始，经过多次的临床实践与田野调查、文献的搜集与整理，一方面循迹音乐心理剧创始人约瑟夫·莫雷诺所提出的思想与方法技术，从治疗的角色构成、治疗过程治疗的表现形式、治疗的音乐等多个角度找寻音乐心理剧与蒙古族萨满治疗仪式中的共通性，使得萨满治疗仪式这一古老的治疗智慧和恒久的艺术魅力得以呈现，并循迹此脉络进一步提炼出现代音乐治疗的萨满治疗基因，深入挖掘这一古老萨满治疗智慧中所蕴含的深刻内涵；另一方面则从探讨音乐治疗中音乐与治疗关系的实践层面上升至学科层面，在立足于跨学科与本土化的语境之下，进一步梳理有关音乐与治疗关系研究的诸学科以及它们与音乐治疗之间的联系，以清晰音乐治疗在未来的发展定位与方向。

笔者通过循迹传统治疗仪式与现代音乐治疗之间的联系与脉络，结合当前活跃的学术大背景，包括医学人类学和民族音乐学对治疗、音乐与文化的关注日益加深，并催生出医学民族音乐学，促进表达性艺术治疗的兴起，以反思国内音乐治疗学科建设所面临的困境与挑战。本文认为音乐文化观的缺失往往是一个容易被忽视的重要原因之一，进而对中国音乐治疗未来的发展道路提出了相关的思考与建议。一方面是对音乐治疗的界定、培养模式及与跨学科的合作交流提出了新的思考，以丰富与补充国内音乐治疗学科的基础理论建设；另一方面则对音乐未来的发展趋势进行了展望，即走向综合与回归传统。其一，从走向综合的趋势来看，笔者重新思考了音乐心理剧在国内的发展潜力，尽管它早已作为音乐治疗的一项方法技术应用至今，但其真正的价值并未被充分挖掘。其二，从回归传统的发展趋势来看，笔者分析了民族音乐治疗在国内的发展潜力，尽管中国民族医学研究成果颇丰，但除了中医之外，其他民族的优秀医学遗产却很少被学术界关注，近年来医学民族音乐学的异军突起，必然会对音乐治疗的发展产生影响，这将使音乐治疗把目光投向更为广阔的各民族传统的治疗形式。文中对民族音乐治疗在中国的发展做出了积极的展望，提出应建立"民族音乐治疗工作室"的设想，旨在从音乐治疗的角度以整理与挖掘国内各民间仪式中尚存的"音乐治疗形式"，特别是对于即将消失殆尽的民间治疗仪式的记录与整理，这也有待于音乐治疗同行们的关注与重视，以期能够从这些珍贵的遗产中汲取治疗的精华并运用于音乐治疗的实践之中。

关键词：音乐治疗；音乐心理剧；萨满治疗仪式；民族音乐学

声乐表演艺术研究

多样性声乐教学的理论与实践
——美声中国化的视角

Teaching Vocal music of Diversity In Theory and Practicing

作　　者：王　莹
导　　师：马秋华
学位年度：2017年

摘要：从20世纪初西学东渐至今，中国声乐经历了不同的历史发展时期。从美声进入中国之初的"国乐改进观"的践行，到鲁艺秧歌剧时期的戏歌唱法的出现，直至20世纪民族演唱方法的发展繁荣乃至"中国声乐"的提出，中国的美声在历经两次社会转型下围绕着中西、古今展开了冲突和磨合，对话与交融。一批批声乐教育家致力于中国声乐的理论建构与实践中。其中有马秋华教授提出的整合性的多样性声乐教学，遵循中国声乐从"二元对立"走向"融合"的思路，在继承传统的基础上借鉴西方声乐合理部分发展中国声乐。本文试图以笔者多年美声中国化的表演实践阐释多样性声乐教学的观念与实践。文章也从美声唱法在中国的历时梳理，探讨多样性声乐教学的历史意义与未来展望。

关键词：多样性声乐教学；美声唱法；土洋之争；美声中国化

中国民族声乐演唱多样性实践与研究

Practice and Research on Singing Diversity of Chinese National Vocal Music

作　　者：黄　茜
导　　师：马秋华
学位年度：2018年

摘要：本文选取中国民族声乐"演唱多样性"作为研究对象，对其在中国民族声乐发展的历史沿革中经历的三个阶段、背景来源与内容、演唱实践中的具体体现进行较为系统的分析与研究。本文重点从声音、呼吸、共鸣、咬字，包括风格思想情感等相关的声乐本体内容，结合与本体内容相关的声乐人才培养原则、培养内容等视角对民族声乐"演唱多样性"展开论述。并试图从声乐作品的个案研究与实际演唱实践中探索出"演唱多样性"对中国民族声乐的发展起到怎样推动性的作用。

第一部分是对中国民族声乐艺术沿革历程的梳理与分析，并在梳理的同时从中寻找出与"演唱多样性"相关的理念雏形及其经历的一系列变化与发展。本章将中国民族声乐的历史沿革分为古代、近现代、当代三个时期。"演唱多样性"的背景追溯和内容研究。其"演唱多样性"的提出，是建立在多样的地理环境、多样的生产生活方式、多样的民族构成、多样的语言、多样的社会习俗、多样的审美追求六个方面的客观条件上，对"演唱多样性"运用在声乐人才培养的"四性"原则，即科学性、民族性、文化性、时尚性，和培养的四个方面，即多样演唱定位、多种演唱方式、多民族演唱风格、多文化内涵的情感表达，进行详细的分析与论述。

第三部分是对"演唱多样性"的演唱技术本体的研究，通过声音、呼吸、共鸣、咬字这四个方面进行了详细的论述。

第四部分是以第三章的研究为基础，对"演唱多样性"进行的演唱实践研究。以笔者就"演唱多样性"所做的理论研究，结合最终将其研究体现在《采音观乐·黄茜博士毕业独唱音乐会》中，数首民歌（云南民歌、贵州民歌、紫阳民歌、福建民歌》以及两首戏歌为例，分为采集过程、音乐背景及音乐形志分析、演唱技术分析三个部分进行详细的分析与研究。

第五部分是对民族声乐"演唱多样性"进行的全方位总结，从培养原则、培养方面，以及第四部分所做的研究，对其在民族声乐发展中起到的实践意义和价值作用进行分析与论述。

关键词：演唱多样性；民族声乐；声音；呼吸；共鸣；咬字

声乐演唱中的"擞音点"及其拓展

The Point of "Souyin"（Yodeling）and Its Expansion in Vocal Music Singing

作　者：周　强
导　师：金铁霖
学位年度：2019年

摘要：本文所说的"擞音"与昆曲和京剧唱腔中的"擞音"概念相关联，但它又与传统京、昆中的"擞音"意义不同。文章把真假声转换产生"擞音"的节点称为"擞音点"。"擞音点"是在歌唱时，真假声相互重叠的有效区间内均可产生"擞音"效果的任何音高节点，既包含了传统意义"换声点"的音高节点，又是较之更为丰富的一个概念。

"擞音点"的训练与"真声""假声"和"混合声"等声音物理性质密切相关。通过掌握"擞音"之道，并根据作品和审美的实际需要，合理利用这三种声音，使歌唱者实现可以用不同的声音诠释"不同风格、不同作品"的目标。

笔者从"擞音点"的训练入手，论述了真声、假声、混合声三种声音，介绍了与之相对应所涉及的技术方面问题。此外，文中也就一些声乐演唱中的常见问题，谈了笔者的看法与建议。

第一章对与"擞音"相关的几种典型的、具有代表性的民间唱法作简单介绍，并对"擞音""擞音点"的概念及其与歌唱中各声音之关系进行梳理，同时论述了不同人声类型各自所代表的性质及其发声原理。

第二章通过阐述"擞音"和"擞音点"在具体声乐演唱中的运用，介绍了

"擞音点"的寻找办法以及相关训练形式，并以《孤独的牧羊人》《赞歌》这两首中外经典声乐作品作为实例进行剖析，分析其中所涉及、运用的"擞音"所具备的技术功能、存在价值等。

第三章主要论述"擞音点"与极具个性的纯真声之间的关系，通过"擞音"的相关练习，获得纯真声所具备的特点。从发声学角度，论述了歌唱中纯真声具有个性的原因。与此同时，对其风格、定位和相关训练方法与相关作品进行介绍。

第四章主要论述"擞音点"与代表着共性的纯假声之间的关系，通过"擞音"的相关练习，获得纯假声所具备的特点。从发声学角度，分析歌唱中纯假声为共性的原因。与此同时，对其风格、定位和相关训练方法与相关作品进行介绍。

第五章主要论述"擞音点"与混合声之间的关系。混声唱法是在实际歌唱中真、假声混合，"你中有我、我中有你"，相互混兑互为一体的一种歌唱方法。该唱法相对于纯真声、纯假声唱法具有音域更宽、音量更大、音色更饱满的特点。在一定程度上，这种唱法已经成为当今学院派声乐教学中声音训练的主流。混合声又可分为偏真的混合声、偏假的混合声和真假各半的混合声，虽然三者之间并无精确的衡量标准，但可从听觉及发声状态上对其进行大致的区分，本章主要介绍根据作品风格与需要在三者之间自由切换的方法。

同所有的抽象艺术一样，音乐的直观感受较难用准确的词语来表达。因此，本文尝试借用相关的字、词来描述笔者对声音特点的理解，并展开论述。

关键词：擞音；擞音点；落音；纯真声；纯假声；混合声

中国声乐作品唱词的正音方法及其应用研究
Research and Practical Application Of Singing Diction in Chinese Vocal Music

作　　者：李伟彤
导　　师：金铁霖
学位年度：2019 年

摘要：本文运用声乐学与语音学、音韵学学科交叉的研究思路和方法，架构中国声乐唱词正音体系的基本知识框架。借鉴外国声乐教学体系中的演唱正音方法，结合汉语声韵的独特形态，探究中国声乐作品唱词正音的方法及其应用。

本文的研究主要集中在以下几个方面：1）本文在中国声乐歌唱语言注音方法与应用的实践研究中，立足于母语的唱词声韵研究，首次从唱词正音的角度，对中国声乐歌唱中的唱词正音与教学的关系进行全方位的研究，并结合本人在长期探索中积累的经验，初步形成可以纳入中国声乐歌唱教学体系的唱词正音方法与理论。2）本文对中国语言唱词声韵与唱词注音方式、语音的演变以一定的梳理和阐述，同时借鉴国际音标在国外声乐演唱正音中的应用，研究并归纳针对汉语演唱正音（diction）的基本方法，对中国声乐歌唱语言注音方法及中国声乐唱词正音体系的建构及其应用提出一定的认识，尝试为中国声乐歌唱语言注音体系提供一个基本的理论框架及应用方法。这个理论框架的建构及其应用方法，不仅与当今国际通行的正音体系接轨，并且能为中国声乐的歌唱实践乃至为中国声乐作品走向世界提供支持。3）通过分析与整理汉语声、韵、调的历史及其语音流变，梳理声韵调在不同历史时期的发展脉络，为汉语唱词正音的实践提供不同历史时期的语音资料考证，使今人不但能够"正""今音"，也能够"正""古音"。建立中国声乐作品唱词正音基本知识框架，为后续更加深入的研究打下基础。4）进一步归纳整理汉语普通话音系，配以声调标注的方式，尝试解决汉语拼音与国际音标在汉语演唱实践中的矛盾，提出以标注音素的方式编纂练声曲和声乐作品教材的必要性，为声乐教学提供了新的思路。

关键词：中国声乐；唱词；正音

当代中国声乐与湖南花鼓戏润腔表演的比较研究

A Comparative Study of Contemporary Chinese Opera and Embellished Vocal Performances of Hunan Huagu Opera

作　　者：王丽达
导　　师：金铁霖　马秋华
学位年度：2019年

摘要： 中国戏曲艺术是中华文化之瑰宝，在无数优秀家的继承和创新下积累了许多宝贵经验。戏曲艺术与中国声乐有众多共通之处，对当代中国声乐歌唱表演在理论和实践层面都有着很大影响，融合吸取借鉴戏曲艺术之精华，能够使中国声乐艺术在演唱与舞台表演中更具风格性和表现力，让中国声乐的"民族"个性与"中国"风格更加鲜明。本文从表演者和研究者"双重视角"出发，对当代中国声乐的历史与现状进行纵向梳理，在"历时"时间发展脉络中重新审视中国声乐的四个要历史期；对湖南花鼓戏的润腔方法与表演特征予以系统性和整体性研究，在"参与体验"与"表演经验"的立场下，探讨中国声乐的歌唱及表演对湖南花鼓戏润腔与身段表演的有益借鉴，并对中国歌剧话语体系建设予以学理层面思考，以期为当代中国声乐进一步传承戏曲之精华提供可行的办法。

第一章以纵向历史时间脉络作为文本描写主线，依次探讨"新秧歌剧到民族歌剧时期的声乐文化转型""中国传统戏曲对民族声乐歌唱与表演的影响""20世纪七十年代以来中国声乐发展的审美取向与时代特征""当代中国声乐的科学教育体系"四个核心问题，并与"当下"中国声乐歌唱体系的建设相结合，形成研究层面"历时"与"共时"的有效接通。

第二章以笔者多年来对湖南花鼓戏的"学习体验"和"歌唱实践运用"为依托，对湖南花鼓戏的起源与发展、润腔种类及特点，以及湖南花鼓戏的身段表演三个方面进行系统性梳理与整体研究，以彰显中国戏曲艺术的独特魅力。

第三章以"参与体验"与"表演经验"的理论视角切入，探讨湖南花鼓戏润腔与表演对中国声乐歌唱所产生的实践经验，不断总结提炼中国声乐与歌剧"表演经验"，从而为当代中国声乐进一步传承戏曲之精华提供可行的办法，从而为当代中国声乐进一步传承戏曲之精华提供可行的办法。

无论是中国声乐还是歌剧的"歌唱"与"表演"，作为"融入体验"的表演者，我们要担负起构建中国声乐与歌剧表演话语体系的任务，深深根植于传统戏曲文化的土壤之中，充分借鉴中国传统戏曲、曲艺、音乐的"润腔"与"表演"。于此，我们才能彰显中国声乐与歌剧的民族特色和时代特征，与世界平等对话，坚定民族文化自信，让世界通过了解中国声乐与中国歌剧的表演话语体系，来了解中华民族文化的独特魅力。

关键词：中国声乐；湖南花鼓戏；润腔；参与体验；表演经验

中国声乐男中音声部演唱和研究

Singing and Research on the baritonne part of Chinese vocal music--Take Wen Kezheng, Liu Bingyi and Liao Changyong as examples

作　　者：伏　海
导　　师：金铁霖　修海林
学位年度：2020年

摘要： 本文以中国现代声乐男中音声部歌唱艺术在不同时代的发展为背景，选择以温可铮、刘秉义、廖昌永这三位中国声乐男中音代表人物的演唱风格为主要研究对象，从艺术经历、演唱技术、艺术修养、社会情怀、文化观念以及声乐演唱审美意识等多种角度，关注并认识这些因素与其演唱风格形成的关系，并在此认识基础上，首次以审美范畴的理论范式，对三位代表人物的演唱风格特点进行了较为规范的概括、提炼和界定，继而又对这三位代表人物演唱风格的共性和个性特征，从技术因素和文化因素不同方面进行了专门的分析和研究。文中还从男中音曲目择用的角度，审视中国男中音曲目择用的范围和历史选择，进而分析和认识中国男中音的发展走向。本文是在"代表人物–艺术实践–艺术风格–审美范畴–择用"的综合维度中，展开对中国声乐男中音典型代表人物的研究。本文共分为四个章节进行研究：

第一章以"男中音声部在中国的发展及其声部划分和界定"为题，主要介绍男中音在西方声部划分体系下进行声部划分的方法，以及男中音声部伴随着美声唱法的传入后在我国的发展和影响。

第二章以"中国声乐男中音不同时期三位典型代表人物的演唱风格"为题，

对温可铮、刘秉义、廖昌永三位男中音歌唱家的演唱风格特征进行研究，既总结他们的不同演唱风格特征及艺术个性，又寻找他们的共性特征，通过对每一个歌唱家的演唱风格的整体把握，同时基于对他们演唱的大量作品的感性体验、审美感知，从声乐表演美学的角度，对每一位男中音歌唱家的演唱风格，分别归纳、提炼出以四个字来概括的声乐审美范畴，即：将温可铮演唱风格概括为"通""融""灵""透"；将刘秉义演唱风格概括为"阔""情""灵""透"；将廖昌永演唱风格概括为"阔""雅""韵""透"，并分别界定和论述。

第三章以"中国声乐男中音三位典型代表人物演唱风格审美范畴的共性与个性特征"为题。在本文的认识和归纳、提炼中，对三位歌唱家演唱风格的共性和个性特征分成两个层面（技术和文化层面）进行对比研究，本文认为，其演唱风格审美范畴共性个性特点的形成，和他们的生活经历、学习经历、思想情感、审美取向、文化观念、声乐流派、职业定位、时代情感等都有着一定的联系。

第四章以"从中国声乐男中音曲目择用看中国男中音发展走向"为题，第一部分对中国声乐男中音曲目择用范围的历史选择做一个脉络式的梳理，第二部分是关于中国声乐男中音曲目择用的思考和认识，第三部分是对影响曲目择用的文化因素和遵循原则的认识。

本文认为，中国声乐男中音的发展，从20世纪20年代传入至今，可以说处在一个中西文化不断融合、发展的过程中。从美声唱法传入之初以西洋声乐为学习标准，再到美声唱法民族化的提倡，从唱法、风格、观念、曲目的择用等方面，都经历了一个从西洋化到民族化、最后到以中国声乐的建立为目标的发展过程。其变化伴随着时代的变迁，呈现出一个不断融合、发展，趋于平衡且多元化发展的态势。

关键词：中国声乐；男中音；审美范畴；演唱风格；温可铮；刘秉义；廖昌永

中国古诗词艺术歌曲的演唱研究

A Study on Singing of Classical Chinese Poetry Art Song

作　　者：黄　璐
导　　师：马秋华　姚艺君
学位年度：2020 年

摘要：中国的古诗词艺术歌曲是中国艺术歌曲的重要组成部分。中国艺术歌曲是中国作曲家学习西方作曲技术理论结合民族风格创作的一种声乐体裁。1920 年，青主创作的《大江东去》（苏轼词）是第一首中国古诗词艺术歌曲，它开启了中国近现代艺术歌曲的百年历史。中国优秀的古诗词艺术歌曲，有着重要的历史价值和审美价值，越来越受到人们的重视和喜爱，演出不断，常演常新。本文选取中国古诗词艺术歌曲演唱作为研究对象。

本文题目为《中国古诗词艺术歌曲的演唱研究》，分为上篇和下篇。上篇是演唱的理论阐释，下篇是古诗词艺术歌曲的现代演绎。

上篇包括五个部分，分别是：

第一部分，对中外艺术歌曲的内涵与外延进行了梳理和概括，中国艺术歌曲在西方艺术歌曲内涵的基础上，外延有所拓展。有些非艺术歌曲，通过某些条件转换具备了艺术歌曲这一体裁的品质。介绍中国古诗词艺术歌曲的特点，如技法多样，题材丰富，演唱考究。列举古诗词艺术歌曲的三种类型：古曲、近代经典和当代新作。

第二部分，分析中国古诗词艺术歌曲"词与乐"的关系，介绍中外艺术歌曲普遍的词曲关系，文中重点是音乐与歌词意象的关联。介绍中国声韵字调与行腔布调的三种处理方式，如曲从文、文从曲、文曲自由三种。这部分还论述了中国古诗词艺术歌曲如何通过演唱处理来表达意境，如分节歌意境的赋予，气口连线的处理等，通过合理的演唱处理，来传达歌词、塑造意象、再现意境。

第三部分，探讨了中国古诗词艺术歌曲唱法与风格的关系。其中包括科学唱法、民族风格以及两者的结合。科学唱法包括声带闭合、呼吸共鸣等介绍。民族风格包括字义字音、声韵字调及依字行腔、润腔等介绍。论述了演唱中国古诗词艺术歌曲既要有唱法的科学性，又要有中国的民族风格。指出唱法与风格的有机结合，是建立中国声乐学派应秉持的方向。

第四部分，提出了中国古诗词艺术歌曲演唱新思路。本文总结了前人学术研究成果和演唱经验，结合自身实践，提出了中国古诗词艺术歌曲演唱原则并加以论述。概括为"字从音、声入腔，腔咬唇饰"。字从音，即强调演唱要遵从乐谱，讲究音准；声入腔，即强调咽腔共鸣，讲究现代声乐的专业性；腔咬唇饰，即强调韵母咬在咽腔内，声母发挥唇的校正和修饰作用，以达到中文唱字准确清晰、完整饱满的效果。

第五部分，以《黄璐中国艺术歌曲百校巡演》为实践依据，结合本人演出和交流，谈中国古诗词艺术歌曲在当下传播的价值，包括不同受众的反应，不同剧场声效，以及多样演出形式的尝试。

下篇以"中国古诗词艺术歌曲的现代演绎"为题，将中国古诗词艺术歌曲分为古曲、近代经典和当代新作三种类型，每一类型精选三首。所选作品既是声乐教学曲目，也是舞台上常演的作品，留下了许多歌唱家的演唱版本。所选演唱版本，皆是具有代表性的演唱家，有的已经故去，有的正活跃在国内或国际舞台上，还包括世界著名的外国歌唱家。用于比较的演唱版本，涉及不同性别、不同唱法、不同声部、不同处理，也包括不常见的高男高音。这些演唱版本，用以鉴赏，作以范式，展现了中国古诗词艺术歌曲多样的呈现方式和演绎特色；同时，又共同形成了中国古诗词歌曲现代演绎新特点，比如，科学的发声方式，清晰的咬字吐字，注重歌词意境表达，富有个性特色的声乐表演等。

古曲，择有《阳关三叠》《杏花天影》《老渔翁》，选用了郭淑珍、姜嘉锵、张立萍、雷佳四位演唱家的演唱版本。

近代经典，择有青主《大江东去》《我住长江头》和黄自《点绛唇·赋登楼》，选用了张权、温可铮、德·达姆娆、戴玉强、廖昌永、沈洋、石倚洁等七位歌唱家的演唱版本。

当代新作，择有敖昌群《江城子》、周易《钗头凤》、赵季平《关雎》，选用了方琼、贺磊明、廖昌永、李秀英、肖玛、石倚洁等六位演唱家的演唱版本。

每首作品都包括作品分析和演唱比较。作品分析包括古诗词今译、词曲作者介绍、音乐作品分析。演唱比较包括歌唱家介绍、歌唱家演唱处理、歌唱家的演唱特点。

下篇不仅是作品分析和演唱比较，还是中国古诗词艺术歌曲当代演绎的归纳与总结。

关键词： 中国古诗词艺术歌曲；演唱的科学性；民族风格；字从音；声入腔；腔咬唇饰

从草原到殿堂：内蒙古艺术学院长调民歌专业建设、教学传承与人才培养研究

From Prairie to Palaces: On the Speciality Construction, Teaching Inheritance and Talents Culivation of the Long Tune Folk Song Speciality from Inner Mongolia Arts University

作　　者：姚　瑶
导　　师：金铁霖　修海林
学位年度：2020年

摘要： 本文以内蒙古艺术学院自20世纪40年代中期以来的长调民歌专业建设、教学传承与人才培养为研究对象。本文的研究是在历史与当下、传统与现代、教学与传承、专业建设与人才培养的多向视角中，重点关注"草原"与"殿堂"的互动关系，从而展开本题的论述。

本文共分为三个章节来进行阐述。

第一章以"蒙古族长调民歌及其传承方式"为题，介绍蒙古族长调民歌的历史概况、体裁类型与特点，九个不同风格色彩区所呈现出的包括旋律、节奏、调式和演唱特点，以及各地区的代表性人物、代表性曲目和这些长调民歌丰富的文化内涵。通过对蒙古族长调民歌纵向的历史梳理和横向的风格色彩区和代表性传承人与曲目的综合把握，从多维度视角认识、归纳蒙古族长调民歌的基本特征及其丰富内涵，对蒙古族长调民歌的传承方式进行归纳和总结。

文中对蒙古族长调民歌的传承途径，采用"自然传承途径""特殊传承途

径"和"在历史新时期的传承途径"这样三种区分方式来分别概括阐述。其中对"自然传承途径"的认识，分别从"家族内部"的"启蒙教育"、"拜师学艺"的"师徒教育"、"传统民俗"的"社会教育"这三种传承途径及不同的教育习得方式构成的传承特点，来认识蒙古族长调民歌自然传承的特点。其中对"特殊传承途径"的认识，分别从历史传统中的"宫廷乐人""寺庙僧侣"这两种传承途径，包括从蒙古族历史文化传统中长调传承者的特殊文化身份与场域活动来认识蒙古族长调民歌的传承。其中对"历史新时期的传承途径"，主要从两个钮带，即艺术团体传承钮带、学校艺术教育钮带认识蒙古族长调民歌在新时期形成的不同于原生态传承的传承途径。由以上各个方面，试图探索蒙古族长调民歌随着时代的发展，在高校以及当代社会文化环境所形成的多元化传承路径。

第二章以"内蒙古艺术学院历史发展及其长调专业建设概况"为题，分别从"内蒙古艺术学院历史发展概况"与"内蒙古艺术学院长调专业建设概述"这两个方面，在该院的发展过程中关注与其专业建设相关的长调专业建设。这一部分的研究和论述，建立在本文研究之初，进行专门的访谈与相关史料的搜集、阅读和提取、分析，初步形成了具有一定系统性的认识成果。文中概括介绍内蒙古艺术学院的发展历程，包括其特色专业长调民歌的建设情况。从宏观视角分析内蒙古艺术学院这所第一个在内蒙古自治区建立起的专业艺术院校，在60多年的发展中，对少数民族音乐人才，特别是在长调民歌专业建设和人才培养上的探索和成就。

第三章以"内蒙古艺术学院长调民歌专业教学传承中的人才培养"为题，一是集中关注并论述该院的传统的音乐表演专业（演唱方向）长调民歌教学开拓者、建设者和承继者的基本状况，包括从教育学的角度，对其培养方案的关注；二是集中关注并论述该院新时期音乐学专业的长调民歌传承班教学及其办学定位与特色。文中从其内蒙古艺术学院的历史与现状、培养目标和定位以及几代长调教师队伍的建设等方面进行论述。对于内蒙古艺术学院近几年建立起来的民族音乐传承班，其中蒙古族民歌传承班以其创新性的教学与人才培养模式，受到社会及学界的广泛关注。在本章中，还对内蒙古艺术学院两个专业

（音乐表演专业和音乐学专业）在长调民歌专业建设上的多元教学与传承模式进行比较和分析。

在最后的"结论"部分，本文基于前三章对蒙古族长调民歌的发展、传承以及对内蒙古艺术学院长调民歌的专业建设、教学传承和人才培养等一系列现状与问题的认识进行归纳与总结。并由此引发笔者对民族高等教育在民族音乐文化传承中责任与担当的思考，并在此基础上提出了一些关于长调民歌的多元文化传承方式、专业建设、教学传承和人才培养等问题的认识和相关建议。

关键词：长调民歌；内蒙古艺术学院；传承人；专业建设；教学传承；人才培养

中国声乐演唱的区域风格研究
——以陕北民歌为例

A study on the regional style of Chinese vocal music —— A case study of Shanbei folk songs

作　　者：马小明
导　　师：董　华　张天彤
学位年度：2021年

摘要：中国声乐作为中国传统音乐文化的有机组成部分，无论是其丰富的歌唱方法，还是多样的演唱内容和表现形式，都承载着中华民族的文化精神和民族品性。陕北民歌作为我国丰富多元化的众多民歌歌种之一，有着自身歌唱与表演的鲜明音乐特征和民族特色。本文以陕北民歌为主要研究对象，力求从其区域风格入手进行研究，为推动中国声乐艺术的发展建设和中国声乐学派建设提供多样性样本。

本文分为绪论、正文四章、结语共六个部分。绪言阐述中国声乐演唱的区域风格、陕北民歌等研究意义及现状，作为本文研究的出发点。第一章中国声乐的历史与现状，通过相关史料的整理进行全方位的研究，对古代、近现代以及当代中国声乐理论体系的建立做了梳理，并总结出当代中国声乐发展的三个主要阶段，即民歌传唱阶段、民族声乐阶段以及现在的中国声乐阶段。第二章是区域音乐文化视野中的陕北民歌。通过对陕北民歌的音乐类型和艺术特征、陕北民歌与方言、民俗的关系等方面进行分析研究，了解陕北地域、生活、习俗等方面对于陕北民歌所产生的方方面面的影响，并从老、中、青四代五位陕北民间歌唱家的演唱入手，从中分析总结民歌传唱中陕北民歌的演唱特征。第三章是中国声乐视角下的陕北民歌演唱，笔者从梳理"中国声乐演唱范式的形成""陕北民歌演唱范式的形成""中国声乐演唱与陕北民歌演唱的互融互促"三个方面对中国声乐演唱范式和陕北民歌演唱范式的形成与发展入手，将陕北民歌演唱放置于中国声乐视角下予以重新审视，寻找陕北民歌民间唱法与中国声乐歌唱体系予以有机结合的可行路径。第四章是中国声乐学派建设中的陕北民歌演唱。笔者从"中国声乐学派建设"学术关照视角切入，以陕北民歌的当代传承与传播问题和"中国声乐学派"的当代建设构想为主要研究对象，总结研究如何在继承传统的基础上进行陕北民歌歌唱与表演体系的创新发展。结语中，笔者总结了陕北民歌在民歌传唱、民族声乐以及现在的中国声乐三个阶段不同的演唱特点，提出了"中国声乐学派"歌唱与表演理论话语体系的建构，应以中国声乐丰富多样的歌唱术语与歌唱方法的理论评价体系为基础，以中国声乐表达的"中国特性""民族特性""地域特性"为音乐审美主旨，要将中国不同地域音乐作品的演唱诠释放置在"文化语境"中予以理解和把握，才符合中国声乐学派"地域特性"的歌唱表演与审美评价体系。

中国声乐学派的建设需要将目光投向中国优秀的传统音乐文化，关注各地域不同演唱风格的各类歌种，通过研究不同地域各具特色的民间歌种的歌唱与表演，从而可以为中国声乐演唱范式中歌唱技法多样化与表演审美多元性提供新的理论支撑与作品实践，促进中国声乐学派的整体建设。笔者从陕北民歌入手，作为一枚"石子"，以供"问路""探路""铺路"。

关键词：中国声乐；区域音乐文化；陕北民歌；中国声乐学派

中国声乐演唱技巧研究
——以晋西北民歌演唱技巧为例

Research on The Singing Skills of Chinese VocalMusic—— Taking The Singing Skills of NorthwestShanxi Folk Songs as an Example

作　　者：李　野
导　　师：董　华　张天彤
学位年度：2022年

摘要：中国声乐作为世界声乐体系的重要组成部分，其自身历史发展进程中所呈现出的"特殊性""民族性"和"多元化"特点，亦是中国声乐区别于世界其他各乐派声乐体系的一种自身"文化标识"和"符号象征"。晋西北民歌作为中国丰富多元地域性民歌的代表性歌种，以其独具特色的音乐张力表达和声腔魅力呈现，为中国声乐艺术理论体系的整体建构提供着可供参照的地域特色文本。晋西北民歌作为中国传统音乐文化的有机组成部分，不仅是中华民族优秀的宝贵精神文化财富，更是中国声乐在晋西北这片独特的地域场域空间内进行历史发展变迁的分流，为中国声乐教育体系的探索和构建提供着一定实践范例。

本文基于笔者多年来在晋西北民歌演唱实践中形成的"歌唱表演经验"为依托，以晋西北民歌作为主要研究对象，从"中国声乐艺术的历史发展与多元呈现""中国声乐视域下的晋西北民歌演唱实践"和"中国声乐地域性民歌演唱技巧的理论建构"三个章节对中国声乐演唱技巧予以较为深入地探究。

第一章，笔者以中国声乐艺术的历史发展与多元呈现作为主要论述对象，以纵向历史时间的发展脉络作为文本描写主线，将中国声乐艺术的历史发展与多元呈现分为古代、近代和当代三个时期予以梳理，阐述不同时期中国声乐发展过程中歌唱形式、歌唱方法、歌唱审美与歌唱理论的音乐变迁，在纵向"历时"发展与横向"共时"延展相互交织的时空坐标中，重新审视中国声乐发展的不同重要历史时期，从而更好地把握与认识中国声乐艺术的"中国特色"和"历史构成"。

第二章主要围绕中国声乐视域下的晋西北民歌演唱与实践展开论述。首先，从音乐本体研究视域出发，结合"走西口"历史迁徙活动文化事件，从"晋西北地区的民歌分类""晋西北民歌的音乐特征"和"晋西北民歌的唱词表述"三个方面，对晋西北民歌的音乐特征与唱词表述予以深入探究。其次，以晋西北民歌的演唱技巧与情感把握作为主要论述对象，从"地域方言的咬字处理""真假声腔的灵活转换""行腔润腔的韵味表达"等方面对晋西北民歌演唱处理中的独特演唱技巧予以阐述；从"源于生活的情感表达""历史再现的情感叙事""融入角色的情感共鸣"等方面对晋西北民歌在演唱处理中鲜明的情感把握予以阐述，以更好地认识晋西北民歌在歌唱表演中的的独特性演唱风格和地域性情感呈现。再次，以晋西北民歌演唱技巧在中国声乐艺术中的运用作为主要论述对象，将晋西北民歌演唱放置于中国声乐视角下予以重新审视，从"真假声转换演唱技巧的借鉴与运用""咬字行腔演唱处理的特色与启示"和"歌唱情感共融体验的表演与实践"三个方面出发，寻找晋西北民歌民间唱法与中国民族声乐歌唱体系的有机结合唱演范式，从而不断丰富当前"学院派"声乐教学理论体系和教学作品多样性实践，以缓解"学院派"声乐教学实践中音乐作品风格匮乏的状况，也为深入探究晋西北民歌的区域性音乐演唱风格提供一定的文献参照。

第三章立足于笔者多年来在晋西北民歌演唱实践中所积累的各类"歌唱表演"经验，从"建构以'中国声音'为特色的民歌演唱技巧"和"建构以'地域风格'为基础的创作展演呈现"两个方面出发，对中国声乐地域性民歌演唱技巧与舞台表演审美的理论建构予以深入探讨。第一节主要从"呼吸的方法与气息的运用""腔体的共鸣与混声的演唱"和"咬字的处理与行腔的润色"三个方面，对"中国声乐"建构以"中国声音"为特色的民歌演唱技巧展开论述，从而彰显中国声乐地域性民歌演唱技巧的运用要为塑造多样化的"中国声音"服务。第二节主要从"当代创作：扎根民间传统，抒发人民情感"和"舞台审美：彰显中国特色，弘扬时代精神"两个方面，对"中国声乐"建构以"地域风格"为基础的创作展演呈现予以探究，以中国声乐表达的"中国特性""民族特性""地域特性"为音乐审美主旨，建构中国声乐地域性民歌演唱技巧与舞台表演审美的理论体系。在当代"全球化"世界音乐多元融合的样态呈现中，中国声乐的地域民歌演唱唯有坚守自己的歌唱传统和民族特色，保持自身的"中国特色"和"民族韵味"，不断在中国民间音乐传统中汲取精华，才能在世界舞台的竞赛审美和演绎呈现中独树一帜，让中国声乐艺术更具"民族音韵色彩"和"舞台表演张力"。

关键词：中国声乐；晋西北民歌；演唱技巧；歌唱实践；理论建构

中国声乐花腔女高音科学、系统训练体系探索

Exploration on scientific and systematic trainingsystem of Chinese vocal coloratura soprano

作　　者：毛一涵
导　　师：金铁霖　修海林
学位年度：2022年

摘要： 中国声乐花腔女高音以其辉煌炫丽的音乐色彩被大家所熟知，是中国声乐学派的重要分支，为中国声乐点亮璀璨之光。中国声乐花腔女高音是中西合璧的伟大成果，兼具中西方美学价值，符合中西方审美标准，是中国文化走向世界，进行国际文化交流的国际文化传播媒介。中国声乐花腔女高音以中国特色的强烈民族符号为根基，兼容当前国际最先进的科学演唱方法，展现中国艺术魅力，既能用中国的语言讲述中国自己的故事，又能用世界的语言讲述世界的故事，是中国声乐学派立于世界之林、建立国际话语权的重要途径之一。中国声乐花腔女高音以其高超华丽的技巧、晶莹剔透的音色、颗粒饱满跳跃的节奏、璀璨夺目的艺术之光、强烈的现场感染力深得大家的喜爱。本文以中国声乐花腔女高音科学、系统训练体系探索为研究对象，以金铁霖教授民族声乐理论体系为指导，以笔者的声乐实践为实际范例，展开对中国声乐花腔女高音系统科学训练的系统性理论与实践研究，为中国声乐花腔女高音的发展提供有力支撑，为中国声乐花腔女高音教育体系研究、中国声乐教育体系建设、中国声乐学派的发展贡献力量。

本文分为绪论、上篇、下篇、结语共四个部分。

绪论中对选题的来源、依据和背景情况予以阐述，梳理了课题研究目的、理论意义和实践价值，列出研究方法，按照研究现状对文献予以梳理，共举例文献132篇。本文从中国声乐、花腔女高音、中国声乐花腔女高音、中国声乐花腔女高音科学系统训练、中国声乐花腔女高音科学系统训练体系探索的价值与思考五个内在构成展开横向逐层研究与论述，从中国声乐花腔女高音理论研究到中国声乐花腔女高音科学训练实践探索的重点展开纵向研究与论述。

上篇为中国声乐花腔女高音缘起与历史沿革理论研究篇，对中国声乐花腔女高音内在构成进行理论研究，从中国声乐、花腔女高音、中国声乐花腔女高音三个概念方向及其发展沿革进行逐一阐释分析，对中国声乐花腔女高音从部分到整体的脉络进行研究。上篇共分为三章，分别是：第一章对中国声乐历史与发展的脉络进行梳理，以时间为轴线，以声乐文献记载为载体，对中国声乐的产生与发展进行阶段性回顾与总结。整章分为三个小节，第一节中国古代声乐之始；第二节中国近现代声乐之路；第三节中国当代声乐之态。中国声乐第一阶段中国古代声乐时期，从中国古代声乐的起步阶段到繁荣阶段进行研究与论述；在中国声乐近现代时期，从学堂乐歌的出现、工农革命与抗日战争时期的声乐介绍，到建国初期声乐的发展进行论述；进入中国当代声乐时期，从民歌传唱阶段、民族声乐阶段到中国声乐的提出进行研究与论述。第二章从四个方向对花腔女高音的缘起及发展沿革进行分析论述。第一节从花腔的概念、花腔的形态、美声唱法的诞生与花腔的关系、花腔的诞生与发展四个方向对花腔女高音的诞生进行介绍；第二节从德国声乐学科声部划分体系（Fach）中花腔女高音的声部划分与花腔女高音作品介绍两个方向对花腔女高音展开研究；第三节对国外花腔女高音歌唱家进行例举分析。第三章对中国声乐花腔女高音的概述与发展予以阐述，对中国声乐花腔女高音经典作品与中国著名花腔女高音歌唱家予以例举研究，对中国传统声乐中有关花腔的元素进行梳理，进一步厘清可传承和借鉴的花腔研究素材。

下篇为中国声乐花腔女高音科学系统训练实践探索篇，以本人的演唱实践为实际范例，从中国声乐花腔女高音科学系统训练的理论基础、中国声乐花腔女高音科学系统训练的实践以及中国声乐花腔女高音科学、系统训练体系探索的价值与思考三个方向对中国声乐花腔女高音科学训练进行多维度阐释分析。本篇共分为三章，分别是：第一章从中国声乐花腔女高音声部鉴定与中国声乐花腔女高音科学训练的系统性理论指导进行阐述，从中国声乐花腔女高音医学鉴定与教学鉴定方向对中国声乐花腔女高音声部确认展开论述；从金铁霖民族声乐理论体系的产生、内在构成以及多样性运用三个方向进行中国声乐花腔女高音科学系统训练理论指导的阐释论述。第二章以笔者的声乐实践为基础，从中国声乐花腔女高音科学系统训练原则、训练目的、训练周期、训练阶段、训练内容以及训练效果展开中国声乐花腔女高音科学系统训练探索的论述，以笔者博士毕业音乐会暨中国声乐花腔女高音作品音乐会为实际案例进行论证，辅以嗓音保健支持，总结中国声乐花腔女高音科学系统训练整体性的内在构成。第三章对从中国声乐花腔女高音科学系统训练的价值与思考两个方向，进行中国声乐花腔女高音科学系统训练体系探索的学术价值、艺术价值、社会价值的总结，对中国声乐花腔女高音科学系统训练体系学科建设、人才培养、作品创作、教学体系的完善及中国声乐花腔女高音多元化、多样性发展等问题进行展望，对中国声乐学派的建设辅以教学体系推进，对中国乐派的发展加力添彩。

本课题的研究具有开创性、探索性、前瞻性、描述性、地域性、回顾性和总结性。本文以金铁霖教授的教学记录及本人的演唱实践为实际范例，对中国声乐花腔女高音科学系统训练的理论与实践展开多维度研究与探索，取得了阶段性成果。

2019年10月，笔者演唱花腔女高音作品《春天的芭蕾》《青春舞曲》获第十二届中国音乐金钟奖声乐比赛民族组总决赛金奖，2021年12月，笔者的博士毕业音乐会以无扩音、无主持、无嘉宾的独唱形式开展中国声乐花腔女高音作品音乐会，音乐会集中展示了14首中外不同难度、不同语言、不同地域、不同风格、不同类型的花腔女高音作品，是研究成果的实践论证。

文中提出以下九点新探索：（1）首次提出中国声乐专项竞技前小周期训练概念；（2）中国声乐花腔女高音声部训练阶段概念；（3）声乐训练负荷量与训练周期的协同配合；（4）中国花腔女高音作品中花腔演唱与歌词演唱的协同配合；（5）中国花腔女高音作品中语言与风格的协同配合；（6）花腔专项训练；

（7）中国花腔女高音作品高负荷演唱的实现；（8）中国声乐花腔女高音中外作品复合性演唱能力培养；（9）中国声乐花腔女高音训练大、小周期的协同配合。

本文同时就中国声乐花腔女高音科学训练中相关难点问题进行探索：（1）花腔使用非科学性问题；（2）中国花腔女高音作品演唱风格变化难问题；（3）中国花腔女高音演唱国外作品难问题；（4）中国花腔女高音作品演唱负荷量小问题；（5）中国花腔女高音人才培养非专项性、非系统性问题；（6）中国花腔女高音声部确认难问题；（7）中国花腔女高音嗓音保护与训练协同配合问题；（8）中国声乐花腔女高音作品民族性呈现。

中国声乐学派的建设是中国声乐展现大国风范，彰显文化自信，树立中国话语权的伟大举措，是中国音乐学院全力建设的重要目标之一。中国声乐学派的建设任重而道远，中国乐派的明天光辉而灿烂，通过对中国声乐花腔女高音科学系统训练体系的探索，探求中国声乐科学化、民族化、艺术化、现代化、国际化路线，研究中国声乐人才培养与发展的高效性、科学性、民族性、复合性、多样性、国际性，运用国际通用文化传播媒介，实现以点带面，见微知著，睹始知终，促进中国声乐教学体系整体性建设，加快中国乐派国际化建设步伐，展现中国音乐国际影响力。

关键词：中国声乐；花腔女高音；科学系统训练

中国声乐风格化、个性化演唱的理论与实践探索
——以大型音乐舞蹈史诗《东方红》与《复兴之路》经典曲目为例

Theoretical and Practical Exploration of Stylized andPersonalized Vocal Singing in China: Taking theClassic Tracks of Large-scale Music and DanceEpics The East is Red and Road to Reviveas an Example

作　　者：吴珊智
导　　师：王士魁　李月红
学位年度：2022 年

摘要：中国声乐的概念有广义、狭义之分，以下概括已基本成为学术界共识：广义的中国声乐包含所有使用中国语言、具有中国风格、表达中国人思想感情的声乐艺术形式，它历史悠久，种类丰富，形式多样。狭义的中国声乐是指 20 世纪以来在继承和发扬我国传统艺术的基础上，吸收并借鉴西洋发声方法的理念与技巧而形成的一种综合声乐艺术。在世界文化多元、审美多元的今天，中国声乐在科学、规范的共性发声方法的基础上，已将实现风格化、个性化演唱作为发展的重要课题。大型音乐舞蹈史诗《东方红》《复兴之路》是新中国成立以来具有鲜明的时代特征和音乐特色的史诗剧目，其中包含了流传广泛的经典声乐作品和众多优秀的歌唱家。

本文以《东方红》《复兴之路》两部史诗为主要研究对象，力求从两部史诗中的经典代表作品入手，通过不同时代背景去探讨作品与演唱的总体特征，

分析与梳理声乐作品的风格性以及演唱者的个性化表达，通过对老一辈艺术家的个案访谈，总结艺术家群体风格化、个性化演唱形成过程，提炼中国声乐歌唱理念，构建中国声乐艺术发展理论与实践文本。

本文由绪论、正文（第一至第五章）和结语七部分构成。绪论部分，主要阐述风格化、个性化演唱在中国声乐发展中的重要性和具体表现，并分析《东方红》《复兴之路》两部史诗的研究现状与研究意义。第一章，介绍中国声乐风格化、个性化演唱概念，通过解读概念内涵与外延，解构中国声乐风格化、个性化的演唱表现，进一步总结中国声乐发展三个主要阶段的风格化、个性化演唱表现和方法。第二章，《东方红》《复兴之路》经典曲目的风格化、个性化演唱分析。剖析两部史诗中的九首代表性曲目在时代与创作背景、形态分析、演唱特征分析等方面所体现出的风格化、个性化表现与特征。通过不同时代背景下两部史诗风格化、个性化的演唱呈现，在作品体裁、风格和个性化演唱、歌唱表演形式及舞台三个方面进行对比，总结不同时代背景下风格化、个性化演唱的表现与特征。第三章，代表性艺术家个案访谈。通过对两部史诗中具有代表性的老一辈艺术家的访谈，试着归纳他们的艺术经历及演唱特征，探讨艺术家群体风格化、个性化的演唱成因及演变。第四章，结合史诗曲目案例实践，总结本人在声音训练中的风格化与个性化表达。从两部史诗相关曲目出发，将优秀声乐曲目与演唱技巧予以拓展深化，结合笔者个人在演出实践与教学中的经验，总结笔者作品分析、演唱等方面的个人体会。第五章，风格化、个性化演唱对中国声乐学派的意义。通过分析两部史诗演唱过程中的风格化、个性化表现，笔者认为，发展中国声乐学派建设，培养优秀声乐人才，需要以激发优秀作品整理与创作为目标，从而建立以中国性的艺术观、人声性的艺术观、民族性的风格化为本质特征的表演体系。本文认为，中国声乐在继承和发展中解决了基本的声音问题之后，对风格化、个性化演唱的追求和探讨势在必然。

笔者希望通过本文的研究，使演唱者在建立科学发声的同时，学习两部史诗的成功经验，强化表达作品风格和发扬演唱个性的追求，从而形成各具特色的演唱。

关键词：中国声乐；《东方红》；《复兴之路》；风格化；个性化演唱

中国声乐之蒙古族民歌演唱艺术中的"共性"与"个性"研究

Research on "Commonality" and "Individuality" in Mongolian Folk Song Singing Art of ChineseNational Vocal Music

作　　者：伊里奇
导　　师：马秋华　姚艺君
学位年度：2022年

摘要：中国声乐之蒙古族民歌演唱艺术中的"共性"与"个性"研究，是笔者学习声乐艺术以来，利用一切可能和机会，深入民间、接触社会，同时亦在积极探访老辈艺术家或民间艺人基础上，结合广泛地阅读学习、消化相关文献知识，还要加上克服"蒙古族语言与国家通用语言"的转换障碍问题以及"新冠病毒疫情"所带来的困扰等，克艰攻难、精心完成的探索性研究。

全文由绪论、正文四章及结语共计六个部分构成。作为一名努力学习国家通用语言的蒙古族学生，在现有语言水平的基础上，以一名当代蒙古族青年的思维方式，力求以浅显的语言，朴实的风格，作理论联系实际且言之有物的论述。同时，也是笔者自幼在蒙古族民歌艺术浸润下，逐渐成长并考入音乐院校，接受正规专业声乐训练的体会。

"绪论"部分，深入浅出地论及了研究对象与缘起。蒙古族民歌起源、产生的历史文化背景以及目前研究现状与社会人文氛围。从9世纪中叶出现了民歌《翁吉剌惕部民歌》的史实讲起，拓展到大约800年前蒙古族民歌的"第一作者"的记载，直至 2005 年蒙古族长调民歌被联合国批准为"世界非物质文化遗产"的保护项目等。研究价值与意义方面，笔者粗线条、大跨度、有理有据地梳理了草原文明、游牧民族的民歌演唱优秀传统。

第一章是蒙古族民歌的歌题说部分。"歌题"义同"歌体"，承载着歌曲作品主题思想的诗言功能。蕴含着大量与演唱心理学，民俗、民风、社会学，语言学，音乐美学和表演艺术学等有关学科的丰富知识，与之有着密不可分的内在联系。歌题有一项重要的任务，就是准确、完美、艺术地表达"歌曲"的主题思想与内在情感。本章在"歌题划分"里，尝试提出了蒙古族民歌存在的"八大风格区"的看法与观点，并且就此列举实例做出了客观、全面的分析阐释。与此同时，还在本章第二节里提出，蒙古族民歌歌词的最高境界，应该是朴实无华、通俗易懂、言简意赅、朗朗上口的。而且也明晰了，"共性"特征应该是洋溢在"歌题"组织里的突出点。

第二章是蒙古族民歌的曲体说，包含了长调民歌、短调民歌、潮尔·歌和呼麦四个部分。除呼麦因受记谱条件所限以外，其余的均有乐谱实例佐证理论。且附有民间演唱代表性人物的小传及资料图片。力求把每一节相同与不同的特点、表现等等，分层次地进行表述。如：长、短调歌曲的"长歌体、中歌体、短歌体"歌题形式以及"长曲体、中曲体、短曲体"的曲式结构；潮尔·歌的音程与因"唱和"而形成的和声效果；呼麦，既是蒙古族传统的演唱称谓，又是特殊结构的曲体形式等的问题，分门别类地进行解析论述，同时给出合理的定义。

第三章，蒙古族民歌的演唱说。这一部分主要是讲蒙古族长、短调歌曲经过千百年社会生活和艺术实践，逐步成熟和完善、独成体系的演唱法问题。其经历了先辈民间艺术家们不辞艰辛的努力和承上启下的传承，才得以发展成为现如今之技巧、技法、技艺自成体系的歌界佼佼者。本章针对长调的记谱法、长调的唱腔装饰法、蒙古族民歌的字正腔圆法、蒙古族民歌的声情并茂法等方面，均进行了一定程度的论述。紧紧围绕"演唱"主题，就其"基三种"（基本三种）呼吸与"辅五种"（辅助五种）呼吸法和歌唱技法的各种方式、形态、表现等问题，规范了概念、明确了定论。旨在建立稳固的呼吸基础，使歌唱技巧和技艺能够得心应手的发挥，这应该是每位歌者致力追求的目标。

第四章，中国声乐演唱与蒙古族民歌演唱的共性与个性。本章由"演唱技术的个性与共性"和"情感构建的个性与共性"两个方面构成。是笔者将自己切身体验、实际参与的中国声乐学习及蒙古族民歌的声乐演唱实践，从多角度、宽视野、多议题的视角出发，进行深入细致的比较研究发现，二者之间在许多方面存在着鲜为人知的共性与个性特点。遂将之上升到理论层面展开研究，这亦是本论文的宗旨所在。文中有说：演唱过程中如何控制并掌握好声音，需要技术的支持与辅助，需要演唱者以"声"为点，以"情"为展，深入研究日常语言与声乐歌唱的发声方式、技术特点，二者在相同发声位置的相似技巧与同一发声位置下的不同发声技术特点。以发声技术为切入点，以语音发声、音节断句、情感处理以及相关题材、体裁及其相似技术的准确理解，探寻与蒙古族民歌演唱艺术中个性与共性的特点。

在美声唱法系统中，有较为鲜明的音质、音色以及声部的特定分类，亦有较为规范的评价标准。而在蒙古族民歌演唱中，从艺术表现形式上，更多的则是表现天然嗓音条件的自由发挥，更贴近民间、民俗生活中的嗓音能力展现。其自身艺术特征的鲜明性，体现在发声时嗓音中的"真声"成分所占比重较多。特别是唱高音的时候，歌声相对会轻松悠长。蒙古族民歌演唱在唱高音时，男声多用自然的真假声结合方式演唱，而女声似乎使用真声的情形比较普遍。这种声音的突出特点就是结实、高亢。上述是"美声唱法""民歌唱法"的共性与个性差异。

全国文艺工作座谈会议上习近平总书记指出，中华民族的精神命脉是中华优秀的传统文化，其优秀的传统文化涵养了社会主义核心价值观，是使我们在世界文化浪潮中站稳脚跟的坚实根基。要结合新时代的条件，传承和发扬中华优秀的传统文化与中华美学精神。我们社会主义文化艺术事业要繁荣发展，必须认真学习借鉴世界各国人民创造的优秀文艺。只有坚持洋为中用、开阔创新，做到中西合璧、融汇贯通，我国文艺事业才能更好的繁荣发展起来。

关键词：中国声乐；蒙古族民歌；传承与发展

金铁霖声乐教学体系研究

A Study of Jin Tielin's Vocal Music Teaching System

作　　者：邹爱舒
导　　师：王士魁　孟凡玉
学位年度：2023年

摘要： 金铁霖是当代中国民族声乐界的一面旗帜，是改革开放以来民族声乐发展进程中最重要的推动者。他从事声乐教学数十年，为国家培养了一大批杰出的歌唱家和教育家，对我国的声乐教育产生了广泛的影响，并形成金铁霖声乐教学体系。本文以第一手材料为基础，结合实地调查、文献研究、案例分析等研究方法，从多个角度分析金铁霖声乐教学体系的核心内容、思想特征与价值，力求运用新材料、新方法对金铁霖声乐教学体系进行系统研究。本文还试图将金铁霖声乐教学体系置于中国声乐史上来观察，探寻该体系形成的时代背景、理论渊源，梳理其发展脉络，进而对金铁霖声乐教学思想、教学方法进行实证分析与研究，探索成功经验。该研究不仅对当代中国声乐人才的培养和中国声乐教学体系建设具有重要的实践意义，而且对探寻中国声乐的健康发展和中国声乐学派构建具有积极的促进作用。

本文分为五章，探讨的内容主要包括金铁霖声乐教学体系的形成背景与形成过程、金铁霖声乐教学体系之思想篇、金铁霖声乐教学体系之方法篇、金铁霖声乐教学的贡献与社会影响、金铁霖声乐教学体系与中国声乐学派构建。金铁霖所处时代的社会背景、家庭背景以及中西声乐文化交融中的论争与共识成为金铁霖声乐教学体系形成的动力因素；毛泽东的《矛盾论》《实践论》与沈湘声乐教学思想是金铁霖声乐教学思想与方法论的重要指导与理论来源。金铁霖声乐教学体系伴随着金铁霖的教学实践的深入，其形成过程可以分为萌芽期、初探期、确立期、深化期、成熟期五个阶段。

金铁霖声乐教学体系之思想篇与金铁霖声乐教学体系之方法篇是本文研究的重点。前者是对金铁霖声乐教学观念与他提出的"四性""七字"标准的探讨，后者主要是对金铁霖提出的声乐教学规律，金铁霖的声乐教学原则、教学方法和具体手段的探讨。金铁霖以振兴中国民族声乐艺术，构建中国声乐教学体系为目标，从国家文艺发展的角度出发，提出中国声乐应具有"科学性、民族性、艺术性、时代性"，指明了中国声乐的发展方向，是金铁霖声乐教学体系的重要指导思想。他基于中国人民审美习惯提出民族声乐人才选拔、培养的艺术标准或评判依据——"七字"标准，既指明了实现"四性"定位的路径，也明确了声乐教学的基本范畴。

金铁霖声乐教学方法论是金铁霖声乐教学体系中的重要基石，是金铁霖实现声乐教学目标的重要手段。他提出的启发式感觉教学法，是基于理性分析基础的感性表达，他提出的大通道、小支点以及歌唱字诀等，将复杂、抽象的演唱感觉转化为简单、具体的、易操作的方法，实现了发声原理层面向演唱感觉层面的合理转化，推动中国声乐理论与实践的创新，为声乐教学术语体系的构建奠定了坚实的基础。金铁霖声乐教学的成功是金铁霖个人、金铁霖所教授的学生群体、当代民族声乐作品合力的结果。长期的教学实践积累与成功是金铁霖声乐教学体系形成的基础，金铁霖教授的学生群体是该教学体系形成不可或缺的力量，而同时期的音乐创作的繁荣是金铁霖声乐教学体系形成不可或缺的因素。他与学生以及作曲家群体共同撑起了中国民族声乐的"半壁江山"，他培养的学生遍布全国各大院团、高校，成为卓越的声乐表演艺术家、教育家，他们提升了中国民族声乐在中国的地位和影响力，在声乐领域引领了一个时代。

金铁霖的贡献不仅仅是培养了一大批杰出的歌唱家与教育家，他的声乐教学路线乃是以中国的民族声乐为立足点来探索中国传统声乐的现代化道路，从这个层面来看，金铁霖声乐体系是中国传统声乐现代化进程中孕育的果实。金铁霖声乐教学体系是中国声乐教学体系的重要组成部分，是中国声乐学派的奠基石。同时，我们也应该看到，金铁霖声乐教学体系不仅仅是金铁霖的声乐教学体系，而是金铁霖个人与前辈们集体智慧的结晶。金铁霖声乐教学体系形成的立足点、主体架构与合力因素等对中国声乐学派构建具有重要的启示意义。

关键词：金铁霖；中国声乐；教学体系；四性；七字标准

"流象"论
——中国歌剧表演当代化探索

The Theory of "FlowingImage"—Chineseopera performance contemporary exploration

作　　者：陈小朵
导　　师：陈　燕　张天彤
学位年度：2023年

摘要：随着中国歌剧的形态在当代发生变化，其艺术表现体系（一度创作、导表演艺术、舞台美学呈现）亦在演进中升级、兼容、迭代。作为歌剧艺术表现体系中最核心的部分，中国歌剧表演艺术开始面临时代赋予其更高的要求，同时也意味着面临更多探索的可能性。如何让中国歌剧表演在承袭前辈艺术家的宝贵传统之上，发出新时代的风貌？歌剧表演作为综合美的艺术，它需要结合、交叉多少不同门类学科的智慧来更新其理论？有没有一套相对系统的方法论，既能总结前人经验，又能解决当下实际应用问题，还能让后来者可堪参考？

针对上述论题，本论文以历史溯因、面对面访谈研究对象后获取的一手资料为立论基础，采用质性研究方法，结合本学科理论背景，访谈心得，对资料进行归纳、提炼，从资料中生发概念，从概念中构建理论。本论文将主要从以下五个部分来展开论述与理论推演。

一、从历史脉络出发，以中国歌剧从萌芽期到多元探索期七十余年的发展历程为时间轴，结合剧目发展情况、表演理论发展概况、表演人才发展状况三个维度对历史进行梳理、分析、判断，揭示出表演艺术发展的脉络，并从宏观的历史经验中提炼出歌剧表演的基本发展规律。

二、从个体案例微观聚焦，采用质性研究的多案例研究设计，对七个时代八位案例艺术家郭兰英、李光羲、李元华、万山红、戴玉强、么红、雷佳、薛皓垠进行一对一的非结构化深度访谈，并对其表演理念、方法以及艺术特色进行分析，从历史案例中优秀的表演样本中提炼出相对的交集与规律，进一步推演中国歌剧当代化表演方法论。

三、根据"有什么样的审美特征，就有什么样的表演方法论"这一逻辑，从中国歌剧当代化审美特征中切入，反向思考中国歌剧当代化表演方法论。从三组当代歌剧的美学特征入手，论述中国歌剧艺术表现体系的当代追求。"民族的、世界性的、当代性的辩证统一"，在论证和思辨中进行；输出，接纳，再输出多角度的观察；"写意性与写实性、诗意性"的协调与平衡的过程，与生成方法学的概念更加接近。之后，进入本文的核心方法论部分，在对表演形成的四个基本维度：形（肢体和面部）、声（演唱与道白）、文（音乐文本与文学文本）、意（想象力和理解力）的方法、理论的研究和论述中，推导出三层概念作为方法论的核心：底层概念：形、声、文、意；中层概念："抽象的凝结""印象的停驻""心象的传达"，将此三组平行概念定位为永恒的歌剧演员的表演标准，再融合推导出上位概念：流动的、持续的、完整性形象，并将其浓缩为方法论的理想追求——"流象"。以此三层理论结构来构建、解释关于中国歌剧表演当代化探索的理论框架。

四、从应用层面入手，使用笔者专门针对本论文搭建的实验作品——心理歌剧 Yu 为模型，以女主角林瑜这一角色的人物塑造，对本论文提出的"流象"论进行一次实践应用，在循环研究中反思其可行性和不足，进一步检验和完善"流象"论。

五、结合实际问题对歌剧艺术的现状和未来愿景做宏观延展思考。提出当代歌剧演员应以多维度的专业视野和艺术输出，多样化的表演工具和艺术素养，以及多重的学科视角和艺术风格来提升自己的艺术表达能力，在拓展自己的能力的同时，更要铭记坚守歌剧的品格。

综上可见，本论文以历史脉络为线索，对历史文献、访谈资料进行分类梳理和提炼后，结合各学科理论基础，通过对历史与现实、理论与实践的循环思辨，归纳推演出关于中国歌剧当代化表演方法论的新概念——"流象"论。

关键词：中国歌剧表演；当代化探索；"形、声、文、意"；"抽象的凝结，印象的停驻，"心象的传达""；"流象"

中国声乐视域下中西演唱形态研究

Study of Chinese and Western Singing Forms from the Perspective of Chinese Vocal Music

作　　者：黄慧群
导　　师：杨曙光　杨　红
学位年度：2023 年

摘要：声乐演唱以实践为先导，其研究多关注演唱文本、表演方式及表演主体。相较之下，针对演唱形态所展开的本体研究及相关理论爬梳尚未成体系。中国当代声乐自发轫至今，中西方声乐在演唱技法及形态之间互融衍变，主观影响了中国声乐的发展，同时客观影响了中国声乐教育实践、中国声乐的受众审美、中国当代社会音乐生活景观。此外，自十八大以来，中国传统文化及中国文化视域的自信与自立被广泛认同与尊崇，文化自信是对国民文化的生命力所持有的坚定信心，同时也是我们作为文化传承者对于本民族文化价值所持有的肯定与信仰。中国声乐作为中国文化艺术的重要支流，其发展不仅需要坚持立足文化自信接受文化多元，更需要站在中西音乐文化并存、融合的"二元共生"现象下，坚持探赜中西演唱形态之间的辩证关系，这是文化繁荣的背景下坚持文化自信的必行之径。有鉴于此，本次选题基于中国声乐学派构建的前提下，关注中国声乐理论及学科建设溯源，同时关照演唱本体形态特征与结构特征，选取中国声乐发展奠基人——20 世纪 20—40 年代典型声乐表演艺术家为主要研究对象，围绕"乐人""乐事""乐曲"三要素，采用现代田野调查方式形成音乐民族志文本，运用人类学、社会学、民族音乐学、语音学、音乐表演学等学科理论，以微见著，形成声乐演唱实践从文本、实践主体到场域的综合立体研究。以局内人的视域探寻中国声乐演唱形态发端及衍变轨迹，以局外人视域观测中国声乐多元叙事与学院教育中的中国声乐发展之路径。

论文主要研究工作如下。

第一章从历时角度回溯中国声乐发展渊源，并以阶段特征展开论证分析。论文围绕国内外对"声乐"的学术性定义及其溯源发展进行了比较论述，并依据中国传统音乐文化的视域，论述了中国声乐与其他文化之间的客观联系。一方面，针对中国声乐传播路径及传承方式的多样化即坚持以"中""西"两种路径进行学院传播的特点，论文从文化的多元性出发，明晰"中""西"元素在音乐发展中的二维辩证关系。同时聚焦技法与文化双要素，对其从发端至兴盛，始终坚持"中""西"两条路并轨的探索过程进行了阐述。另一方面，阐明了中国声乐与其他艺术形式之间的多元文化关系，以文化核心的地位解析中国声乐理论体系，并客观陈述其与多元艺术文化之间的必然关联，以纵横两项陈述中国声乐理论要义及其发轫之观。

第二章对中西演唱形态的整体性及其互动展开了研究。通过累述与分析中国声乐的发端与流播，悉知中西两种演唱形态之间从文化诸元到技术诸元的变革与差异性，虽为鉴"古"，实则是为通"今"作出更为详尽的理论研究基础。论文通过把握中西两种声乐形态的宏观共性与微观个性，并从音乐形态学及美学的角度论述了其音乐形态的具体呈现及其差异，并基于美学理论框架对二者之间的审美形态差异进行了评析。探析了历时与共时角度下的审美生成、中西文化差异下的审美贯通、多元艺术形态间的审美兼容。最后，在民族与世界多元文化语境下论析了二者的审美二重。

第三章以"乐人"为主要对象，在新文科视域下以"乐人"发展观，通过对乐人的音乐行为、行为动机、音乐目的与方式展开研究，关注个体演唱实践，进行个案分析。分析其所"表演"的音乐与其行为之间的文化互动关系，探求"乐人"文化形象塑造与演唱实践中的必然关联。本章立足于演唱者的技法及演唱形态，主要围绕20世纪30—40年代的声乐演唱代表，将其分类为首批西洋留学代表的艺术实践者、声乐表演艺术家代表、声乐教育家代表进行实证分析。同时结合音乐形态学、音乐教育学、音乐表演学等多学科形成跨学科的文化视域，探寻他们的演唱实践对于构建中国声乐文化形象所具有的史实性意义，剖析其在中西演唱形态发展中的不同驱动作用，并将以上例证作为个性化实践案例，以期助力于中西演唱形态未来发展所需的可靠研究。

第四章则是在中国声乐视域下，从文化涵化的角度入手，研究中西方演唱形态。章节中对文化涵化的内涵进行阐释，主要阐明两种文化在接触中所产生的借鉴、吸收、融合的过程，并肯定二者之间文化相似性的累增。同时，笔者在此首先提出，文中论述的文化涵化对象之"西"非自西方舶来的完全隶属于西方文化系统中的西方演唱技法，而是指已经进入中国后产生文化内涵变化后的"中西声乐"。在此基础上，论文聚焦中国声乐视域下的中国民族声乐与中西声乐之间二者的交融与涵化现象开展研究，探讨了二者在当今的发展现状下，从演唱技法、表演美学及教学传承的角度探讨二者的涵化现象，明辨中国声乐视域下二者相融相通的生存态势。

第五章对未来学院教育中的中西演唱形态发展路径进行了探索。本着"以民族诉求坚持文化自信""以学术诉求坚持文化共进"以及"以学科诉求坚持'以中化西'与'西体中用'和谐共生"的思想，基于新文科研究视域，从微观、中观、宏观三层对声乐艺术的主体源生性、音乐多态性、演唱多元性和当代声乐体系的交融性进行了评析。进而关联当代高校声乐教育，梳理演唱经验与声乐素材，对中国声乐演唱形态的发展进行探究，对中国声乐演唱人才培养路径做出探寻。

关键词：中国声乐；中国民族声乐；中西声乐；演唱形态

中国声乐女高音混合声练声及应用研究

Research on Mixed Vocal Practice and Application of Chinese Vocal Soprano

作　　者：王珂迩
导　　师：戴　滨　张天彤
学位年度：2023年

摘要：中国声乐是以中国的文化风俗、音乐元素、艺术风格及审美思维为根基建立的民族声乐艺术。在其发展历史进程中，一代代辛勤耕耘的教育家们培养了众多优秀的声乐演唱人才，也通过他们的实践让大家充分领略到中国声乐的魅力。

女高音作为中国声乐演唱中占比最大的一个声部，其"混合声"的训练是歌唱技巧的重中之重。本文从中国声乐"女高音混合声"微观视角入手，深入挖掘声乐教育家们宝贵的实践经验，并借鉴中国传统声乐艺术和西方声乐练声体系方法进行定量分析。同时，借助现代音乐科技的手段对中国声乐女高音的歌唱音色进行音响特性测量研究，力证科学发声方法对声音形态产生的作用，并对演唱不同类别的声乐曲目应如何选择练声曲提出见解，进而对中国声乐"混合声"的审美与练声曲的编创意义进行论述。

文章从笔者的实践出发，在理论研究与实验数据的支持下，回归实践，以期实现"实践—理论—实践"的循环过程，主要内容如下。

第一章为歌唱技巧的历史梳理。分别从"美声唱法"在西方声乐艺术中的诞生，中国古代歌唱理论回溯，近代中西声乐艺术的碰撞及"民族唱法"的诞生三方面进行阐述。在梳理中国和西方传统声乐艺术发展脉络时，从"写意"与"写实"的审美视角比较阐述两种唱法不同的历史根源及其相应的审美理念。

第二章首先在综合研究中国声乐女高音练声状况中阐述了"练声"的目的及意义、内容与形式，同时界定了女高音的国际声区划分及歌唱类别；其次是中国声乐女高音练声的方法论。主要分为：歌唱呼吸与起音、"共鸣"的真相与意象的关系，及"混合声"的色彩与训练技巧三方面，结合列举自民族声乐建立以来，在不同时期声乐教育家代表总结的重要教学理论成果，进行理论与实践分析后的再认识。同时，对中西声乐理论中争议较大的"鼻腔""鼻咽腔"在实际发声中的作用进行理论分析与评述。

第三章为音乐声学测量实验。第一，笔者通过对歌唱艺术"音色"的声学理论考证，总结各个时期、不同代表人物间理论观点的异同，进而判定影响歌唱"音色"最重要的因素，为本研究所进行的声学实验提供必要的理论支撑。第二，通过中国声乐女高音"混合声"音响特性测量研究实验的开展，为练声理论提供数据参考，进一步论证"混合声"音色与发声方法的关系，并再次强调练声于歌唱艺术中的重要意义。

第四章，笔者先对练声曲的内容按照训练顺序进行了详细划分，即：纯技术训练、歌唱语音训练及混合技术训练；第二部分主要针对女高音"真假混合声"的比例色彩在歌唱中如何进行调节、应用进行了举例论述，强调其与歌唱音域和作品风格的关系；第三部分为笔者前期理论成果研究的编创实验，即分别融合教学中经常运用的练声素材与民间采风的音乐素材，编写两组风格截然不同的音乐会练声曲。同时，强调了吸收中国传统音乐文化与借鉴西方理论体系的重要性，及建立声乐练声曲教材的必要性。

第五章主要论述声音色彩的审美与向中国传统声乐练声技巧的借鉴。首先阐释"混合声"色彩的审美之源，包含中西的审美差异与中国传统音乐的审美标准，凸显中国声乐艺术的"声"与"情""字""腔""韵"之"和"的审美理念；其次，举例论证向中国传统声乐（京剧青衣的"吊嗓子"、民间的"喉颤音"训练技术及蒙古族的"诺古拉"等）发声技巧进行借鉴的必要性。

在结论部分，笔者对前期理论研究进行了整体评述。从歌唱方法溯源到练声技巧的发展，再到中国声乐女高音练声的概况及其音响声学特性测量与研究，最后在练声曲的选编、借鉴与音色审美方面进行了详细论述。对歌唱中"科学性""民族性"与"艺术性"做了相关阐释，并对构建中国声乐教学理论体系，促进中国声乐教育与发展的重大意义进行了分析与展望。

关键词：中国声乐；女高音；真假混合声；练声技巧；音响特性测量；音色审美

器乐表演艺术研究

论刘德海琵琶艺术的哲学思想

A Study of Liu Dehai's PhilosophicalThoughts on Pipa Art

作　　者：李　佳
导　　师：刘德海
学位年度：2012年

摘要： 本文以哲学作为切入点，从"刘氏情本体""刘氏语言的转向"以及"哲学思考下的刘氏艺术观"三个方面探究刘德海琵琶艺术之思想精髓及其意义。

本文共分为三大部分。第一章为《刘氏琵琶之"情本体"》，首先阐释了哲学"情本体论"与刘氏琵琶艺术的关系，其次通过刘氏在现代与传统两方面的艺术创作来论述"情本体"在刘氏琵琶艺术中的具体表现。第二章为《语言贵在见体》，通过"技术与情感的统一"以及"单项技术的精益化"两个方面论述技术语言在刘氏艺术创作中的重要地位及其特点，从而进一步具化了"情本体"在刘氏艺术创作中的表现。第三章为《哲学思考下的刘氏艺术观》，这部分选取了刘氏艺术思想中具有代表性的"辩证观"和"金三角"理论，论述了哲学之于刘氏琵琶艺术的影响。在本文的结语中，通过对于以上三部分的论述，将刘氏琵琶艺术发展之根本归结为——"情本体"，同时就艺术的传承提出了文本研究之后所留下的空白。

本文采用专题论证的手法，以美学的分析手段，通过挖掘哲学在刘氏琵琶艺术中的体现及影响探究刘氏琵琶艺术的特点及价值所在，以此完善对于刘氏琵琶艺术的理论研究，从而对琵琶艺术的传承与发展起到积极的作用。

关键词：刘德海；琵琶艺术；哲学；情本体

流动中的文化遗产：潮阳笛套音乐研究

A Flowing Cultural Heritage: A Research in Chaoyang Dizi Suite Music

作　　者：杨伟杰
导　　师：张维良
学位年度：2017 年

摘要：中国广东地区有三大民间乐种：粤乐、客家汉乐、潮州音乐，潮阳笛套音乐是潮州音乐的其中一个分支。潮阳笛套音乐源于南宋末年传入的宫廷音乐，再流传发展至今。潮阳笛套音乐是一种以竹笛作为主奏乐器的套曲体音乐，分为笛套音乐和笛套锣鼓两大音乐表演形式。本项目研究主要集中于潮阳笛套音乐的文化现状与分析。

潮阳笛套音乐是我国传统民间乐种的一个瑰宝，鉴于以往与现在的国内外学者对潮州音乐的研究多是关于潮州弦诗乐与潮州大锣鼓，有关潮阳笛套音乐的研究成果较少，尤其是它的文化现状。故希望透过此项研究，为潮阳笛套音乐文化以及中国笛乐文化研究填补一点学术上的空白。

在潮阳笛套音乐随着潮州音乐被列入了第一批国家级非物质文化遗产代表性项目后，该乐种也面临保存与发展的问题。当传统的民间乐种演变成文化遗产，在保存与发展期间所引发的再建构（reconstruction）与再创造（re-creation）等情况，这些流动性都是本人所关注的。本人希望运用以往学习中国竹笛与民族音乐学理论的经验，以实地考查（田野调查 fieldwork）及双重音乐能力（bi-musicality）作为基础，为这项研究梳理出一个脉络。

关键词：竹笛；潮阳笛套；再建构；再创造；双重音乐能力

中国竹笛、日本龙笛、韩国大笒比较研究

Comparisons of Chinese bamboo flute、Japanese ryuteki、Korean daegum

作　　者：孟晓洁
导　　师：张维良　赵塔里木
学位年度：2020年

摘要：在世界范围内笛类乐器种类繁多，笛作为我国最为古老的吹奏乐器，从产生到发展经历了漫长而复杂的变革过程。中国在地理位置上与朝鲜半岛内陆相连，中、日两国地缘相近，从而促使日本与韩国都深受中国音乐文化的熏陶，这是三个国家音乐文化交流的基点。其中日本竹制横吹笛类乐器的代表之一——龙笛正是在此环境下传入日本，韩国竹制横吹笛类乐器的代表——大笒也是交流过程中诞生的文化产物，故而在世界范围内的竹制横吹笛类乐器中，中、日、韩三个国家的竹制横吹笛类乐器关系更加密切。在中、日、韩的传统音乐发展史中，中国竹笛、日本龙笛与韩国大笒的传承一直延续至今，在三国的传统民族音乐文化中都有着举足轻重的地位。竹笛、龙笛、大笒在形制构造、选膜贴制、演奏形态、风格技巧、教学及记谱等方面不仅有着相似之处，同时在研究的过程中会发现许多微妙有趣的不同，这些不同造就了这三个国家竹制横吹笛类乐器存在着相似性的同时更具差异性。中国竹笛、日本龙笛、韩国大笒的比较研究有着十分重要的研究价值，由于它们有着共同的历史渊源和长期的历史文化交流，本文旨在通过对三个国家代表横吹笛类乐器竹笛、龙笛与大笒同源异流的纵向梳理及横向比较，由跨国的比较实践，扩大

了中国竹笛文化在不同时间和空间传承、传播及演变的认识，同时促进我们探索三个民族审美意识上的转变、区别及联系，具有重要的学术价值与实践意义。通过研究乐器学、表演学及实地研习的方法，通过学习的过程与观察，深入思考中国竹笛在演奏和教学上与日本龙笛、韩国大笒的不同，有了这样的实践，结合当下对如何发展中国竹笛民族音乐文化，在中国竹笛发展中坚守民族文化自信、弘扬优秀民族音乐文化表达自身观点。

关键词：中国竹笛；日本龙笛；韩国大笒；比较研究

蒋风之二胡艺术研究

Research on Jiang Fengzhi's Erhu Art

作　　者：刘　宇
导　　师：张尊连　乔建中
学位年度：2021年

摘要：纵观百年二胡艺术历程，是几代音乐人在探索中前行，艰难中成就的。其中，蒋风之是20世纪近现代二胡史上一位承上启下的重要人物，他在演奏、教学、理论、乐器改革等方面做出的贡献，既推动了近现代二胡艺术的发展进程，又深刻启迪着当代二胡艺术工作者。作为刘天华的高徒，他在继承先师国乐改进思想的基础上，改良乐器形制，借鉴古琴、琵琶、戏曲等姊妹艺术，深耕古曲与民间乐曲，研究近现代创作作品，在二度创作上的不懈探索以及显现出的美学追求，得到音乐界的广泛关注与认可。20世纪50年代，蒋风之以一曲《汉宫秋月》，创立了一种新的二胡演奏艺术风格，以古朴深邃、内在含蓄见长。在此后的30余年，蒋风之持续不断地发展其内涵，形成了一套完整的艺术理论体系，被世人尊称蒋派。

本文分三章，第一章以蒋派代表曲目《汉宫秋月》为切入点，从源流及版本上对乐曲进行了分析与考辨，并剖析了蒋风之在这首古曲的基础上，从篇幅、速度、节拍、旋法、指法、弓法、风格、韵味所进行的创造性、精致性的提炼，使之成为一首具有世纪性的经典。

第二章叙述蒋风之与20世纪高校二胡教学体系建构，分析蒋风之如何将演奏观念、处理方法、技艺风格等运用于刘天华、阿炳、孙文明的作品中，从而使自己的表演艺术在二胡领域独树一帜，为20世纪高校教育做出了重要贡献。

第三章探讨蒋派的当代传承，以三位传人蒋青、蒋巽风、张尊连为例，分析蒋风之二胡艺术如何在家族与学院、舞台与讲台传承。体现出蒋风之的艺术对当下二胡演奏与研究的深远影响。

这一研究路径，总体从作品、教学、传承三个方面，形成蒋风之二胡艺术的研究架构，可为相关同类实践提供借鉴参考。

关键词：蒋风之；二胡；艺术流派

从山西锣鼓乐试探中国传统打击乐在当代专业教学中的应用

The Application of Chinese Traditional Musicin the Curriculum at a Conservatory: A CaseStudy of the Traditional Percussion Bandsfrom Shanxi Province

作　　者：王　军
导　　师：王以东　张伯瑜
学位年度：2022 年

摘要：中国民族打击乐演奏专业（民打）于 20 世纪 60 年代设立。至今，在教学、演奏、继承、创作、研究等各方面取得斐然的成绩，但也存在一些问题。如：面对丰富多彩的中国传统锣鼓乐种，这些乐种与音乐学院的民打专业的建设到底有什么关系？或是建立什么样的关系？我们所指音乐学院的民打是在西方专业艺术音乐教育概念下建立起来的，其主要目的是为中国民族管弦乐团培养打击乐声部的演奏人才，而民族管弦乐团是在西方交响乐团的概念指引下形成的，中国固有的打击乐器并不能满足民族管弦乐团的需要，必须采用部分西方管弦乐团打击乐器。那么，民打专业建设的基础何在？而在教学上，能够涉猎的民间锣鼓乐仅仅是其中的一小部分。但是，在演奏各类作品中，却常常遇到各种风格的打击乐声部地运用，其中也包括对各地、各民族打击乐的应用，怎样才能在教学中更多地学习到这些民间的锣鼓乐种呢？鉴于中国民间锣鼓乐种的丰富性，哪些乐种应该纳入教学中来？是学习这些乐种的乐器演奏方法？还是学习这些乐种的音乐？面对以上诸多问题，本文试图寻找出一个能够对解决这些问题的有效方法，并建立一套适合专业院校民族打击乐专业发展的教学方案。笔者认为，中国专业院校民打专业的建设与发展离不开与民间存在的锣鼓乐种的关系。向民间锣鼓乐学习不仅是一个口号，应该是所有民打专业师生的实践。为此，笔者走向了民间，在研究过程中，选择了山西的13个民间锣鼓乐种进行调查、研究、学习与分析，并提出"民间锣鼓乐种核心语汇"的学习方案。所谓"民间锣鼓乐种核心语汇"是指既包括某乐种所使用的独特的演奏技术，也包括乐曲中独特的"音乐语汇"。笔者认为，只要掌握了这些核心表演技术和音乐语汇，便可对某民间锣鼓乐种有了基本的了解，如此，在有效的时间内可以使学生能够更多地了解和掌握民间锣鼓乐的精髓。当然，仅靠一篇文章，或笔者个人的努力是不可能解决所有问题的。问题的解决需要一个积累的过程，不是一蹴而就就能解决的。本文仅仅是在此方面的一次努力尝试，也希望能对问题的解决起到积极的推动作用。

关键词：民族打击乐；民打；民间锣鼓乐；核心语汇；山西锣鼓乐

中国古筝现代演奏技法创新与发展研究

Research on innovation and Development of ChineseGuzheng Modern Performance Skills

学生姓名：姚伊新
导　　师：王中山　姚艺君
学位年度：2022年

摘要： 古筝是扎根于中国传统音乐文化血脉中不断发展壮大的音乐艺术，演奏技法是其在近三千年历史变革中传播发展的重要且直接的表达方式与表现途径。尤其在筝乐艺术近一百年欣欣向荣发展的历史进程中，古筝现代演奏技法的创新与发展为之带来了翻天覆地的变化。现代演奏技法在沿袭传统演奏技法的基础之上，不断地受到了多元音乐文化的滋养，经历了筝家群体对其进行借鉴、吸收、融合与再创造的过程，使筝乐演奏在音乐表达上更具丰富且多样的表现手法，无论是从演奏速度、力度、音色以及审美等多个方面，都得到了较大程度的拓展。

本文以"古筝现代演奏技法"为研究主体，力争通过筝著、筝文、筝谱、筝音视频等多元文献资料相互参证，从演奏技法本身出发开展研究。从纵向看，现代演奏技法的创新发展具有一定的时代特征，不同阶段演奏技法的创新发展与时代发展紧密相连，现代演奏技法在音乐文化的历史逻辑中前行，更在时代发展的潮流中发展。从横向看，现代演奏技法的创新发展离不开历代筝人的努力创造，他们从演奏、教学、创作、乐改等多方入手，为丰富古筝乐器的艺术语言，对古筝演奏技法进行着锐意进取。

本文除"绪论"和"结论"部分外，主要从"历时与共时""典型与代表""普遍与特殊"三个维度出发，具体分四章进行论述。第一章是对中国古筝现代演奏技法发展脉络的梳理。相关于古筝现代演奏技法的探索与研究至今半个多世纪，而对其形成、演变及发展的历程予以梳理及总结，是本研究的追求和始点。笔者将古筝现代演奏技法的发展脉络研究分为了"萌芽""探索""突破""发展""细化"五个阶段，并进行了相对客观地梳理、归纳与评析。第二章是对中国古筝现代演奏技法代表人物以及演奏中所涉及的物质媒介的演变进行深入研究，以"筝人"和"筝物"为主要研究对象，旨在阐明其对古筝现代演奏技法创新与发展的重要影响。第三章是以王中山筝学理念为出发点，以其创新运用的现代演奏技法为研究主体展开研究。通过对其筝乐作品中现代演奏技法的创新性运用与特征、古筝现代演奏技法体系建构、演奏技法哲思三个方面进行剖析，对王中山先生古筝现代演奏技法的创新观念与实践运用特征进行了一定程度的梳理与归纳总结。第四章是对中国古筝现代演奏技法的现状进行阐释与思考。通过对古筝现代演奏技法现状的思考，面对古筝现代演奏技法发展中所遇到的问题，佐证了王中山筝学理念下，古筝现代演奏技法体系的产生与发展有其筝乐艺术的社会背景与内在合理性，深刻体现了古筝现代演奏技法的发展特质，为21世纪筝乐艺术中的古筝演奏技法发展明确了方向。

关键词：古筝；演奏技法；代表人物；物质媒介；创新发展；王中山；古筝现代演奏技法体系

中国乐派语境下的中国扬琴体系特征研究

Research on the Characteristics of YangqinSystem in the Context of Chinese NationalSchool of Music

作　　者：吴璜璜
导　　师：李玲玲　桑海波
学位年度：2022年

摘要：中国乐派是近几年出现的新概念，这一概念的提出，为中国音乐的理论研究、音乐创作和表演提出了一个崭新的命题。本文试图在中国乐派语境下，以中国扬琴体系特征为研究对象，运用文献学、语言学、乐器学以及民族音乐学等学术方法，通过对中国扬琴器乐平面文献和立体文献相统合的综合研究，系统揭示中国扬琴体系独有的历史与文化艺术特征。其中，第一章运用语言学的方法，对中国乐派与中国扬琴体系的概念进行了必要的学术解读。第二章运用文献学的方法，对中国扬琴的起源、传入途径，以及民间流布区域与专业教育发展概况进行了纵横梳理。第三章从乐器学视角，结合大量的田野工作资料，对中国扬琴乐器的形象、类别、形制、演奏技法和演奏形式等体系衍化的稳定性与变异性特征，以及存见和发展的文化缘由进行了学术分析。第四章通过对中国扬琴器乐声音的平面文献与立体文献的形态分析，从音乐声音景观的学术视域，比较全息地揭示了中国扬琴体系所独有的（人、声、景）器乐声音文化特质。

关键词：中国乐派；中国扬琴体系；特征

"中国乐派"视域下二胡演奏艺术的传承与发展研究

The Study on the Heritageand Development of Erhu Performing Art——to the Horizon of the "Chinese Music School" Extent

作　　者：熊　琦
导　　师：曹德维　杨　红
学位年度：2022年

摘要：泱泱大国，固有一国之乐。中国乐派二胡艺术历经百年发展，从民间二胡、文人二胡到专业二胡，使二胡从民间戏台与酒肆茶楼转换到舞台专业表演，形成谱系化传承轨迹和立体化发展态势。中国二胡自内化到外延，都有着自身传统根基和涵化路径。以往研究多注重对单一时期、作品、流派的分析，而本文将通过历时与共时相结合、口述与文本相对应的路径，为后续现代二胡研究提供清晰可考的系统性框架依据，对二胡艺术研究乃至整体的中国音乐研究，提供中国乐派视角下的个案参考，响应新时代音乐文化自信号召。

全文除了绪论、结论外，共有五章内容。第一章探索二胡艺术的原发性根基，在民间摇篮与社会演变中择先驱周少梅、华彦钧、孙文明为代表，系统化梳理二胡艺术的基本特点与历史来源。第二章呈现西方现代思潮影响下现代二胡艺术的融合化发展，尤以刘天华及其身后的刘天华学派为主脉，依次从学科建设、教学实践、流派形成等角度，力图还原时代洪流中的现代二胡体系化建构。第三章放眼于西学东渐新浪潮，从二胡创作主体性和二胡作品地域性两大板块，对二胡艺术进行全面而细致的现当代诠释，以作品细节和创作定位微观二胡艺术发展趋势。第四章聚焦二胡艺术的演奏技法，既从整体上把握二胡艺术的时代特性，又以音乐持有者马友德、黄晓飞为对象，进行深入的口述访谈，实现从静态文本到现实对象的实质性跨越。第五章以上述章节为基础，从践行主体、传承主体、创作主体为切入点，进行中国乐派与现代二胡艺术的同构与阐释，从知识结构上升至理论总结，实现中国乐派视域下二胡演奏艺术的整体建构。

回顾历史，中国民乐是中国乐派建构历程中的显性代表，二胡艺术无论从本体构成、审美旨趣，抑或民族情感上都凝聚着国乐复兴的坎坷历史。当下，国家层面提倡民族文化复兴，二胡作为展现一国之乐的文化符号象征，活跃于世界舞台之林，体现出文化强国的渊源与底蕴。在中西方频繁交流对话的语境中，从中国乐派视角审视二胡艺术的发展，既有利于二胡艺术在兼容并蓄的社会环境下迈入新台阶，也有助于二胡群体创作和演绎更多人民群众喜闻乐见的文艺作品，展现艺术之美、艺术之用，为中国传统音乐走向世界提供经验。

关键词：中国乐派；二胡演奏艺术；传承；发展

南琶与北琶传承比较研究
——以指法为研究对象

A comparative study on the inheritance of southern and northern Pa——Fingering is taken as the object of study

作　　者：何湾湾
导　　师：杨　靖　齐　琨
学位年度：2023 年

摘要：南琶与北琶分别指流行于闽南语系方言区的南音琵琶和明清以来在我国教育体制传承中形成的琵琶。二者虽然在乐器形制、演奏姿态和记谱法上有较大差异，但从历史的角度来说，实属同类乐器分支发展的产物。南琶以其深沉内敛的艺术魅力，成为闽南语系社群的精神纽带；北琶在数次发展高峰之后，以多元化的音乐风格和表演形式在中国器乐发展史上留下了令人瞩目的印记。二者在乐器形制、运指方法、指法思维、音乐形态、传承发展生态等方面既一脉相承又各呈异态。

从两种琵琶音乐的产生来看，实现乐谱音响化的必经之路即将音响状态各异的指法进行组合、排列与加工，以塑造出理想的音乐形象。指法组合的音响形态万千，即使是同一段乐曲也可能会因为表演主体所选择的指法组合不同，而传递出大相径庭的听觉感受。某个体或群体在演奏传承中频繁、普遍出现且能体现演奏特点或音乐特性的技法套路，可视为其特有的指法思维。于同一指法而言，每位演奏者，尤其是成就非凡的演奏家对指法弹奏方式、音响形态以及教学训练方式等问题往往见解独到。在指法层面，比较不同的个人或群体于演奏方法、行指套路、教学重点、指法思维上的异同，一方面可获取该个体或群体音乐风格的"密匙"，另一方面可侧面了解他们对指法语言的认知和发展状况。由此可见，于南、北琵琶的传承比较而言，无论从任何角度和层次出发，都无法回避"指法"问题。

本文以指法为核心，深入探讨南琶、北琶与指法相关的演奏和教学传承问题。以探求、研究、类比两种琵琶的演奏行为为目的，通过比较南、北琵琶不同时期的乐谱在演奏法、记谱法、指法组合等方面的异同，探寻二者音乐语汇、旋法等音乐特征；通过观察个人或群体对南、北琵琶指法组合构成和应用套路的差异，揭示音乐表述、音乐结构与个体风格之间的深刻联系，并以此推导南北琵琶指法思维和传承特征的异同。实现南、北琵琶指法传承在"民间"与"教学序列"的"对话"和教学传承在"高校"与"高校"之间的"互视"。

关键词：南音琵琶；北琶；指法思维；传承比较

当代中国笛乐社团及"合音曲本"研究
——以中国竹笛乐团为例

A Study of Contemporary Chinese Flute Music Societies and Heyin-Quben ——Taking the Chinese Bamboo Flute Orchestra as an Example

作　　者：王　猛
导　　师：张维良　张振涛
学位年度：2023年

摘要：竹笛作为华夏民族乐器代表之一，历经数千年。在每一次衍变中都顺应了天地之"道"，并在不同时代以多样的形式呈现着自身的价值。自近代以来，受西方影响，中国竹笛艺术开始逐步由民间形态向专业形态转型。为探索中国竹笛在当代舞台的艺术表现力与多种可能性，打造一个可供艺术家与学者实验、实践的学术平台，2012年中国音乐学院国乐系教授张维良在学校及其团队的鼎力支持下创立了中国竹笛乐团。该团是自竹笛开启专业化发展后直至21世纪，在中国专业音乐类高校出现的一种新型学术性笛乐社团形式。乐团自成立后，经十余年的探索经营，在创作、演出、教学等多个方面积累了一定体量的成果，也在实践中验证了竹笛以笛乐社团形式以及当代中国竹笛舞台演绎以多元化形式呈现的可能，对推动中国笛乐乃至民族器乐艺术的发展具有深远意义。

由此，本文主要采用"自我音乐民族志""文化嫁接"理论为研究支撑，以中国竹笛乐团为核心，共分五章进行阐述：第一章，以近现代为起点剖析中国竹笛乐团于时空衔接生成的历史原因与使命，详细梳理乐团十余年来积累的实践创获；第二章，以中国竹笛乐团创立人张维良为研究对象，以其学术风范与人文情愫为切入点，追溯其个人及其团队对乐团创立与发展之本源和学术脉络；第三章，摘选乐团部分改编自各类经典旋律的"合音曲本"为案例，其中包括笛箫独奏传统作品、民族乐器独奏传统作品、民歌与里巷歌谣，概述其经新编后通过笛乐"合音"功放所呈现的当下释义以及解读；第四章，以笔者亲身参与中国竹笛乐团实践近十年来经学习和研究积累的些许心得为样本，从乐团范式促进笛乐"合音曲本"所形成的学科训练优势，以及舞台表演能力的培养和笛乐教学综合性艺术实践能力的扩展上入手，论述中国竹笛乐团现象对中国笛乐艺术发展的启示；第五章，分别以乐团大型多媒体演出《远古的呼唤》为鉴观中国笛乐艺术"古今""中西"之互证，以全球音乐文化融合之态势分析，以当下中国民族器乐行业市场现状并寻求主动突破之可能这三个方面，探讨中国笛乐艺术发展立于当代之人本立场的文化思考。

关键词：中国竹笛乐团；"合音曲本"；融合当代释义

琵琶、都塔尔、弹拨尔表演技法比较研究

Comparative Research on the Performance Techniques of Pipa, Dutar and Tambur

作　者：陈梗超
导　师：杨　靖　齐　琨
学位年度：2023年

摘要：抱弹鲁特类乐器作为"丝绸之路"文化交流中的重要载体，其发展途径与"丝绸之路"有着密切联系。正如新疆维吾尔族弹拨尔、都塔尔和琵琶，三者作为同属性乐器却在不同地域、民俗文化等影响下，有着不同的发展途径和艺术价值体现。而从乐人的演奏中，我们又可看到其中具有共性特征的表达语汇和各具特色的表达方式，那么是什么原因导致其共性与差异之体现？笔者认为，除了乐器构造、弹奏方式等带来的直接影响，技法搭配和组合运用是形成三件乐器之间不同"语汇"特征的核心因素，同时也是"表演活化""多人多版"的构成要素。因而，以演奏者、研究者的双重视域角度，去聆听、感受、记录、研究乐人的"声音内容"，并通过其中共性与差异之"语汇"，对三件乐器所体现的不同表达方式进行比较分析。

关键词："丝绸之路"；抱弹鲁特类乐器；琵琶；弹拨尔；都塔尔；表演技法

论刘德海琵琶教学的思想与方法

On the Thought and Method of Liu Dehai's Pipa Teaching

作　　者：陈　哲
导　　师：刘德海　乔建中
学位年度：2023年

摘要：琵琶是我国最具代表性的民族乐器之一，它承载悠久的历史，蕴含深厚的传统文化底蕴，凝聚丰富的人文精神。古往今来，琵琶艺术代代相传，其血脉不断得到延续和壮大。21世纪琵琶艺术的传承发展任重而道远。人才培养乃第一要务，归根到底要依靠琵琶教学。音乐高校作为培养琵琶艺术人才的摇篮，肩负着振兴与推广琵琶艺术的历史责任。应潜心学习前辈们成功的教学方法和理念，从他们的智慧中汲取养分，提升教学和教研能力。刘德海先生是我国著名的琵琶演奏家、作曲家、音乐教育家。执教六轶，他在琵琶教育教学路上寻足探径，革新教学方法，创新育人理念，引领学科建设，带动教学研究，极大地推动了琵琶艺术的传承与发展，为我国民族教育事业做出了杰出的贡献。本文针对刘德海琵琶教学的思想与方法进行系统梳理和研究，探索刘氏琵琶教学中的哲学思路、科学方法和实践路数，以期为当今琵琶教学带来有益启示。

本文分为以下三章：第一章为"刘德海琵琶教学的哲学思想与核心理念"，首先梳理了刘德海先生的从教历程与教学贡献；其次分别论述了刘德海琵琶的"中和"思想、"情本体""金三角"理念这三个重要的思想与理念，探讨了它们在刘氏教学中的具体表现。第二章为"刘德海琵琶教学方法"，首先从琵琶的乐器属性与技术语言特性两个角度，来探讨刘先生对琵琶乐器的个性化解读；其次阐述了刘氏教学的技术系统与技术训练的方法要领；再次论述了刘氏教学中音乐二度创作的方法，最后探讨了刘氏琵琶重奏课的授课理念和方法。第三章为"刘德海的教师观"，首先论述了刘先生如何看待师生关系；其次探讨刘氏课堂语言的运用，最后讨论了教师身份的转型。

在本文的结语中，通过对上述三个部分的论述，笔者认为，刘德海先生在教学生涯中展现出一个坚定的民族音乐教育家的形象，是以德立身、以德施教的一代楷模。刘德海先生的教学思想、理念与方法主要表现出以下几个特点：首先是主张音乐情感性在课堂中的贯穿，重视"情"的价值，其次注重传统与民间音乐人文精神的传承；在技术教学中，注重系统性、科学性与规范性；在人才塑造上，主张激发学生个体主体性，关注学生的个性培养；教学过程强调以人为本，以培养全面发展的"传承人"为根本目标。笔者认为，刘德海琵琶教学具有很强的艺术性、哲理性和人文性，引发我们对未来琵琶人才培养目标的思考。

本研究采取文献研究、比较研究、经验总结等综合方法对文本资料进行研究，对刘先生的课堂录音、采访录音等音像资料进行记录并加以整理研究，探讨刘德海琵琶教学中的哲学思想、先进理念、具体实践方法，以此完善对刘德海琵琶教学的理论研究，以期对琵琶艺术的传承与发展起到积极作用。

关键词：刘德海；琵琶教学；人才培养

刘明源胡琴艺术研究

Research on the Huqin Art of Liu Mingyuan

作　　者：李希睿
导　　师：沈　诚　乔建中
学位年度：2023年

摘要：刘明源是中国近现代音乐发展史上一位极具代表性的优秀民族音乐家。他的艺术生涯跨越了中国传统音乐民间音乐领域和现代专业音乐领域。毕其一生，为民族音乐贡献了大量的优秀传世作品，开拓了21世纪下半叶中国民族弓弦乐发展的新方向，也为中国当代的专业音乐事业培养了大量艺术人才。一方面，对于这样一位极具代表性的民族器乐艺术家的深层次研究还处在起步阶段；另一方面，基于民族文化事业的全面建设，相较于我国当下构建中华优秀传统文化体系的时代背景下，对刘明源胡琴艺术的研究，也是十分有意义的。

本研究包含了刘明源艺术成因、演奏、教学等三部分内容。

第一章是对刘明源的艺术生涯的回顾，并且结合民族民间音乐以及现代专业音乐与刘明源胡琴艺术所形成的相互关系，对其在现代专业音乐领域形成的艺术特质与艺术观进行归纳与分析，于个人层面、艺术层面及文化层面，对其综合成因进行深层次探究。

第二章借助中国传统音乐美学相关概念性语汇、民间器乐演奏相关的惯用语汇，以及专业音乐演奏的分析方法，对刘明源胡琴的演奏艺术特征进行分析，在刘明源的胡琴观、演奏风格特征及其艺术追求等方面得出结论。

第三章通过对刘明源教育教学经历概况的梳理与回顾，针对刘明源的教育理念和教学方法进行研究分析，从中获取其民族音乐教育教学的宝贵经验。并且透过刘明源培养的中国第一位板胡硕士研究生沈诚的艺术发展道路，观察刘明源胡琴艺术的继承与发展。

通过全文的研究分析得出以下结论，刘明源是中国板胡专业教学建设的奠基人；刘明源开拓了民族弓弦乐在20世纪下半叶发展的新方向；刘明源是中国民族音乐专业化进程中"里程碑"式的代表人物之一；刘明源是当代中国优秀传统文化的一面旗帜；刘明源为中国民族音乐下一代的培养做出了极大贡献。结论充分肯定了刘明源对于中国民族音乐建设做出的巨大贡献与历史成就。并以此对当下民族器乐的发展进行反思。

总体来看，本文对刘明源胡琴艺术综合成因的探究，弥补了中国器乐表演研究在此方面的理论不足；同时，对刘明源胡琴演奏特征的深入分析，在新的视角上，也使人们对刘明源的演奏艺术有了更深层认识；文章对刘明源多年的教育教学经历展开较为完整的梳理与探究，也为民族器乐专业教学理念带来新的思考与启示。

关键词：刘明源；胡琴；艺术成因；演奏风格；教育传承

中国乐派视域下钢琴音乐的本土化研究

A Study of the Localization of Piano Music from the Perspective of Chinese National School of Music

作　者：饶　峰
导　师：樊禾心　赵冬梅
学位年度：2023年

摘要：回顾百年创作，中国钢琴音乐表现出了民族性、地域性、时代性等本土化特征。探其本土化形成根源，钢琴音乐是一种文化产物，需依托于国家、民族、社会、音乐家群体，在特定的时间、空间内生存与发展。正因此，中国钢琴音乐的"百年琴声"离不开中国音乐的"千年馨响"。"中国乐派"所包含的音乐类型和载体不仅有本土民族器乐，还包括像钢琴这样来自异域但经过长期衍变早已成为中国音乐一部分的外来器乐。在"中国乐派"视域下进行钢琴音乐的本土化研究，就是要将一些核心问题放置在"中国乐派"的整体性与体系性中提纲挈领；采纳"中国乐派"理论体系中多元并立、和而不同的学术观点；以中国近现代音乐发展历程为史学依据，以中国音乐作品的属性和特征作为参考。这些也正是本论文所需要的特定研究空间。

关键词：中国乐派；中国钢琴音乐；创作与演奏；本土化

合唱指挥

蒙古族风格合唱作品研究与指挥策略

Mongolian Style Choral Music Study and Its Conducting Methods

作　　者：王秋诗
导　　师：娅伦格日勒
学位年度：2023 年

摘要：本文立足于历史沿革、自然环境、宗教信仰等方面对蒙古族音乐文化的特质、风格及形态的影响进行研究和综述。尤其对蒙古族合唱的形成及发展以及分类进行了较为细致的探究和梳理，从中找出研究蒙古族合唱作品的一条较为清晰的脉络。

文中对蒙古族早期合唱——"潮尔""长调"等音乐形态和表现方式进行了由体裁到题材、从形式到内容、由音乐形态到表达特征、从风格特点到演唱方式等各个不同侧面进行了较为充分的研究和例证，对其自然属性和生态文化的特性进行了系统、深入的解释。

本文以建国后蒙古族合唱创作的繁荣景象以及作曲家对蒙古族民歌改编合唱为起点，对促进蒙古族合唱艺术的发展、成熟以及在创作中所形成的思维理念、创作技巧以及形成了蒙古族合唱特殊风格的过程进行了概括，对一系列经典合唱作品在不同侧面上予以风格展现、技术解析与细节研究。

本文对新时期作曲家所采用西方现代作曲技法与蒙古族音乐风格的巧妙融

合进行了研析，认为其作品无论在蒙古族合唱的创作理念、写作技术、风格重塑、情感表达以及音色与语言特征等各个层面都达到了一个完美的境地，真正地迈入世界合唱的殿堂。笔者对上述蒙古族合唱的代表性经典作品以"音高组织关系"为焦点对其进行了系统性的、全面性的技术分析和理论上的研究。

文中以"指挥的策略"为题，论述了作为指挥所应具备的文化高度、理论储备、指导技术以及组织能力等素质。对所要排演作品的创作背景、风格特质、技法运用、声部关系、情感表达、声音要求、处理要点、关键拍点提示以及演唱（奏）重点和难点等环节进行了较为详尽的论述。尤其对指挥排演工作所必须要求的"案头工作"进行了具有针对性的解读，并以歌剧《苍原》第四幕终曲合唱——《情歌》为例，对指挥案头工作的案例进行了全面的解读和展示。

在结语中，本文对蒙古族合唱的形成、发展以及风格的呈现，尤其对作品风格、技术的研读做了再次强调，对指挥所应具备的各项素质和技术能力以及案头工作的重要意义予以重释。

关键词：蒙古族音乐；蒙古族合唱作品；作曲技法；指挥策略